课题资助：
研究阐释党的"十九大"精神国家社科基金专项资助项目：新时
深化与实践创新研究（18VSJ022）
河北省社科基金资助项目：我省小微企业"融资难、融资贵"现状
河北省金融创新与风险管理研究中心开放基金资助项目：河北省
应用（2018JDKF016）
河北省科技金融协同创新中心资助项目
河北省科技金融重点实验室资助项目

# PPP项目
# 可融资性评价研究与应用

## The Financing Evaluation
## Research and Application of PPP

胡恒松　陈德华　黄茗仪　张建红　等◎著

经济管理出版社

ECONOMY & MANAGEMENT PUBLISHING HOUSE

**图书在版编目（CIP）数据**

PPP 项目可融资性评价研究与应用/胡恒松等著．—北京：经济管理出版社，2018. 10
ISBN 978 - 7 - 5096 - 6037 - 9

Ⅰ. ①P…　Ⅱ. ①胡…　Ⅲ. ①政府投资—合作—社会资本—融资—研究　Ⅳ. ①F830. 59
②F014. 39

中国版本图书馆 CIP 数据核字（2018）第 220508 号

组稿编辑：申桂萍
责任编辑：刘　宏
责任印制：司东翔
责任校对：王纪慧

出版发行：经济管理出版社
　　　　　（北京市海淀区北蜂窝 8 号中雅大厦 A 座 11 层　100038）
网　　　址：www. E - mp. com. cn
电　　　话：（010）51915602
印　　　刷：三河市延风印装有限公司
经　　　销：新华书店
开　　　本：720mm × 1000mm/16
印　　　张：17. 5
字　　　数：286 千字
版　　　次：2018 年 10 月第 1 版　　2018 年 10 月第 1 次印刷
书　　　号：ISBN 978 - 7 - 5096 - 6037 - 9
定　　　价：68. 00 元

# 专家寄语

    PPP 模式作为一种新型投融资机制，对于拓宽基础设施建设资金来源、推动经济发展具有重要意义。但近年来 PPP 模式在快速发展的同时，也出现了融资难、融资乱等问题。面对玉石杂糅的 PPP 项目，投资者如何慧眼识珠，筛选出真正有投资价值的项目？在当前芜菁并存的行业生态和监管趋严的政策环境下，有关各方可以通过哪些路径提高 PPP 项目的可融资性？对此，本书设计了参考性和实用性都很强的 PPP 可融资性评价指标体系，并针对当前 PPP 行业发展存在的问题，提出了提高 PPP 项目可融资能力的途径。本书作者拥有在 PPP 一线丰富的工作经验，全书理论联系实际，深入浅出，可操作性强，堪称一本判断 PPP 项目可融资性的实战宝典，无论是对投资者还是融资方乃至监管机构，都具有重要的参考意义。

**袁海霞**

中诚信国际信用评级有限责任公司研究院首席分析师

经济学博士、高级经济师

    PPP 管理模式取得成功的关键因素就是 PPP 的可融资性，而 PPP 可融资性评价为投资人提供了参与 PPP 项目的关键依据和条件。相信该研究成果将为 PPP 健康发展起到重要的推动作用！

**孙洁**

财政部财政科学研究所研究员

中国公私合作研究专业委员会秘书长

    PPP 模式较以往传统政府提供基础设施和公共服务的模式而言，项目的融资主体、风险要素和运作机制均发生了较大变化，目前国内尚缺乏健全的 PPP 项目质量和项目风险评估体系和工具，金融机构识别 PPP 项目质量及控制项目风险的难度较大。从 PPP 项目融资实践的角度看，社会资本方和金融机构都较为关注

PPP 项目的可融资性，希望能有一套评价方法协助其判断和筛选项目。本书从 PPP 项目的融资方式及特点出发，系统性地提出 PPP 项目可融资性的评价方法及指标体系，并通过案例分析进行验证，可为相关行业 PPP 项目可融资评价提供参考依据。

孙丽萍

天津金融资产交易所 PPP 资产交易和管理平台副总经理

财政部 PPP 专家库成员

我国 PPP 项目发展的历史较短，但其所涉及的领域和数量却在世界上领先，如此众多的 PPP 项目使融资问题雪上加霜，而传统的以抵押和增信为主的融资评价指标体系，难以适应以现金流为主的 PPP 项目的特点。因此，如何构建金融机构关于 PPP 项目融资的新的评价指标和体系，对于 PPP 事业的发展至关重要。本书对传统的融资方式、特点做了介绍，探讨了 PPP 项目可融资的相关问题，以特殊小镇和医院项目为例对 PPP 项目的融资性进行了评价，对目前存在的问题做出了分析，期望该书对于 PPP 项目的进一步规范，融资瓶颈的解决，做出有益的贡献。

李成林

建纬律师事务所合伙人

国家发改委/财政部双库专家

中国国际贸易仲裁委员会仲裁员

# 序 一

在全球经济迅猛发展的大背景下，世界各国特别重视公共基础设施建设。当政府资金难以满足建设需求时，吸引私人企业的参与成为公共基础设施建设的重要选择。同时，可融资性成为私人企业能否有效参与基础设施项目运作的核心要素。过去应用比较成熟的项目融资方式，如传统的 BOT 模式，往往表现为在各方追求自身利益最大化的博弈驱使下，一方利益达到最大化往往以牺牲其他参与方的利益为代价，最终导致社会总收益难以达到最大化。在传统 BOT 模式基础上发展起来的 PPP 模式，要求参与各方通过平衡各自利益和风险，实现社会效益最大化，从而使得影响基础设施项目可融资性的因素变得更为复杂。

我国基础设施建设领域引入 PPP 模式，对于促进投融资领域供给侧结构性改革、完善公共基础设施建设模式、推动构建现代化经济体系具有极其重要的现实价值。社会各界已经充分认识到 PPP 模式的内在本质特征，并积极推动在国家政策和法律法规层面为 PPP 模式的健康发展提供支持。如何提高 PPP 项目的可融资性，已经成为影响 PPP 模式健康发展的核心要素，因此受到社会各界的高度关注。

我国 2015 年《政府工作报告》的缩略词注释，将 PPP 的概念解释为："指政府通过特许经营权、合理定价、财政补贴等事先公开的收益约定规则，引入社会资本参与城市基础设施等公益性事业投资和运营，以利益共享和风险共担为特征，发挥双方优势，提高公共产品或服务的质量和供给效率。"在财政部、国家发改委等相关部门出台的推广应用 PPP 模式一系列政策文件的推动下，全国各地掀起了应用 PPP 模式的热潮。截至 2018 年 3 月底，财政部共推出四批共合计 1009 个示范项目，投资额 2.3 万亿元，覆盖 31 个省（自治区、直辖市）及新疆生产建设兵团和 19 个领域。财政部 PPP 项目管理库累计项目总数 7420 个、投资额 11.5 万亿元。大量项目已经呈现出资金难以落实的趋势，可持续性融资面临困境，并成为影响我国 PPP 模式健康发展的重要"瓶颈"。

PPP 模式在国内之所以发展如此迅速、规模如此之大，得益于其风险共担、财政减压、低成本高效率等特点。同时，由于 PPP 模式推广应用过于迅速、政策法规体系不完善、机构监管能力建设滞后，借 PPP 变相融资等问题凸显，增加了地方政府隐性债务风险压力。从 PPP 模式的本质出发，切实提升 PPP 项目的可融资性成为当前规范我国 PPP 模式健康发展的当务之急。

河北金融学院胡恒松博士和他的团队在相关课题研究成果的基础上，完成《PPP 项目可融资性评价研究与应用》专著，在梳理国内外 PPP 模式发展历程及经验教训的基础上，详细阐述了 PPP 项目采用债券融资方式、股权融资方式、资产证券化及私募基金融资方式的主要特征，以及不同融资方式之间的比较。在考虑项目所在地区社会经济发展状况、所处行业发展状况、政府方及国有出资人代表基本情况、项目自身质量、社会资本方基本情况、风险及增信情况以及其他因素的基础上，构建出含有 7 个一级指标（含 40 个二级指标、26 个三级细化指标）的 PPP 项目可融资性评价指标体系，以便对 PPP 项目的可融资性进行全方位、多角度、多层次的系统评价。

创新是生命力，发展是硬道理。本书提出对 PPP 项目可融资性进行评价，是一种创新性尝试，希望从区域、产业及社会经济的多重视角引导 PPP 模式健康发展。除构建指标体系之外，本书还提出在 PPP 项目的前期策划及可行性论证中，要特别重视 PPP 项目可融资性的专题研究，并提出《PPP 项目可融资性论证专篇编制大纲》《PPP 项目可融资性评估报告编制大纲》，希望能够为 PPP 项目实施机构、潜在社会资本方、金融机构等相关各方具体开展 PPP 项目可融资性分析及评估提供参考指南。我认为，这些尝试都是极其难能可贵的，故为之序，并郑重推荐给各位读者。

李开孟

博士，享受国务院特殊津贴专家，研究员

中国国际工程咨询有限公司研究中心主任

联合国欧洲经济委员会（UNECE）政府间 PPP 工作理事局副主席

国家发改委政府和社会资本合作（PPP）专家委员会委员

中国技术经济学会副理事长，中国 PPP 咨询机构论坛秘书长

2018 年 8 月

# 序 二

作为基础设施建设和公众服务领域的一种融资方式，我国的 PPP 经历了引进时的效仿和盲目发展、政府推动下的快速发展、清理规范和逐步走向成熟四个阶段。PPP 作为一种政府和社会资本合作模式，以公共基础设施建设和公益服务领域作为投资对象，在缓解地方财政资金压力、解决公共基础设施建设融资难的问题、发挥社会资本效应等方面都起到了重要作用。

尽管 PPP 模式在完善公共基础设施和公共服务方面的积极作用不可否认，但 PPP 模式积累的隐性风险也不容忽视。资金融通既是 PPP 模式的结合点，也是项目建设的启动器，尽管融资不是 PPP 模式的唯一出发点，但资金问题始终贯穿项目的全过程。近几年，PPP 项目融资方式呈现多元化趋势，从传统的融资方式逐渐扩展为股权融资、债券融资、资管计划通道、资产证券化融资等多种方式，融资工具不断创新，融资模式逐渐多样，但在此过程中也出现了风险分配不合理、明股实债、政府变相兜底、社会资本融资杠杆倍数过高等泛化异化问题。在此情况下，清理不合规 PPP 项目，纠正 PPP 泛化滥用现象，既是回归 PPP 模式初衷、提高 PPP 增强公共服务质效的要求，也是防范地方隐性债务风险和系统性金融风险的必要举措。

PPP 项目存在资金需求规模大、资金回笼滞后等特点，随着 PPP 项目涉及范围的不断扩大、体量的不断增大、监管的趋严，PPP 项目规范性不断提高。此时，考虑到资金的有限性和逐利性，就出现了 PPP 项目与融资不匹配的现象。PPP 层次参差不齐，社会资本方对项目的要求越来越高。此时，选择什么样的项目，根据什么标准来遴选具有可融资性的 PPP 项目就成各方关注的重点。

《PPP 项目可融资性评价研究与应用》一书可谓恰逢其时，其较强的现实性和较高的可操作性为 PPP 项目融资提供了有益参考。全书以 PPP 模式和 PPP 融资的理论分析为基础，以 PPP 项目可融资性为研究核心，结合多年实际工作经验和现实情况，合理选择评价指标，科学匹配指标权重，建立了涵盖 7 个一级指标、40 个二级指标和 26 个三级指标的 PPP 项目可融资性评价体系，并通过实证分析对指标的合理性和实用性进行了验证。在客观分析现阶段 PPP 项目融资存在的问题和所处政策环境的基础上，提出了提高 PPP 项目融资能力的有效途径。

　　PPP 项目可融资性评价研究既是一种理论创新，也是来自现实的需要。融资是 PPP 项目成功落地的关键环节，胡恒松博士等结合对 PPP 政策和实务的理解，构建了一个在学界颇具创新意义的 PPP 项目可融资性评价指标体系，有针对性地提出了提升 PPP 可融资性的途径，推动 PPP 模式行稳致远。

**翟建强**

财达证券股份有限公司党委书记、董事长

2018 年 8 月

# 序 三

2014年开始，本轮PPP推广经历了从探索发展、快速发展到规范发展的过程，取得了显著成就，PPP的理念已经深入人心，形成了一套规范体系，建立了一个全国化的PPP市场。但是，近年来市场违规操作隐患也比较突出，集中体现为"四化"，即支出责任固化、财政上限虚化、运营内容淡化和适用范围虚化。2017年4月以来，财政部、国家发改委等中央部委吹响了防风险抓规范的号角，相继出台了《关于规范政府和社会资本合作（PPP）综合信息平台项目库管理的通知》（财办金〔2017〕92号）、《关于规范金融企业对地方政府和国有企业投融资行为有关问题的通知》（财金〔2018〕23号）、《进一步加强政府和社会资本合作（PPP）示范项目规范管理的通知》（财金〔2018〕54号）系列文件，市场也出现一些过度解读，PPP模式站在了转折风口。此轮清理整顿，目的是去伪装存真，推动PPP可持续发展。相信经过调整，未来PPP仍将是基础设施和公共服务的主流投融资模式之一。PPP坚持不放松、不停步，终将踏上再出发的征程。

推广PPP的初衷是提质增效，实现PPP初衷的前提是项目的融资落地。本轮PPP最大"瓶颈"就是融资落地难。究其原因，从融资市场环境看，2017年开始面临控风险和降杠杆的政策环境，金融机构资金和融资规模从紧。从PPP市场环境看，部分项目合规性较差，部分地方政府、社会资本、金融机构和中介机构等参与方均存在认识和操作的偏差，如部分地方政府本身财力较弱，依旧盲目上项目，实际已经接近或超过一般公共预算10%的红线；部分社会资本重建设轻运营，将PPP当作获得工程承包合同的抓手，盲目低价抢项目，导致一些项目现金流无法覆盖融资本息；部分金融机构的理念尚未从以往关注政府财力和增信措施，转变到注重PPP项目合同条款保障和财务可行性评估。因此，《PPP项目可融资性评价研究与应用》出版恰逢其时。本书集合课题组和市场专家的群体智慧，有理论、有实践、有案例。对于地方政府、社会资本、金融机构和中介机构提升融资能力，指导项目融资落地都有重要的价值。前期，我受邀参与对本书"PPP 项目可融资性评价指标体系"的研讨，该指标体系包括 7 个一级指标（含40 个二级指标、26 个三级细化指标），经过三轮市场调研测试和专家论证完善，形成了比较完整的体系，具备一定的推广价值。

最后，预祝本书出版成功。希望与参与本书的各位专家和学者在 PPP 的新征程中共同探索，不断推动 PPP 融资落地。

郑大卫

上海浦发银行总行 PPP 中心副主任

国家发展和改革委员会、财政部 PPP 专家库专家

2018 年 8 月

# 序 四

随着 PPP 模式的深入推进，融资问题越来越引起人们的关注，PPP 落地难，融资成为项目落地的"瓶颈"。社会资本投资 PPP 项目，须从银行贷款，因此从某种意义上说，项目能否落地由金融机构说了算。实践中，社会资本在前期忙于投标、与地方政府谈判，等签订了 PPP 合同再去找银行，有时却发现融不到资，前边就都白忙活了。

国外大型项目前期的做法是邀请金融机构或财务顾问提前介入，参加投资者与政府及相关合同方的谈判，使得商务合同和融资合同的谈判相互衔接、依次推进。在国内的 PPP 实践中，社会资本有必要了解银行的要求，知道从地方政府实施机构那里要到什么条件，才能满足银行的贷款条件。但银行贷款的准入门槛、审批标准、抵押担保要求、项目评估等有复杂的程序，非专业人士难以掌握。本书则提供了一种简便易行的辅助工具，使社会资本能从银行视角筛选项目，尽早评估判断一个项目的融资可行性，知晓应该及时退出一个项目还是继续推进，从而提高项目的成功率。

本书作者胡恒松博士和张建红在投融资方面具有深厚的理论基础和丰富的实践经验，通过对金融机构从业者、社会资本方和地方政府官员的广泛问卷调查，构建了较为系统的评价体系和评价指标，有着较高的学术水平和实用价值，可以指导各方进行 PPP 项目可融资性评价。希望有更多的人，特别是从事基础设施投融资和 PPP 的人士能从中获益。

尹昱

中国建设银行山东省分行

高级经济师，国家发改委、财政部 PPP 专家库专家成员

2018 年 8 月

# 前　言

自 2014 年国家推行 PPP 模式以来，大量 PPP 项目落地，对我国经济体制改革和经济社会发展起到了巨大作用。然而，由于我国规范的 PPP 实践发展时间较短，PPP 项目的商业模式还不成熟，导致项目长期合作过程中的风险难以把控、项目公司独立融资能力有限，很难满足金融机构相关融资要求，使得项目融资工具参与 PPP 的步伐缓慢。同时，在 PPP 模式爆发式增长的背后，PPP 泛化、异化问题随之产生。针对此类问题，财政部、国家发改委等相关部门出台了一系列关于规范 PPP 融资、促进其健康发展的文件。在此背景下，如何更好地评价 PPP 项目的可融资性，解决目前 PPP 项目融资难、融资混乱的问题至关重要。

为科学、合理地对 PPP 项目的可融资性展开综合评价，地方政府投融资研究中心课题组通过对 PPP 领域专家进行三轮问卷调查，咨询包括政府、国企、民营企业、银行和其他相关金融机构有关人士的意见，最终，选取了社会经济发展状况、所处行业发展状况、政府方及国有出资人代表基本情况、项目质量、社会资本方基本情况、风险及增信情况以及其他共 7 个一级指标（含 40 个二级指标、26 个三级细化指标），并提出了三个具有一票否决权的指标，构建 PPP 项目可融资性评价指标体系，对 PPP 项目可融资性进行全面评价。

本书主要通过构建 PPP 项目可融资性评价指标体系，针对 PPP 项目融资难、融资混乱问题及其未来发展方向展开研究。全书核心内容的结构安排大致如下：第一部分是 PPP 项目的整体把握，由第一章至第三章共三章内容构成，分别对 PPP 的发展、PPP 项目融资、融资模式和方式进行系统阐述。第二部分是 PPP 项目可融资性评价及应用，由第四章、第五章两章构成，第四章是 PPP 项目可融资性评价指标的构建，第五章是该指标体系在特色小镇 PPP 项目以及医院 PPP 项目中的实际应用。第三部分是在当前政策环境下，针对 PPP 项目可融资性存在的问题，提出提高 PPP 项目可融资能力的途径，包括第六章和第七章。

本书主要的创新点是基于系统评价项目本身的特点、区域投融资环境、政策导向等，构建测度指标体系，对 PPP 项目可融资性展开评价研究，使 PPP 项目可融资性评价有方法可依，提升规范性，并提出提高 PPP 项目可融资能力的途径，为地方政府、社会资本方和金融机构的投融资决策提供参考，切实解决 PPP 的融资难、落地率低等问题。

# 目　录

# 第一章　PPP 概述

## 第一节　PPP 的概念

### 一、PPP 概念界定

PPP 是英文 Public Private Partnership 的简写，中文直译为"公私合伙制"。Public Private Partnership 的中文翻译也有很多种，如公私伙伴关系、公私合作伙伴模式、公共/私人合作关系、公私机构的伙伴合作、官与民的合作、民间开放公共服务、公共民营合作制等①。简言之，PPP 指公共部门通过与私人部门建立伙伴关系来提供公共产品或服务的一种方式。

到目前为止，关于 PPP 的概念没有一致的界定，每个人基于不同的角度对 PPP 的理解不同。国际上关于 PPP 的概念也没有达成共识，但存在如下一些具有代表性的说法：

（1）联合国开发计划署：PPP 是指政府、营利性企业和非营利性组织基于某个项目而形成的相互合作关系的形式。通过这种合作形式，合作各方可以达到比预期单独行动更有利的结果。合作各方参与某个项目时，政府并不是把项目的责任全部转移给私营部门，而是由参与合作的各方共同承担责任和融资风险。

（2）联合国培训研究院：PPP 涵盖了不同社会系统倡导者之间的所有制度化合作方式，目的是解决当地或区域内的某些复杂问题。PPP 包含两层含义：一是为满足公共产品需要而建立的公共和私人倡导者之间的各种合作关系；二是为满

---

① 贾康，孙洁. 公私伙伴关系（PPP）的概念、起源、特征与功能 [J]. 财政研究，2009（10）：2-10.

足公共产品需要，公共部门和私人部门建立伙伴关系进行的大型公共项目的实施。

（3）欧盟委员会：PPP 是指公共部门和私人部门之间的一种合作关系，其目的是提供传统上由公共部门提供的公共项目或服务。

（4）美国 PPP 国家委员会：PPP 是介于外包和私有化之间并结合了两者特点的一种公共产品提供方式，它充分利用私人资源进行设计、建设、投资、经营和维护公共基础设施，并提供相关服务以满足公共需求。

（5）加拿大 PPP 国家委员会：PPP 是公共部门和私人部门之间的一种合作经营关系，它建立在双方各自经验的基础上，通过适当的资源分配、风险分担和利益共享机制，最好地满足事先清晰界定的公共需求。

（6）穆迪：PPP 为公共部门政府实体与私营实体就特定期限内一项基建资产的设计、建设、融资、运营和/或维护所达成的长期合同约定。该政府实体一般在合同期内保持对资产的所有权，但与私营实体分担长期的资产复原风险和生命周期风险。合同结束时，资产往往按照政府在合同中规定的条件交回给政府。PPP 项目由一个只能按照长期项目协议中定义的项目范围从事相关业务的特殊目的实体（SPE）承担。该实体往往筹集项目融资债务，为前期建设工程进行融资，然后全部或主要通过项目现金流来偿债。在设计和建设阶段，该公共实体可以根据私营实体的建设进度进行阶段性付款。

常见的 PPP 项目来源包括政府付费、使用者付费或特许经营权、混合或可行性缺口补助、变现四种方式。

政府付费：项目建成后，如满足合同要求，私营实体将获得政府的付费。政府付费金额一般覆盖运营和维护成本、偿债成本，若私营实体负责项目运营，则会覆盖一定的投资回报。政府的付费不受需求波动的影响，通常仅在无法履行合同或公众无法使用该资产时才会进行调整。政府付费模式 PPP 在加拿大、澳大利亚和英国较为普遍。

使用者付费或特许经营权：在特许经营权或使用者付费模式下，项目资金大都来自使用者付费，而政府不承担或者仅承担有限的需求风险。该模式常用于收费公路、机场、港口、水务、燃气或电力 PPP 项目。在长期的特许经营协议下将现有的公有资产变现亦是使用者付费 PPP 的形式之一。单纯的使用者付费 PPP 不会对政府所有方产生财政责任。

混合或可行性缺口补助模式：PPP 安排可以同时具备政府付费及使用者付费

的相关特征。政府采购部门（有时称为承购方）需要注意的是，在混合模式 PPP 下，政府将承担政府付费等明确的义务；或财务担保、终止付款等或有义务；和/或需求低于特定水平时提供补贴的义务。此外，还可能承担更为遥远的或有义务，如合同重新协商风险或在 SPE 违约时接管项目。作为混合模式或可行性缺口补助模式收益来源的一部分，投资者也可能比原先预期承担更多的需求风险。

变现：私营所有人方向公共实体支付一笔预付款，以换取资产的经营权和收费权，并以此收回投资成本。该资产将于合同结束时交回给公共实体。若根据与公共实体的长期特许经营协议进行资产变现，然后在特许经营权结束时将资产交回给公共所有人，那么在特定的条件下也会被认为是一种使用者付费或混合模式或可行性缺口补助模式 PPP。

若公共资产通过向私营投资者永久出售全部所有权，从而实现全面私有化，则不会被视为 PPP。

通过上面众多概念可以看出，不同的部门和机构对 PPP 有各自的理解和定义，虽然国际上关于 PPP 的概念的表达不一致，但是，从给出的这些定义可以看出他们所描述的 PPP 的特征是相同的：一是 PPP 是通过合作完成的，合作的双方分别是公共部门与私营部门，在每个概念中都提到了合作。二是 PPP 合作的目标是提供公共产品或服务，基础设施建设也是目标之一。三是强调合作双方互利共赢，即私营部门与公共部门合作不是短期的，而是长期合作，双方互利达到共赢。四是合作双方共同承担风险。这些特征大体上概括了 PPP 概念的基本要素，在此基础上，我们认为，PPP 概念中包含有合作、提供公共产品或服务、互利共赢、风险共担等要点。PPP 的本质强调的是合作共赢并不是竞争，竞争只是合作过程中的一种手段和一种基础机制①。

我国关于 PPP 的概念首次出现于 2015 年《政府工作报告》缩略词注释："指政府通过特许经营权、合理定价、财政补贴等事先公开的收益约定规则，引入社会资本参与城市基础设施等公益性事业投资和运营，以利益共享和风险共担为特征，发挥双方优势，提高公共产品或服务的质量和供给效率。"② 而我国政府与 PPP 概念有关的政府文件目前有三个，分别为：①《财政部关于推广运用政府和社会资本合作模式有关问题的通知》（财金〔2014〕76 号），文件中指明

---

① 贾康，孙洁. 公私伙伴关系（PPP）的概念、起源、特征与功能 [J]. 财政研究，2009（10）：2－10.

② 《国务院关于加强地方政府性债务管理的意见》（国办发〔2014〕43 号）。

政府和社会资本合作模式是一种长期合作关系，此关系建立于基础设施及公共服务领域。通常模式是由社会资本承担大部分工作，包括设计、建设、运营、基础设施的维护等，其投资回报是通过"使用者付费"及必要的"政府付费"的方式；政府部门负责对基础设施及公共服务的价格进行质量监管，使公共利益达到最大化。① ②《国家发展改革委关于开展政府和社会资本合作的指导意见》（发改投资〔2014〕2724号）指出："政府和社会资本合作（PPP）模式是指政府为增强公共产品和服务供给能力、提高供给效率，通过特许经营、购买服务、股权合作等方式，与社会资本建立的利益共享、风险分担及长期合作关系。"③国务院办公厅转发的《财政部、国家发展改革委、人民银行关于在公共服务领域推广政府和社会资本合作模式指导意见》（国办发〔2015〕42号）指出："政府和社会资本合作模式是公共服务供给机制的重大创新，即政府采取竞争性方式择优选择具有投资、运营管理能力的社会资本，双方按照平等协商原则订立合同，明确责权利关系，由社会资本提供公共服务，政府依据公共服务绩效评价结果向社会资本支付相应对价，保证社会资本获得合理收益。"②

上述三个文件对 PPP 概念的界定，可以理解为狭义的 PPP。本书中对 PPP 概念的使用，限于狭义的 PPP。即"政府"限定于"国内县级以上地方人民政府"；"社会资本"限定于"已建立现代企业制度的境内外企业法人，但不包括本级政府所属融资平台公司及其他控股国有企业"；合作的领域限定在"基础设施及公共服务领域"，涉及的合作内容是"公共产品供给和公共服务提供"；合作关系是"利益共享、风险分担的长期合作关系"。

## 二、PPP 的特点

PPP 模式与我国现行阶段实施的基础设施供给模式进行比较，如 BT 模式、BOT 模式、TOT 模式等，PPP 模式的侧重点有所不同，其特点主要表现在如下三个方面。

### （一）风险共分担

根据国家发改委、财政部等系列政策文件要求，PPP 模式的重要原则之一即"风险收益对等，在政府和社会资本间合理分配项目风险"，"原则上，项目的建

---

① 《财政部关于推广运用政府和社会资本合作模式有关问题的通知》（财金〔2014〕76号）。

② 《财政部、国家发展改革委、人民银行关于在公共服务领域推广政府和社会资本合作模式指导意见》（国办发〔2015〕42号）。

设、运营风险由社会资本承担，法律、政策调整、最低需求风险由政府承担，自然灾害等不可抗力风险由双方共同承担"。根据对政策中风险分担要求的解读，明确了合作双方的权责利应该怎么划分当政府与社会资本双方进行合作的时候。社会投资人在享受一定利益的同时也承担一定的责任，主要是进行投融资、项目建设以及运营。在投融资阶段，政府为了能对项目进行监督并且保证运营期内的收益水平，政府会使其平台公司参股。

而此轮 PPP 模式有一个鲜明的特点就是强调社会资本不应只参与建设环节，也要参与运营环节，实现全周期参与。这样一来，在基础设施项目管理中，从政府的角度来看，其职责定位发生了变化，原来政府是"裁判员兼运动员"，这种模式中政府渐渐转变为"裁判员"。从社会投资人的角度来看，能够参与项目的各个环节，包括投资、建设和运营，发挥其在各个阶段的优势，不论是资金优势、技术优势、管理优势等，都能帮助项目完成得更好，经济效益最大。[1]

（二）效率可提高

财政部发布的 PPP 指导文件一直在强调"物有所值"的重要性。指导文件将项目的各阶段综合起来，包括前期论证、PPP 设计方案、招投标、过程监管、移交结束五个阶段，制定了一套绩效评级体系，目的是评价项目是否真的"物有所值"。从表面上看，中央政府在项目实施过程中逐渐退出，但是其加强了对项目过程的监管，监管要求更加严格规范，这种情况下就要求社会投资人更加专业，对其能力是一种更大的考验。

"物有所值"具体有两方面的要求：一方面是在 PPP 模式下项目成本更低，包括项目建设期成本和运营周期的成本；另一方面是通过 PPP 模式建设并运作的基础设施能使公众享受到更优质的服务，能让公众得到更好的体验。这也正是 PPP 模式比原来的"竞争性承包模式＋政府自身负责运营"模式优越的地方。

（三）财政可承受

近年来，地方政府的负债越来越多，债务主要来自地方政府或其平台公司进行的基础设施项目建设。自 2014 年下半年开始，财政部等部委要求地方政府注意规避系统性债务风险，不断深化预算体制改革，尤其是要对地方政府的举债体制进行改革。在此背景下，中央及地方政府面临一个亟待解决的问题，即既要对地方政府债务进行有效的控制，防范风险进一步升级，又要保证基础设施项目不

---

[1] 赵志衍. Z 市现代有轨电车项目 PPP 模式实施方案设计 [D]. 山东大学，2017.

被搁置稳步推进，经济保持稳定增长。

2015 年 4 月 7 日，财政部印发了《政府和社会资本合作项目财政承受能力论证指引》，主要是详细说明政府在开展 PPP 项目时要对财政承受能力进行综合考虑。主要包括两方面的要求：第一是在利用 PPP 模式开展项目之前先要进行论证，讨论政府是否具有相应的承受能力，经过论证后再实施；第二是在做政府中长期财政规划及分年度财政预算时，将 PPP 项目实施中所有支持责任纳入，包括股权投资、运营补贴、配套投入等。对地方政府来说，虽然延长了前期项目模式设计阶段的时间，但增强了项目的总体可操作性。

### 三、PPP 的意义

根据前文对 PPP 概念及特点的分析，PPP 模式的意义主要表现为：期限匹配，三方（政府、社会资本、金融机构）共赢；权力转移，中央的控制力度增强；项目实施主体责任明确，效率提升。

（1）期限匹配，三方（政府、社会资本、金融机构）共赢：从政府方面来看，政府方的付款期限得以延长，即使政府可支配资金没有发生变化，但得益于付款期的延长，政府所能做的事情却获得杠杆式扩大；从企业方面来看，企业在收款的当期就可以真正地拿到钱；从金融机构方面来看，通过期限匹配，可以解决资金无处投的问题，增加金融机构的利益。

（2）权力转移，中央的控制力度增强：在 PPP 模式应用以前，地方政府在资金供给不能满足资金需求的时候，就会寻求银行贷款的支持，且层级越靠下的地方政府，由于"山高皇帝远"，其所作所为中央政府基本上很难有控制力。而现在运用 PPP 模式，地方政府通过对基础设施建设等工作的梳理，上报项目，项目筛选工作交由省级或者国家级层面来做。这样看来，国家层面通过推行 PPP 而在一定程度上管控着地方政府的投资行为。

（3）项目实施主体责任明确，效率提升：在 PPP 模式应用以前，地方政府将项目发包给企业，但政府不承担实际责任，项目建设或运营得如何政府都无须承担，主要风险就落在了企业身上。而现在运用 PPP 模式，地方政府整理上报项目，国家层面做出批准后，项目责任由 SPV（特殊项目公司，Special Purpose Vehicle）公司等相关企业承担。由于实际责任人的明确，且民营社会资本的积极参与，项目运作的效率将得以大幅度提升，同时，竞争格局的变化也随之带来效果和质量的提升。

# 第二节 PPP 的发展历程

## 一、国外发展历程

PPP 模式兴起于英国，在随后的 20 多年里，这种公共产品供给的新模式在全球范围内被广泛应用。根据全球 PPP 研究机构 PWF（Public Works Financing）的统计数据，1985～2011 年全球基础设施 PPP 名义价值为 7751 亿美元，其中，欧洲约占全球 PPP 名义价值的 45.6%，处于领先地位，美国、加拿大分别占 8.8%、5.8%，墨西哥、拉丁美洲、加勒比海占 11.4%，亚洲、澳大利亚占 24.2%，非洲和中东地区占 4.1%。

（一）PPP 模式在英国

迄今为止，英国是 PPP 模式运用较为成熟的国家之一，属于国际先驱。20 世纪 30 年代，部分英国地方政府利用私人主动融资、政府产权转让等方式，吸引私人资本参与保障性住房的建设和运营管理，这是英国运用的最早的 PPP 模式。

英国的 PPP 模式主要采用是政府付费模式，以 2012 年为界大致可以分为 PFI 和 PF2 两个阶段。2012 年以前，PFI 是被英国应用的最广泛的，该模式下为了提高公共产品质量同时更好地维护公共资产，在公共设施的设计、建造、投融资和运营环节中私人部门是被允许参与其中的。1992～2011 年英国在 PFI 模式下项目资本支出合计 547 亿英镑，累计完成 PFI 项目 700 多个，涉及的公共领域包括地铁、学校、医院、公路、监狱、住房、废物废水处理设施等。在这期间，2006 年之后无论是项目数量还是资金规模都呈现出整体下滑的趋势。除了全球金融危机的影响外，PFI 模式在运用过程中所暴露出的种种问题，成为了 PPP 发展的阻碍。

PFI 模式的不足直接导致了英国 PPP 2.0 版本的出现，英国政府于 2012 年推出了一种新的 PPP 模式——PF2，对 PFI 存在的不足进行了一系列改进。主要改进之处在于：一是股权结构方面，PF2 模式下政府参与投资，相比于 PFI 持有更多股权。政府的出资参与可以使得公共部门与私人部门之间的利益更趋一致，提高项目的绩效与风险管理。二是提高项目效率、有效节省项目支出成本，PF2 模式下项目招标时间不超过 18 个月，鼓励政府进行集中采购，同时制定规范的流程和标准文件对项目采购进行约束，加强开支监管等。三是提高合同灵活性，如在项目运营过程中政府可以选择删除或添加一些服务可选项等。四是提高透明度，例如，要求每年政府公布其有参股的项目的财务信息、私人部门公开项目收益信息等。五是改进风险分配机制，如政府部门要注重对额外开支的风险管理，并且不断改进管理机制。六是债务融资方面，PF2 项目相比于 PFI 模式下的项目有望获得更长期的债务融资。PF2 的推出，推动了 PPP 模式进一步的发展。

管理方面，英国 PPP 由英国财政部主管，全财政部下属的英国基础设施局（Infrastructure UK，IUK）负责批准英格兰地区的 PFI 交易（苏格兰、威尔士和北爱尔兰的 PFI 交易由各地方负责审批），并为所有公共管理部门提供 PPP 的专业管理，尤其是采购方面的知识，其是英国 PPP 工作的全面负责人。在地方政府层面，英国财政部与地方政府协会联合成立了地方合作伙伴关系组织（Local Partnerships），其按公司化方式进行运营（市场投资人占股 51%，财政部和苏格兰主管部门分别占 44% 和 5%），以市场化方式对项目和公司进行投资，独立于财政部，在帮忙编制标准化的合同（涉及具体项目采购与投资策略）的同时还为地方政府提供其他的服务，包括 PFI 项目技术援助和评估服务。2010 年后，IUK 将 PPP 工作组和"地方合作伙伴关系组织"的职能进行了整合，统一管理实施 PF2 项目。

融资方面，英国不仅为 PPP 建立了一套完善的法律体系与社会评价制度，设置了严密监督管理机构，还为 PPP 项目的融资提供了多样化的支持和鼓励措施。英国鼓励 PPP 项目通过资本市场，寻求金融机构的参与对项目进行融资，建立了一系列的融资平台，如养老金投资平台以及保险公司基础设施投资论坛，为养老金以及保险公司提供参与基础设施投资的途径，也拓宽了 PPP 项目的资金来源；积极鼓励外资投资参与基础设施建设，通过 IUK 与英国贸易投资署的合作吸引外资。英国还提出了担保计划，通过立法对符合标准的基础设施建设项目提供还款担保和临时合作贷款。所谓临时合作贷款，即政府联合私人部门按照商业条件对PPP 项目进行贷款，以公带私提高贷款意愿，实际起到了增信作用。另外，英国还鼓励充分利用政策性银行为 PPP 项目提供资金支持，如英国绿色投资银行以及欧洲投资银行。

（二）PPP 模式在加拿大

加拿大是 PPP 运用最好的国家之一，这是获得国际公众认可的。这主要是由于加拿大政府对PPP模式非常重视并且出台了很多支持措施。与英国有所区别，加拿大政府从一开始便积极出资参与PPP项目，财政部设立了具有政府性质的公司——PPP Canada，负责审核PPP项目，制定管理政策，协助政府在全国范围内大力推广PPP模式，为PPP项目提供技术援助。这有助于推进加拿大PPP项目向前发展，使项目运作流程越来越规范，每个级别的采购部门经验更加丰富，并能提升服务效率使低交易成本的优势显现出来。目前，加拿大所有公共领域项目中PPP项目占到15%～20%，项目涉及的行业有交通、文化、医疗、司法、住房、教育、环境和国防等。

在加拿大的PPP模式中，如果不同投资人负责单一阶段，可能会出现带来风险和责任推诿的现象，因此私人部门参与PPP项目设计、建造、运营和维护的全过程；在项目整个的建设周期中，每个周期都会涉及支付，因此在项目建设完工前政府没有支付义务，同时如果私人部门想要得到政府支付的资金，必须使其提供的服务达到双方事先约定的标准。

融资方面，加拿大政府为PPP Canada设立了"加拿大PPP基金"（P3 Canada Fund），基金总额为12.5亿加元，为PPP项目提供不超过投资额25%的资金支持。同时，加拿大建立了项目债券融资市场，这丰富了融资方案的多样性，吸引了私人资本参与投资，提高了融资的专业性，为政府采购提供一种新的方式。除此之外，加拿大政府还推出了新的"加拿大建设基金"（The New Building Canada Fund），在10年内分配140亿加元用于支持基础设施建设，带动经济的发展，促进就业并提高劳动生产率。除政府基金的参与支持外，加拿大的养老基金参与PPP项目也极具代表性，一般采用DBFM（Design – Build – Finance – Maintain）模式参与基础设施建设，在此模式下，养老基金只负责提供资金，并不参与建设与运营。养老基金能提供长期、稳定、低成本的资金，正好符合基础设施项目的融资需求，而PPP项目也能为养老基金提供稳定的收益来源，实现双赢的局面。

除以上两点外，加拿大PPP模式还有其他的特点：①项目的最终目的是提供公共服务，私人部门参与PPP项目并不仅仅是为基础设施项目融资；②引入竞争，为鼓励创新、降低成本，加拿大鼓励国内外的私人投资者都参与到PPP项目的竞标中；③重视推广和创造力的发挥，加拿大PPP中心会向同行吸收PPP的经验，主要是靠定期与国内各同行交流意见，学习其开展PPP的长处，并且在外部环境变化时会做出调整，随机应变。

（三）PPP 模式在澳大利亚

20 世纪 80 年代，澳大利亚开始运用 PPP 模式，主要是在基础设施建设领域。投资者会成立一个 SPV 公司，此公司是为项目专门设立的，这是其最普遍的 PPP 模式。SPV 会与政府签订一项期限一般为 20～30 年的项目协议，内容包括融资、建设和运营等事项。但在 90 年代 PPP 的发展遇到挫折，进入了停滞期，不断遭遇失败。一方面，澳大利亚政府大量吸引资本进入基础设施建设领域，并将项目建设和运营的风险更多的交由项目公司（SPV）承担，使得私人资本虽然获得了收益但是其承担的风险更大，两者有差异，进而导致部分 PPP 项目以失败告终①。另一方面，由于早期澳大利亚的 PPP 不是由中央政府统一管理，而是由各州政府各自为政，在推广初期也遭到了地方政府的阻挠，严重影响了 PPP 的顺利实施。2000 年以来，澳大利亚政府吸取经验教训，对 PPP 模式进行了改进，不仅对现行法律进行了修订，还制定了保护私人资本的权益特别法律，使 PPP 模式的发展得到进一步推广，并居于世界领先地位。

管理方面，为改变各州在管理时"各扫门前雪"的状况，澳大利亚专门设立了澳大利亚基础设施局（IAU），其是全国性质的，负责全国各级政府基础设施建设需求和政策，但其业务不仅仅是管理 PPP，推广 PPP 只是其众多职能中的一部分。IAU 将基础设施建设 PPP 项目分为两类：一是社会性基础设施 PPP，即政府付费项目；二是经济性基础设施 PPP，即使用者付费项目。IAU 与澳大利亚全国 PPP 论坛合作，一起对全国性的 PPP 政策框架和标准进行了制定，在此框架与标准的基础上，各级政府（州）制定本地的政策。上述政策要求，当各级政府进行项目实施时，需要 5000 澳元以上的政府资本金时，必须将 PPP 作为项目的备选模式之一进行评估。

澳大利亚 PPP 模式的特别之处在于，SPV 公司跟其他公司签订协议时，政府一方也将一同参与协议签订，以确保这些公司一旦履约出现问题，能够及时地介入项目并进行追责。就融资方面来看，资金提供方对于投资人（SPV 的股东）一般仅具有有限追索权甚至无追索权，当然借款人可将持贷款份额进行再转让。另外，政府还扮演最后的贷款人角色，当 PPP 项目出现资金困难时，政府还将对项目提供担保，以保证项目能顺利地进行融资，从而继续运作下去。

---

① 周东蜜. 政府公益项目 PPP 模式风险管理研究［D］. 广西大学，2016.

（四）PPP 模式在美国

美国 PPP 模式发展相对落后。美国 PPP 的运用主要集中在交通设施、污水处理、建筑三大领域，但整体而言，PPP 在基础设施建设投资的占比仍然较低。美国财政部的数据显示，2007～2013 年，交通 PPP 项目投资额为 227 亿美元，仅占同期美国高速路总投资额的 2%。与其他国家不同的是，美国并没有建立一个全国统一的 PPP 管理机构，主要由一些非政府组织机构对 PPP 进行宣传与推进，并提供相关的咨询服务，包括美国 PPP 理事会、市长商业理事会以及联邦公路管理局等。

融资方面，州或地方政府可以发行私人活动债券，所筹资金主要用于支持私人资本参与较多的项目，为 PPP 项目提供了资金支持，2005 年就曾将 150 亿美元的私人活动债券用于公路和公共交通项目。除了政府发债的融资支持外，还通过发行项目收益债为 PPP 项目进行融资。项目收益债是美国基础设施建设的主要债务融资渠道，发展也相当成熟，规模仅次于国债和公司债。无论是私人活动债券还是项目收益债，都具有融资成本低以及免税的优势。除此之外，美国还在颁布的相关法案中设立了信贷计划，如《交通设施金融和创新法案》（*Transportation Infrastructure Finance and Innovation Act*，TIFIA），《水利设施金融和创新法案》（*Water Infrastructure Finance and Innovation Act*，WIFIA）。TIFIA 主要面向交通设施项目，通过提供补充资金，吸引社会资本与公共部门共同参与基础设施建设，主要的方式包括提供低息贷款（按照国债利率）、债务担保以及信贷支持。WIFIA 与 TIFIA 类似，但方向不同，主要是对水利设施——饮用水和污水处理的建设进行贷款支持，同样只需要承担较低的利息。

（五）国外 PPP 模式的经验启示

1. 重视政府资本参与

从字面上看，只有政府资本参与才是真正的政府资本和私人资本合作。政府发展 PPP 模式的目的，是解决公共服务建设中资金需求的问题，缓解财政压力，同时还可以利用私人资本的管理经验和先进技术提高公共服务效率。从英国的经验看，没有政府资本的参与，特别是对于经营性项目，实际操作中很容易造成股权投资者获利过高、透明度低、风险收益分配不均、灵活性较差以及招标时间过长、成本较高等问题。政府出资参与 PPP 项目，不仅可以使公私部门之间的利益趋向一致，提高项目绩效与风险管理水平，还可以强化公私合作的紧密程度，使得 PPP 项目法人的融资便利性提高，是推动 PPP 项目发展的重要因素，也是英国 PPP 发展能雄冠全球的原因之一。

2. 引入长期性专门投资资金

长期性的投资资金通常由特定机构提供，如养老基金、保险机构等，但我国目前养老保险机构投资于 PPP 项目等非标资产还有很多限制。在海外，长期性的 PPP 投资基金还有政府引导基金，如加拿大，其养老基金在基础设施建设中的投资占比远超国际水平。要创造 PPP 长期投资资金，就需要培育相应的资金经营专门机构，发展相应的专业投资公司，如专门的基础设施投资银行等，或者拓宽现有投资机构的投资限制，如放宽本身具有长投资周期的保险机构投资范围。PPP 投资的特点是长期性和非标准化，因此现有规范金融机构的投资受到很多限制，或者投资口子有限，投资的深度和范围都受到诸多限制。

3. 发挥政府引导基金的作用

加拿大通过成立政府性的 PPP 引导基金，极大地促进了本国 PPP 项目的发展。在 PPP 项目初期的建设阶段，融资通常以私募形式进行，有政府性基金的参与，可以极大地提高项目融资成功的概率。亚洲开发银行于 2017 年专门发布了政府 PPP 基金的观察报告。该报告认为，按照基金的不同目的，政府 PPP 基金有三种类型：生存能力缺口基金（Viability Gap Funds）、借款便利（Lending Facilities）和担保基金（Guarantee Funds），即政府 PPP 基金可专门用于融资缺口补足、专门贷款和贷款担保，通过政府基金可消除有利可图 PPP 项目的特定约束。专用基金可以提供更好的激励，专注专业知识，促进公私伙伴关系。基金结构应该具有针对性，设计要素应支持其目的。

4. 融资工具的流动性对项目融资有重要影响

PPP 项目融资工具的流转性对投资人的吸引力有着重要影响。澳大利亚 PPP 项目的资金提供方对于投资人（SPV 的股东）虽然仅具有有限追索权甚至无追索权，但是借款人可将所持贷款份额进行再转让。融资工具的流动性，便利了融资人后续的资金安排，自然使得项目融资成功的可能性得以提高。

5. 多阶段的融资安排形式

PPP 项目实施的法人组织形式不同，项目融资的安排就会有差异；PPP 项目在建设期和经营期的不同阶段，现金流不同，适合的融资结构也就不一样。以 SPV 项目公司为例，在项目建设期间，项目公司还没有成长起来，没有经营收入，自然也就没有现金流入，所以一般抗风险能力弱、规模不大。但是因为项目周期比较长，就需要与之匹配的期限较长的资金，因此此阶段可利用的融资方式包括传统信贷和项目收益债等；同时，短期内项目需要流动资金，保证项目顺利进行，此时可以发行私募公司债券，来获得短期资金。当项目进行到运营期阶段，一般来说项目公司的资产已经有一定的累积，能够拥有比较稳定的现金流，此时已符合发行债券的条件，如公司债券、企业债券等债券，以此来融得项目继续发展的资金。并且，权属明晰的资产和稳定的现金流入使得项目还可以通过发行资产证券化产品进行融资，此种融资方式使 PPP 项目产生的稳定现金流的优势得到充分展现，是项目运营筹集资金的又一利器。在项目运营的后期阶段，投资者会产生退出需求，且需求会不断增多，利用此契机，又获得一个融资渠道，即股权对接，通过此方式不仅能实现投资者的退出需求，还能使资产得到保值甚至增值。这就要求 PPP 项目融资要采用分期的多阶段安排模式，分批实施。通过合适的多阶段融资安排，PPP 项目可以实现价值的最大化，世界银行称之为"价值再融资"。

## 二、国内发展历程

（一）发展阶段

就广义的 PPP 模式而言，自 20 世纪 80 年代，中国就开始探索在进行基础设施建设时如何更好地利用外资进行项目建设。从发展阶段来看，PPP 模式在中国发展大致经历了如下三个阶段：

1. 探索试点阶段（2002 年之前）

在此期间，外资参与的 BOT 模式是主要的 PPP 模式。其中，1984 年中国产生了第一个实际意义上的 BOT 项目：香港合和电力（中国）有限公司与深圳特区电力开发公司（深圳市能源集团有限公司，即深能集团的前身）采取合作经营的方式，建设了沙角 B 电厂 [该电厂于 1988 年试运营结束，开始商业运营；项目采取 BOT 模式，香港合和电力（中国）有限公司获得项目 10 年的特许经营权，项目于 1999 年 8 月移交给深能集团（持股 64.77%）]。1995 国家批准了首个 BOT 试点项目，即法国电力公司及阿尔斯通公司联合体获得广西来宾 B 电厂 18 年的特许经营权。其间原对外贸易经济合作部（现"商务部"）主管此项工作，并且这期间的 PPP 项目均为利用外资项目。

2. 快速发展阶段（2003～2008 年）

2002 年建设部（现"住房和城乡建设部"）发布了《关于加快市政公用行业市场化进程的意见》（建城〔2002〕272 号），从文件中可以看出社会资本、外国资本参加市政公用设施的建设是被鼓励的，并且可以运用多种不同的形式双方进行合作；2005 年"非公经济 36 条"的提出表明非公有资本被允许进入基础设施和公用事业领域，这使 PPP 模式在各地市政公用领域的应用上在很大程度上得到了推动，在这期间外资和民营资本在市政公共用基础设施建设领域的投资变得越来越多，规模越来越大。该阶段期间，各地不断有其他社会资本参与到市政公用项目投资中，它们是以特许经营等 BOT 模式参与其中的，包括法国威立雅环境集团、香港中华煤气有限公司（中华煤气）、新奥燃气等境外资本。此外，通过 PPP 模式社会资本也参与到其他各个项目中，包括高速公路、地铁等交通基础设施项目以及大型体育场馆等项目。其间具有代表意义的项目有国家体育场、北京地铁四号线，以及新奥燃气、港华燃气、威立雅水务公司等在各地区投资的水务、燃气项目①。

3. 调整阶段（2009 年以来）

受金融危机的影响全球和中国经济均增速下滑，中国中央政府为刺激经济，推行积极的财政政策和实行经济增长计划。该经济刺激计划的投资由政府领导，但由于地方政府不能以市场主体的身份参与投资活动，因此各地政府在进行投融资时会充分利用所属的融资平台。2009 年以来，各地的融资平台公司负有城市基础设施等公共产品和服务的投融资的责任，政府委托代建、BT 模式是项目主要的运作方式。由于此种原因，其间社会资本在公共产品和服务领域的参与项目的程度下降，PPP 模式的发展处于调整期。虽然 2010 年国务院发布了《关于鼓励和引导民间投资健康发展的若干意见》（国发〔2010〕13 号）（即新"非公经济 36 条"），文件中指明民间资本进入基础产业和基础设施等领域是被鼓励与支持的，政府应积极引导，但各方反响并不大。

总体来看，从 20 世纪 80 年代中国首次引入 PPP 以来，中国 PPP 模式具有如下特征：主要模式是特许经营类的 BOT 模式；项目类型主要为有收益的基础设施项目；民营资本介入较晚，并且从整体来看参与程度不高，外资是社会资本的主要力量；由政府投融资平台对政府准经营性项目和公益性项目的投融资进行领导，包括委托代建、BT 等形式。

（二）政策文件

历年来中国政府为鼓励和引导非公经济发展，促进政府部门和社会资本合

① 关书宾，姜承操，霍志辉. 地方政府融资新模式——PPP 模式［J］. 金融市场研究，2015（3）：37–48.

作，推出了多项政策文件（见表 1-1），目的是充分利用外资和民间资本，对社会资源进行有效整合，提高市场活力。这些文件是 PPP 模式发展的政策依据，同时为其发展提供文件支持。

表 1-1　历年来中国推广 PPP 模式相关的政策文件

| 发布部门 | 文件名称（文号） | 观点摘要 |
| --- | --- | --- |
| 对外贸易经济合作部（现"商务部"） | 关于以 BOT 方式吸收外商投资有关问题的通知（1995 年） | 以 BOT 投资方式吸引外资应符合国家关于基础设施领域利用外资的行业政策和有关法律。政府机构一般不应对项目做任何形式的担保或承诺（如外汇兑换担保、贷款担保等）。如项目确需担保，必须事先征得国家有关主管部门的同意，方可对外做出承诺 |
| 国家发展计划委员会（现"国家发展和改革委员会"） | 关于印发《促进和引导民间投资的若干意见》的通知（计投资〔2001〕2653 号） | 鼓励和引导民间投资以独资、合作、联营、参股、特许经营等方式，参与经营性的基础设施和公益事业项目建设。近期要积极创造条件，尽快建立公共产品的合理价格、税收机制，在政府的宏观调控下，鼓励和引导民间投资参与供水、污水和垃圾处理、道路、桥梁等城市基础设施建设 |
| 建设部（现"住房和城乡建设部"） | 关于印发《关于加快市政公用行业市场化进程的意见》的通知（建城〔2002〕272 号） | 鼓励社会资金、外国资本采取独资、合资、合作等多种形式，参与市政公用设施的建设，形成多元化的投资结构。对供水、供气、供热、污水处理、垃圾处理等经营性市政公用设施的建设，应公开向社会招标选择投资主体 |
| 建设部（现"住房和城乡建设部"） | 《市政公用事业特许经营管理办法》（建设部令第 126 号）（2004 年） | 鼓励利用社会资金、境外资本，采取独资、合资、合作等形式建设市政公用设施，从事特许经营。政府投资建设的市政公用设施，所有权属于政府。特许经营者按照城市规划投资建设的市政公用设施，在特许经营期满或者终止后，无偿归政府所有 |
| 国务院 | 《国务院关于鼓励支持和引导个体私营等非公有制经济发展的若干意见》（国发〔2005〕3 号）——"非公经济 36 条" | 允许非公有资本进入公用事业和基础设施领域。加快完善政府特许经营制度，规范招投标行为，支持非公有资本积极参与城镇供水、供气、供热、公共交通、污水垃圾处理等市政公用事业和基础设施的投资、建设与运营。在规范转让行为的前提下，具备条件的公用事业和基础设施项目，可向非公有制企业转让产权或经营权。支持、引导和规范非公有资本投资教育、科研、卫生、文化、体育等社会事业的非营利性和营利性领域 |

**PPP 项目可融资性评价研究与应用**

| 发布部门 | 文件名称（文号） | 观点摘要 |
| --- | --- | --- |
| 国务院 | 国务院关于鼓励和引导民间投资健康发展的若干意见（国发〔2010〕13号）——新"非公经济36条" | 对于可以实行市场化运作的基础设施、市政工程和其他公共服务领域，应鼓励和支持民间资本进入。鼓励和引导民间资本进入基础产业和基础设施领域；鼓励和引导民间资本进入市政公用事业和政策性住房建设领域；鼓励和引导民间资本进入社会事业领域。为民间投资创造良好环境 |
| 国务院、国家发展和改革委员会 | 国务院批转发展改革委《关于2013年深化经济体制改革重点工作的意见》的通知（国发〔2013〕20号） | 抓紧清理有碍公平竞争的政策法规，推动民间资本有效进入金融、能源、铁路、电信等领域 |
| 国务院 | 国务院关于改革铁路投融资体制 加快推进铁路建设的意见（国发〔2013〕33号） | 向地方政府和社会资本放开城际铁路、市域（郊）铁路、资源开发性铁路和支线铁路的所有权、经营权，鼓励社会资本投资建设铁路。研究设立铁路发展基金，以中央财政性资金为引导，吸引社会法人投入 |
| 国务院 | 国务院关于加强城市基础设施建设的意见（国发〔2013〕36号） | 建立政府与市场合理分工的城市基础设施投融资体制。政府应集中财力建设非经营性基础设施项目，要通过特许经营、投资补助、政府购买服务等多种形式，吸引包括民间资本在内的社会资金，参与投资、建设和运营有合理回报或一定投资回收能力的可经营性城市基础设施项目，在市场准入和扶持政策方面对各类投资主体同等对待 |
| 中国共产党第十八届中央委员会 | 中共中央关于全面深化改革若干重大问题的决定（2013年11月） | 允许更多国有经济和其他所有制经济发展成为混合所有制经济。国有资本投资项目允许非国有资本参股。允许社会资本通过特许经营等方式参与城市基础设施投资和运营，研究建立城市基础设施、住宅政策性金融机构 |
| 国务院 | 国务院关于加强地方政府性债务管理的意见（国发〔2014〕43号） | 推广使用政府与社会资本合作模式。鼓励社会资本通过特许经营等方式，参与城市基础设施等有一定收益的公益性事业投资和运营。对在建项目确实没有其他建设资金来源的，应主要通过政府与社会资本合作模式和地方政府债券解决后续融资 |

续表

| 发布部门 | 文件名称（文号） | 观点摘要 |
|---|---|---|
| 财政部、发改委、央行、证监会、银监会（联合发布） | 关于进一步规范地方政府举债融资行为的通知（财预〔2017〕50号） | 要求全面组织开展地方政府融资担保清理整改工作，切实加强融资平台公司融资管理，规范政府与社会资本方的合作行为，严禁地方政府变相举债，防止PPP项目异化，进一步健全规范的地方政府举债融资机制 |
| 财政部 | 关于坚决制止地方以政府购买服务名义违法违规融资的通知（财预〔2017〕87号） | 为进一步规范政府购买服务管理，制止地方政府违法违规举债融资，防范化解财政金融风险，要求各部门、各区认真组织全面摸底排查本部门、本区的政府购买服务情况，发现违法违规问题的，应及时督促相关单位限期依法依规整改到位 |
| 国资委 | 关于加强中央企业PPP业务风险管控的通知（国资发财管〔2017〕192号） | 本通知要求各中央企业全面梳理已签约PPP项目，根据发现的风险和问题，及时完善制度，加强管控，提出应对措施。对存在瑕疵的项目，要积极与合作方协商完善；对不具备经济性或存在其他重大问题的项目，要逐一制定处置方案 |
| 银监会 | 关于银行业风险防控工作的指导意见（银监会〔2017〕6号文） | 要求银行业金融机构依法合规开展专项建设基金、政府与社会资本合作、政府购买服务等新型业务模式，明确各方权利义务关系，不得通过各种方式异化形成违规政府性债务。有助于促进地方PPP项目推进将回归本源，通过PPP项目发行债券等变相举债受到遏制 |
| 国务院 | 关于进一步加强城市轨道交通规划建设管理的意见（国办发〔2018〕52号） | 引导各地区依法依规深化投融资体制改革，积极吸引民间投资参与城市轨道交通项目，鼓励开展多元化经营，加大站场综合开发力度。规范开展城市轨道交通领域政府和社会资本合作，通过多种方式盘活存量资产 |
| 财政部 | 关于规范金融企业对地方政府和国有企业投融资行为有关问题的通知（财金〔2018〕23号） | 不得提供债务性资金作为地方建设项目、政府投资基金或政府和社会资本合作项目资本金，从融资角度遏制无序PPP的发展 |
| 国务院 | 国务院关于创新重点领域投融资机制鼓励社会投资的指导意见（国发〔2014〕60号） | 鼓励社会资本投资运营农业和水利工程。积极推动社会资本参与市政基础设施建设运营。通过特许经营、投资补助、政府购买服务等多种方式，鼓励社会资本投资城镇供水、供热、燃气、污水垃圾处理、建筑垃圾资源化利用和处理、城市综合管廊、公园配套服务、公共交通、停车设施等市政基础设施项目，政府依法选择符合要求的经营者。政府可采用委托经营或转让—经营—转让（TOT）等方式，将已经建成的市政基础设施项目转交给社会资本运营管理 |

续表

| 发布部门 | 文件名称（文号） | 观点摘要 |
|---|---|---|
| 财政部 | 关于推广运用政府和社会资本合作模式有关问题的通知（财金〔2014〕76 号） | 尽快形成有利于促进政府和社会资本合作模式发展的制度体系 |
| 财政部 | 关于印发政府和社会资本合作模式操作指南（试行）的通知（财金〔2014〕113 号） | 印发《政府和社会资本合作模式操作指南（试行）》 |
| 国家发展和改革委员会 | 国家发展改革委关于开展政府和社会资本合作的指导意见（发改投资〔2014〕2724 号） | 合理确定政府和社会资本合作的项目范围及模式；建立健全政府和社会资本合作的工作机制；加强政府和社会资本合作项目的规范管理；强化政府和社会资本合作的政策保障 |
| 国家发展和改革委员会、财政部、交通部、住建部、水利部、中国人民银行 | 基础设施和公用事业特许经营管理办法（2015 年 4 月 25 日） | 规定将"转变政府职能，强化政府与社会资本的协商合作"作为特许经营实施的四项原则之一。并强调"行政区划的调整、政府的换届、部门调整和负责人的变更都不得影响特许经营协议的履行 |
| 财政部 | 关于实施政府和社会资本合作项目以奖代补政策的通知（财金〔2015〕158 号） | 要求对中央财政 PPP 示范项目中的新建项目，财政部在项目完成采购确定社会资本合作方后，按照项目投资规模给予一定奖励 |
| 国家发展和改革委员会、财政部 | 关于进一步共同做好政府和社会资本合作（PPP）有关工作的通知（财金〔2016〕32 号） | 要求各地要进一步加强部门间的协调配合，形成政策合力，积极推动政府和社会资本合作顺利实施；同时要求完善合理的投资回报机制，着力提高 PPP 项目融资效率等七个方面的具体措施，进一步做好 PPP 相关工作 |
| 国家发展和改革委员会 | 关于切实做好传统基础设施领域政府和社会资本合作有关工作的通知（发改投资〔2016〕1744 号） | 明确要求各地发展改革部门会同有关行业主管部门，切实做好能源、交通运输、水利、环境保护、农业、林业和重大市政工程等基础设施领域政府和社会资本合作推进工作 |

续表

| 发布部门 | 文件名称（文号） | 观点摘要 |
|---|---|---|
| 财政部 | 关于在公共服务领域深入推进政府和社会资本合作工作的通知（财金〔2016〕90号） | 要求各级财政部门切实践行供给侧结构性改革的最新要求，进一步推动公共服务从政府供给向合作供给、从单一投入向多元投入、从短期平衡向中长期平衡转变 |
| 国家发展和改革委员会、中国证监会 | 关于推进传统基础设施领域政府和社会资本合作（PPP）项目资产证券化相关工作的通知（发改投资〔2016〕2698号） | 要求各省级发展和改革委员会于2017年2月17日前，推荐1~3个首批拟进行证券化融资的传统基础设施领域PPP项目，报送国家发展和改革委员会。国家发展和改革委员会、中国证监会将共同努力，力争尽快发行PPP项目证券化产品，并及时总结经验、交流推广 |
| 国家发展和改革委员会 | 政府和社会资本合作（PPP）项目专项债券发行指引（发改办财金〔2017〕730号） | 明确指出，"PPP项目专项债券"是指，由PPP项目公司或社会资本方发行，募集资金主要用于以特许经营、能源、交通运输、水利、环境购买服务等PPP形式开展项目建设、运营的企业债券。现阶段支持重点为：能源、交通运输、水利、环境保护、农业、林业、科技、保障性安居工程、医疗、卫生、养老、教育、文化等传统基础设施和公共服务领域的项目 |
| 国家发展和改革委员会 | 关于加快运用PPP模式盘活基础设施存量资产有关工作的通知（发改投资〔2017〕1266号） | 要求积极推广PPP模式，加大存量资产盘活力度，形成良性投资循环，有利于拓宽基础设施建设资金来源，减轻地方政府债务负担 |
| 国务院 | 关于进一步激发民间有效投资活力 促进经济持续健康发展的指导意见（国办发〔2017〕79号） | 再次鼓励民间资本参与政府和社会资本合作项目，促进基础设施和公用事业建设。加大基础设施和公用事业领域开放力度，禁止排斥、限制或歧视民间资本的行为，为民营企业创造平等竞争机会，支持民间资本股权占比高的社会资本方参与PPP项目 |
| 财政部 | 关于规范政府和社会资本合作（PPP）综合信息平台项目库管理的通知（财办金〔2017〕92号） | 要求各级财政部门深刻认识当前规范项目库管理的重要意义，及时纠正PPP泛化滥用现象，进一步推进PPP规范发展，着力推动PPP回归公共服务创新供给机制的本源，促进实现公共服务提质增效目标，夯实PPP可持续发展的基础 |

2009 年以来，地方政府大规模利用融资平台公司推动地方基础设施建设投资，导致地方政府债务规模快速增长。依据审计署审计结果公告（2011 年第 35 号），截至 2010 年底，全国地方政府性债务余额为 10.72 万亿元，其中：政府负有偿还责任的债务 6.71 万亿元，占 62.62%；政府性债务中融资平台公司、地方政府部门和机构的债务余额（三类债务合计）占比为 69.69%。该审计结果的发布引发了中央政府和社会各界对政府债务问题的高度重视。依据审计署全国政府性债务审计公告（2013 年第 32 号），截止到 2013 年 6 月底，中央和地方政府负有偿还责任的债务余额为 20.70 万亿元，较 2010 年底大幅增长。在此背景下，2013 年国务院连续发文鼓励和引导社会资本参与公共产品和服务领域投资，党的十八届三中全会提出"允许更多国有经济和其他所有制经济发展成为混合所有制经济"。为加快政府职能转变，发挥市场在资源配置中的决定性作用，推动混合所有制改革，并控制地方政府债务规模、防控政府债务风险，财政部在 2014 年中央和地方财政预算中提出"推广运用政府与社会资本合作模式，鼓励社会资本通过特许经营等方式参与城市基础设施等的投资和运营"。这是中国官方首次提出 PPP 概念。之后财政部以中国清洁发展机制基金管理中心的基础上成立政府和社会资本合作中心（以下简称 PPP 中心），具体负责政府与社会资本合作相关事项。

2013 年 12 月，财政部、国家发展和改革委员会分别发布了《关于印发政府和社会资本合作模式操作指南（试行）的通知》（财金〔2014〕113 号）（以下简称《操作指南》）和《关于开展政府和社会资本合作的指导意见》（发改投资〔2014〕2724 号）（以下简称《指导意见》），对 PPP 模式的推广和实践进行了较为明确的规范；同时，财政部还公布了 30 个政府和社会资本合作示范项目供各地进行参考和借鉴。2014 年 9 月安徽和福建省政府基于财政部"财金〔2014〕76 号"发布了地方版的 PPP 操作指南和指导意见；11 月以来，河南、江苏、河北、山东、湖南和四川等省份也相继出台了推广 PPP 模式政策文件。PPP 模式的推广有利于划清政府和企业界限，防范地方政府债务风险，并能激发民间资本活力，拓宽城镇化建设渠道，分担政府投资压力。《操作指南》和《指导意见》以及各省的 PPP 政策文件为社会资本参与政府项目提供了操作指导和制度保障，将加快政府部门和社会资本 PPP 项目的实践。

2017 年，政府相关部门连续下发 PPP 规范性政策，内容包括 ABS（资产证券化，Asset Backed Securization）的条件规范、项目合规的严格标准、央企 PPP

防范风险。①2017 年 5 月出台 55 号文：要求规范开展政府和社会资本合作项目资产证券化工作。项目公司股东可以借资产证券化来加快资产循环，控股股东不得发行超过股权未来预期价值的 50% 的债务，其他股东则是不超过 70% 。更加坚定地推动 PPP 资产证券化，可以让项目公司股权作为基础资产，降低对 PPP 项目运营期限的要求，即只要求股权证券化的运营期满 2 年，不要求债权等证券化的运营期限，即使是在项目建设期也值得挖掘资产证券化的价值，开拓足够的市场用来准备以后的 PPP 证券化。而且这是面向所有收费 PPP 项目，ABN（资产支持票据，Asset Backed Note）与 ABS 都可以进行设计，有效解决了 PPP 资产变现能力不足的问题。②2017 年 6 月出台 87 号文：坚决制止地方以政府购买服务名义违法违规融资。禁止地方政府通过购买社会服务的方式建设工程项目，仅可以发起合规 PPP 流程，这无疑会大幅增加地方政府和社会投资人运行合规 PPP 项目的增长速度和比率。③2017 年 11 月出台 92 号文：规范 PPP 综合信息平台项目库管理。严格新项目入库标准，要求政府付费类项目与绩效至少挂钩 30%，并集中清理已入库不合规项目，增强具有较强运营能力、绩效提升能力的民营资本的市场竞争力，有效提高其议价能力及其利润率。④2017 年 11 月出台 192 号文：加强中央企业 PPP 业务风险管控。一方面鼓励央企开展 PPP 业务，另一方面则制定了一系列规则，要求纳入中央企业债务风险管控范围的企业集团，投资 PPP 项目净值不能大于其上一年度集团合并净资产的 50%，参加 PPP 不能放松其资产负债率要求；资产负债率高于 85% 或近 2 年连续亏损的集团子企业不得单独投资 PPP 项目等。在这些规则限制条件下，社会资本将会面临更多的投资机会并快速发展。⑤2017 年 12 月出台 2059 号文：要加大对民间资本参与 PPP 的支持力度。明确提出要创造民间资本参与 PPP 项目的良好环境，分类施策支持民间资本参与 PPP 项目，鼓励民营企业运用 PPP 模式盘活存量资产，持续做好民营企业 PPP 项目推介工作，科学合理设定社会资本方选择标准，依法签订规范有效全面的 PPP 项目合同，加大民间资本 PPP 项目融资支持力度，提高咨询机构的 PPP 业务能力，评选民间资本 PPP 项目典型案例，加强政府和社会资本合作诚信体系建设等以推动民营企业参与 PPP 项目。对比以往发文中连续的规范限制，2059 号文鼓励民资的力度大大增强，从板块投资策略来看，政策面迎来重大积极信号。

# 第三节 PPP 发展现状

## 一、我国 PPP 项目领域分布

我国 PPP 项目涉及的范围非常广泛，截至 2017 年 12 月末，涉及 19 个一级行业，包括能源、交通运输、水利建设、生态建设和环境保护、城镇综合开发、市政工程、农业、保障性安居工程、医疗卫生、林业、科技、旅游、教育、养老、文化、体育、社会保障、政府基础设施和其他。在示范项目中，除政府基础设施外，其余 18 个行业均有覆盖，12 月末，在落地项目中，这 18 个行业都已经包括。

截至 2017 年 12 月末落地示范项目有 597 个，其中市政工程类所占比例为 44.7%，数量是 267 个；交通运输类占比 10.4%，为 62 个；生态建设和环境保护类所占比例为 8.9%，一共 53 个。上述三种类型的项目，从数量上来看，年度同比分别增加 87 个、25 个、23 个，季度环比分别增加 11 个、1 个、2 个；其他各类共 215 个，所占比例为 36.0%。落地示范项目行业分布如图 1-1 所示，各行业示范项目数与落地项目数对比如图 1-2 所示。

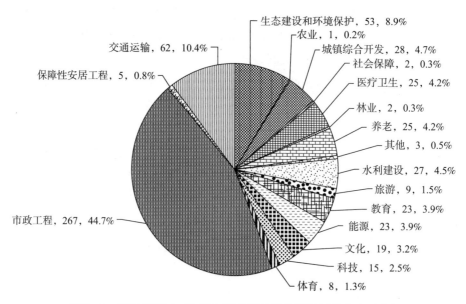

**图 1-1 截至 2017 年 12 月末 PPP 落地示范项目行业分布（个）**

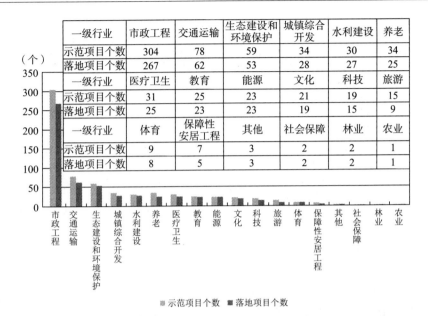

| 一级行业 | 市政工程 | 交通运输 | 生态建设和环境保护 | 城镇综合开发 | 水利建设 | 养老 |
|---|---|---|---|---|---|---|
| 示范项目个数 | 304 | 78 | 59 | 34 | 30 | 34 |
| 落地项目个数 | 267 | 62 | 53 | 28 | 27 | 25 |
| 一级行业 | 医疗卫生 | 教育 | 能源 | 文化 | 科技 | 旅游 |
| 示范项目个数 | 31 | 25 | 23 | 21 | 19 | 15 |
| 落地项目个数 | 25 | 23 | 23 | 19 | 15 | 9 |
| 一级行业 | 体育 | 保障性安居工程 | 其他 | 社会保障 | 林业 | 农业 |
| 示范项目个数 | 9 | 7 | 3 | 2 | 2 | 1 |
| 落地项目个数 | 8 | 5 | 3 | 2 | 2 | 1 |

图 1-2　各一级行业示范项目数与落地项目数对比

## 二、我国 PPP 项目区域分布

截至 2017 年 12 月末，管理库项目按项目数排序，山东（含青岛）、河南、湖南是排名前三的省份，项目数分别为 692 个、646 个、528 个，三地数量合并，在入库项目总数中所占比例为 26.1%。根据投资额排序，排名前三的分别是贵州、湖南、河南，投资额分别为 8453 亿元、8251 亿元、7870 亿元，按合计数来看，三地投资额占入库项目总投资的比例为 22.8%。各地方 9 月末与 12 月末的管理库项目数对比情况如图 1-3 所示。

湖南、内蒙古、河南是全国范围内年度同比净增项目数排名前三的地区，项目数分别为 262 个、232 个、222 个，合计占管理库年度同比净增数的 25.0%。新疆、湖南、贵州为各地年度同比净增投资额排名前三的地区，数额分别为 4300 亿元、3877 亿元、3496 亿元，合计占管理库年度同比净增数的 29.4%。

中国社会经济发展不平衡不充分的基本国情决定了中国的 PPP 发展一直存在显著的空间差异。相比于东部省份，中西部省份项目数量比较多，这在某种程度上说明，在财政资金方面，中西部省份力量比较薄弱，东部地区财政资金相对充

| 地区 | 山东省 | 河南省 | 内蒙古 | 湖南省 | 新疆 | 贵州省 | 四川省 | 云南省 | 浙江省 |
|---|---|---|---|---|---|---|---|---|---|
| 9月管理库项目数 | 679 | 591 | 577 | 526 | 458 | 435 | 394 | 283 | 275 |
| 12月管理库项目数 | 692 | 646 | 509 | 528 | 500 | 481 | 440 | 318 | 312 |
| 地区 | 河北省 | 安徽省 | 湖北省 | 江苏省 | 福建省 | 陕西省 | 广东省 | 山西省 | 江西省 |
| 9月管理库项目数 | 254 | 250 | 217 | 210 | 199 | 197 | 146 | 143 | 141 |
| 12月管理库项目数 | 263 | 259 | 233 | 235 | 211 | 196 | 194 | 161 | 149 |
| 地区 | 海南省 | 辽宁省 | 广西 | 吉林省 | 甘肃省 | 黑龙江省 | 宁夏 | 北京市 | 重庆市 |
| 9月管理库项目数 | 127 | 117 | 94 | 91 | 90 | 62 | 55 | 48 | 44 |
| 12月管理库项目数 | 126 | 114 | 97 | 98 | 81 | 66 | 56 | 49 | 47 |
| 地区 | 青海省 | 新疆生产建设兵团 | 天津市 | 中央 | 西藏 | 上海市 | | | |
| 9月管理库项目数 | 33 | 25 | 9 | 4 | 2 | 2 | | | |

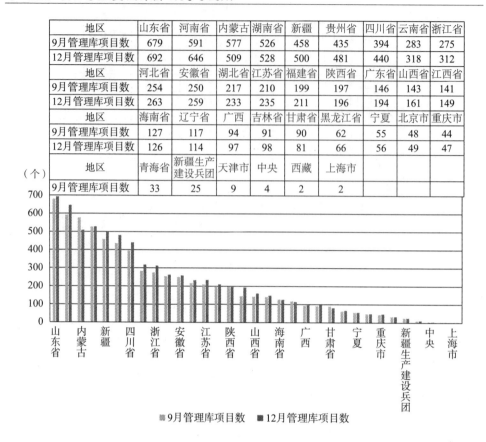

图 1-3 2017 年各地区 9 月末与 12 月末的管理库项目数对比情况

裕，因此中西部省份为了解决财政资金短缺问题，缓解财政压力，更倾向于采用 PPP 模式进行项目建设，更好地提供公共服务。PPP 项目的区域差异还因为城市发展水平不同，例如，河南有着相对较低的城市化发展水平、工业基础也比其他省份落后，近年来，工业化和城镇化进程不断被推进，日益增加的城市建设需求已不能被传统的投融资模式所满足，顺势而为，PPP 成为当地发展的助推器。北、上、广、深等地项目数正好与河南相反，其数量比较少，甚至上海的项目数为 0，主要是由于它们都处于国内一线城市的位置，城市化水平较高，也有较完备的基础设施及公共服务体系，再者其城市财力较为夯实，因此对 PPP 的需求较小。还有一个导致区域分布差异的原因是有些地方政府认知和能力不到位导致乱用、滥用 PPP，盲目增加 PPP 项目，导致项目数激增。

### 三、PPP 在我国的发展趋势

（一）落地项目稳步增加

PPP 项目进展状况可分为识别、准备、采购、执行和移交五个阶段，这是依据全生命周期划分的。用执行和移交两个阶段项目数之和比上准备、采购、执行、移交四个阶段项目数之和，此数值表示项目落地率。目前尚无移交阶段项目。

2017 年，PPP 示范项目不断推进并且状况良好，投资金额逐月减少，同时准备、采购阶段示范项目数也在不断减少，呈逐月增加趋势的为落地项目和投资额（即已签订 PPP 项目合同进入执行阶段）。截至 12 月末，有 597 个落地项目、15303 亿元的投资额、落地率达到 85.7%；年度同比增加项目数 234 个、5923 亿元的投资额、35.9 个百分点的落地率。

（二）市政工程类项目保持首位

597 个落地示范项目中，市政工程类为 267 个，所占比例最高，为 44.7%；交通运输类的项目有 62 个，所占比例为 10.4%；生态建设和环境保护类 53 个，占 8.9%。文化、体育、医疗、养老、教育、旅游六个领域属于基本公共服务的主要领域。截至 2017 年 12 月末，按季度环比计算，基本公共服务领域项目数净增 29 个，如果按年度同比计算，净增数为 523 个。以投资额为统计依据，季度环比净增 312 亿元、年度同比净增 4594 亿元。按项目数进行排序，前三位的行业为教育、旅游、医疗卫生，数量分别为 343 个、310 个、261 个；按投资额进行排序，前三位分别为旅游、教育、医疗卫生，数额为 4261 亿元、1753 亿元、1599 亿元。

（三）污染防治与绿色低碳项目落地较快

很多领域的 PPP 项目都具有一个共同的作用，即支持污染防治和推动经济结构绿色低碳化，例如公共交通、供排水、水利建设、生态建设和环境保护、可再生能源、教育、林业、旅游、养老、科技、文化、医疗等。按以上项目统计，截至 2017 年 12 月末，管理库中拥有 4.1 万亿元的投资额，其中 3979 个项目属于污染防治与绿色低碳的项目，在管理库中所占比例分别为 55.8%、38.0%。落地项目中污染防治与绿色低碳项目有 1556 个，投资额 1.9 万亿元；按季度统计计算，同比落地项目净增 183 个、投资净增 2682 亿元；按年度统计，同比项目净增 764 个、投资额净增 1.0 万亿元。

（四）PPP 落地投资占固定资产投资稳中有升

根据国家统计局发布的 2017 年 12 月末固定资产投资最新数据，2017 年全国固定资产投资总额 63.2 万亿元，同期新增落地 PPP 项目投资额 2.4 万亿元，后者占前者的 3.8%。

从区域发展四大板块看，1~12 月，PPP 落地项目中，东部地区投资额 8445 亿元，其中 265837 亿元的投资额来自固定资产，该地区 PPP 落地项目投资额占比 3.2%；中部地区 PPP 落地项目投资额 5181 亿元，其中 163400 亿元的投资额来自于固定资产，所占比例为 3.2%；西部地区 PPP 落地项目投资额 7555 亿元，其中 166571 亿元投资额来自固定资产，所占比例为 4.5%；东北地区 PPP 落地项目投资额 2533 亿元，其中 30655 亿元投资额来自于固定资产，所占比例为 8.3%。

（五）地域发展不平衡

从地域分布看，PPP 项目在我国整体发展存在失衡现象。从已签约 PPP 项目数量和 PPP 项目需求两个方面来看，成绩名列前茅的省份为贵州、新疆、山东等，在这些省份 PPP 发展速度较快，新疆是 2017 年入库项目数量及投资额增加最多的地区，而排名最末的是上海，仅有 1 个 PPP 入库项目，PPP 发展较为缓慢①。西部地区 PPP 项目需求较大且增速最快，东北部需求相对较小，截至 2017 年 6 月末，以 PPP 入库项目数为标准进行排序，前三位是贵州、新疆、内蒙古，项目数合计占入库项目总数的比例达到 31.7%；以 PPP 入库项目投资额为标准进行排序，贵州、云南、山东（含青岛）入库投资额居前三位，合计占入库总投资的 25.3%。从落地项目看，东部地区 PPP 落地情况较好，西部地区落地有所加速，与上月末及去年同期相比，从投资额净增额和净增投资额来看，也是东部地区的最明显，其中山东落地项目最多，西藏、天津两地暂无落地项目。

（六）PPP 项目融资到位率低

我国 PPP 项目数量之多、投资额之大、增长之快，应是其他国家难以比拟的。来自财政部 PPP 中心的数据显示，截至 2017 年 12 月末，管理库项目共计 7137 个，累计投资额 10.8 万亿元，覆盖 31 个省（自治区、直辖市）及新疆生产建设兵团和 19 个行业领域，因此，从这个角度看，各地密集推出各式各样的 PPP 项目过多导致判断困难，一定程度上造成 PPP 项目落地率低。在这么庞大的

---

① 吕汉阳，姚丽媛. 中国 PPP 经验在"一带一路"中的应用 [J]. 中国招标，2017（41）：4-6.

基数下，短时期内实现较多的PPP项目落地是不现实的。

PPP融资难的问题除了基数大的原因，上位法缺失、金融机构专业性不足、诚信体系未建立以及某些行政方面的原因也是非常重要的影响因素。有些地方政府推出PPP项目，不先考虑自身条件、项目情况、回报机制能否吸引到社会资本和金融机构，而是想如何先用项目融到资。这样推出的PPP项目落地率便会低很多。

PPP在推进的过程中还依然存在很多问题，但这也是PPP模式进一步要完善的方向，更是我国深化经济体制改革的方向。解决PPP的问题需要探究PPP模式的本质，需要从根源入手，对症下药。

## 第四节　PPP项目可融资性评价的发展

### 一、国外可融资性评价的发展

（一）澳大利亚PPP可融资性评价安排

相比于其他国家，澳大利亚的PPP市场比较成熟，处于成熟度曲线的最高点。从其国内发展阶段来看，澳大利亚PPP进入了PPP 2.0时代在维多利亚州颁布PPP政策框架以后。在世界处于领先地位的还有澳大利亚PPP发展的制度安排，并且因其可融资性评价制度的成熟度较高，很多国家也竞相学习。

澳大利亚的PPP政策与指导文件发展是从全国性和州两个层级进行划分：一方面，联邦政府以全国性为基础进行PPP制度的制定；另一方面，各州可以根据自身的实际情况和历史渊源进行调整，形成具有当地特色的PPP制度安排。

澳大利亚国家PPP政策框架中提出，项目评价是一个重要的工具，能帮助PPP项目进行规划和决策。在全国性PPP指导文件中，项目实施前有几个步骤需要提前进行，如图1-4所示。第一个步骤是确定服务需求，确保这个服务需求是被地区优先发展及公众所需要的服务。第二个步骤是项目评定和供给策略，在这个阶段有两个决定要做出：一个是在商业案例分析的基础上进行投资决策，确定要投资哪个提案项目；另一个是做出供给方式决策，在供给模式选择的基础上进行分析，然后通过该决策，将几种可能的供给模式进行对比，最后从物有所值角度判断 PPP 是否为最优方式。①

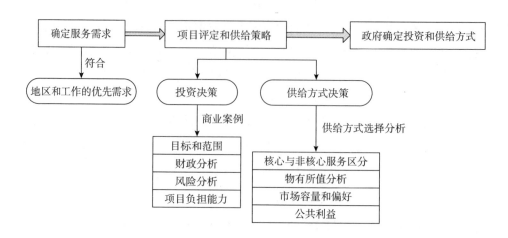

**图 1-4  澳大利亚 PPP 可融资性评价框架**

PPP 可融资性评价在澳大利亚各州的实施均有不同的侧重点，主要依据各州本身的特点制定。以 PPP 发展比较集中的维多利亚、新威尔士和昆士兰州为例，维多利亚州的 PPP 指导文件中指出，在批准前对 PPP 项目进行公共利益评价是必要程序，并且要将公共利益评价操作的指标体系在指导文件中列出；新威尔士州的 PPP 指导文件中强调，在 PPP 项目实施前实施一定程度的环境评价是必要环节，并且在环境评价中必须体现社区协商过程；昆士兰州在 PPP 项目前阶段设定了一个环节，即预评价环节，进行服务需求评价是明确要求，并且提供了项目范例作为可融资性评价的参照。除了联邦 PPP 政策框架规定的基本程序和评价方面外，新威尔士州、维多利亚州和昆士兰州 PPP 可融资性评价的特有实践如表 1-2 所示。

**表 1-2  新威尔士州、维多利亚州和昆士兰 PPP 可融资性评价的特性**

| 地区 | 特有实践 |
| --- | --- |
| 新威尔士州 | 财政影响的预期分析或有负债评估预期环境和发展规划 |

---

①  郭燕芬. 公私合作伙伴关系（PPP）事前评估——基于中国和澳大利亚的对比分析 [J]. 当代经济管理, 2017, 39（12）: 53-61.

| 地区 | 特有实践 |
|------|----------|
| 维多利亚州 | 具体的公共利益测评指标体系征求建议书过程财政支付能力评估 |
| 昆士兰州 | 服务需求的战略评估项目前阶段的设立参照项目 |

资料来源：各州 PPP 政策文本及案例总结。

（二）澳大利亚 PPP 可融资性评价的主要特征

从宏观制度框架和案例两个角度进行剖析，可以归纳出澳大利亚 PPP 可融资性评价有以下三个方面的特征。

1. 独立性与客观性

在进行 PPP 可融资性评价时，政府在 PPP 模式与传统供给模式，或者其他任何供给方式之间不设定偏好。待发展的基础设施和公共服务项目都要进行规划，并且该规划必须是具体且谨慎的，在规划的基础上，对可选择的供给模式要进行评价，依据是物有所值或其他标准。

2. 操作性强

澳大利亚 PPP 可融资性评价有整体的制度框架和具体的操作机制。政府在发展 PPP 项目时设立了两个小组，一个是评价咨询组（Evaluation – panel），另一个是专业分支评价咨询组（Sub – panels）。评价咨询组包含主导 PPP 项目的财政部，以及其他所涉的部门由州政府根据项目的利益相关方选出。同时，委托相关领域专家担任项目咨询师组成专业的分支评价咨询组，包含技术、金融、商业三个方面。评价结果的汇报方式为专业分支评价咨询组先将结果进行汇总，然后汇报到一个跨部门组成的 PPP 项目控制委员会，委员会的成员包括所有相关政府部门的高层行政代表和总理内阁部门，这种机制将大大提高评价的有效性。

3. 专业性强

为增强评价的客观性，应用外部专家对相关领域的 PPP 项目进行可融性评价，同时通过吸收专家的专业意见有针对性地对项目的缺陷进行改进，更充分地利用资金，节约更多的时间和资源等，利于提升项目的最终成果。[1]

（三）英国和加拿大的 PPP 可融资性评价安排

因为不是所有项目都适合采用 PPP 模式，所以为避免失败以及资源浪费，在

---

[1] 郭燕芬. 公私合作伙伴关系（PPP）事前评估——基于中国和澳大利亚的对比分析 [J]. 当代经济管理，2017, 39（12）：53–61.

项目开展前判断 PPP 模式是否"物有所值"是非常必要的，这也是项目前期筛选与项目后期绩效评估的核心准则。目前，"物有所值"评判体系没有标准的评价框架和程序，但基本都是包括定性评价与定量评价两种方式，英国和加拿大也不例外。

1. 定性评价方面

定性评价是主管部门的专家团队对项目相关的一系列问题进行评价的过程。英国的做法主要围绕项目的三点进行评价，即可行性、有益性和可实现性，包括待审查项目的需求情况与规模、承包商的综合管理能力、项目风险分担设计、项目的政策行业环境等相关方面。在此方面，加拿大也做得相当精致，规定了 18 项定性指标，并对每个行业进行了区分，做出了经过特别考量的权重区分。

2. 定量评价方面

英国、加拿大等国都采用公共部门参照标准法（Public Sector Comparator, PSC），该方式是站在政府角度，对传统模式成本进行调整，然后与 PPP 模式比较，两者贴现值之差即为量化得出的"物有所值"部分。

如表 1-3 所示，政府的传统模式成本一般包括：初始 PSC（基本费用）、竞争中立调整、风险成本三项。其中：初始 PSC 为相同项目、同等工程标准、要求和期限下所估算的政府的资本及运营投入；竞争中立调整是政府潜在劣势（包括公众监管方面的要求成本等）与政府潜在优势（政府税收豁免等）的净差值，通常在现实中政府公权力的存在该值为负数，此调整项的目的是将政府与私人部门放于平等的地位，让两者能够进行公平的比较；为了方便比较，将风险成本分为两个部分，包括可转移至私人部门的风险成本和政府部门保留风险。合同成本、政府部门保留风险是政府的 PPP 模式成本中所包含的。英国对于合同成本的考虑因素包括有模拟的建设成本、合同变更成本、全寿命维护成本、项目残值和第三方收入等方面。

表 1-3 公共部门参照标准法（PSC）定量评价方法

| 传统模式 | PPP 模式 |
| --- | --- |
| 初始 PSC（基本费用） | 物有所值 |
| 竞争中立调整 | 合同价格 |
| 可转移的风险成本 | |
| 政府部门保留风险 | 政府部门保留风险 |

资料来源：《公司合作项目物有所值评估比较与分析》，平安证券研究院。

3. 敏感性测试

由于现实与理论的差距，量化过程中使用的方法都是模型模拟，需要大量的数据支持并且存在较多的假设（例如，许多风险、折现率及其他的因素的估算都是以一定的假设为基础的），因此敏感性测试是在定量评价通过后还要进行的一个步骤。英国的敏感性测试主要侧重于相关因素对两种方案总成本的影响程度，包括建设、交易、运营成本和社会资本收费值等因素。在通过敏感性测试之后，一个完整的物有所值评判过程就完成了。

客观来说，当前英国、加拿大等国现行物有所值评价体系较为系统全面和科学，可量化和难以量化的各类评价标准均有涉及，同时配备了专家团队，提供强大的专业支持，提出专业的分析意见。同时由于各发达国家 PPP 发展比较早，发展时间比较长，因此定量评价能够获得可靠、大量的数据支持。另外，在进行定量评价方法时，敏感性测试也是一种非常好的补充方法。

**二、国内可融资性评价的发展**

（一）中央政府 PPP 可融资性评价政策安排

相比于澳大利亚那样系统和完整的政策，我国的 PPP 政策安排显得相对落后，近两年才逐渐出现 PPP 可融资性评价的制度安排：2014 年 9 月，财政部颁布的《关于推广运用政府和社会资本合作模式有关问题的通知》中要求：各级财政部门要与同行业主管部门积极配合，做好前期论证工作，不但要进行传统的项目评价论证，对于物有所值（Value For Mane，VFM）的评价理念和方法也要积极借鉴，如果有项目要采用政府和社会资本合作模式，必须进行事前估计，必要时可请求专业机构进行项目进行评价论证。在进行项目评价时，要考虑全面的要素，包括责任风险分担、支付方式、公共服务需要、关键绩效指标、产出标准、融资方案和所需要的财政补贴等，还要将项目的财务效益和社会效益相平衡，确保实现激励相容。同年 11 月，财政部颁布《关于印发政府和社会资本合作模式操作指南（试行）的通知》，其中提到，财政部门（政府和社会资本合作中心）应对项目实施方案进行 VFM 和 FAA（财政承受能力论证，Financial Affordability Argument）验证，通过验证后，项目实施机构报政府审核；未通过验证的，可将方案进行调整，再重新验证；仍然未能通过验证，则放弃使用 PPP 模式。

2015 年 4 月，国家发改委、财政部等六部委联合发布《基础设施和公用事业特许经营管理办法》，其中提到，项目的前期可融资性评价包含三个方面的要求：特许经营项目全生命周期成本、融资方式、技术路线和工程方案的合理性、资金成本、融资规模、建设运营标准和监管要求、所提供公共服务的质量效率等；建设运营标准和监管要求、相关领域市场发育程度，建设运营标准和监管要求；用户付费项目公众支付意愿和能力评价。

（二）PPP 项目评价的地方政府实践

一般而言，公共服务创新性政策或方案能够生存的一个重要原因是中央政府的支持，而创新性政策或方案能否落地生根并且持续发展，必然离不开地方政府的有效推进与实践。PPP 作为公共设施与公共服务创新性供给模式，地方政府是其应有归宿。通过对 31 个省（直辖市、自治区）的政策文本进行分析，发现大部分 PPP 指导文件都与中央 PPP 项目前评价制度文件保持一致，包含"物有所值"评价和"财政承受能力评价"的文本占有绝大多数，只有少数城市的 PPP 政策文本中不仅体现了这两个关键词，还体现了其他关键词，如武汉、重庆和北京的 PPP 文本中提到了"项目的必要性与合法性""价格合理性"，南昌与西安的"经济与社会效益"，昆明的"满足国家、省和市需求，相关部门和融资平台的意见、项目对社会资本的吸引力等"。

地方政府作为 PPP 项目的具体实施主体，其 PPP 政策文件中关于可融资性评价的论述与中央政府政策文本中的宏观论述一致，并未体现可融资性评价的具体化和操作化的说明。以物有所值为例，地方 PPP 政策文件中的说明是：物有所值的实施依据为中央政府《PPP 物有所值评价指引（试行）》，而中央政府的文本中提到：PPP 项目物有所值项目评价不能一概而论，应该依据地方实际情况来实施。物有所值评价存在着操作化缺失，主要是由于中央政府与地方政府的相互指向性。

（三）PPP 项目可融资性评价三大信用组合

一个 PPP 项目的可融资性通常取决于三大信用的组合，具体内容如下。

1. 项目资产或者经营权/收费权的信用

这是来自于项目本身的可行性，如果这个项目有可行的技术、财务是可持续的、经济上合理、风险上可控，那这就是一个好项目，不论从项目资产上或经营权上其信用是良好的。比如 20 世纪 90 年代大量的高速公路，项目本身的资产和收费权有很好的信用基础，利用项目本身的资产信用就可以解决融资问题。投资者投资热情较高，金融机构也愿意提供融资。

**2. 投资主体的信用**

如果说项目本身的信用不能达标，那要看投资主体是谁，也就是项目投资主体（城投或社会资本方）的信用。比如，如果是央企来做，投资机构觉得这种主体可以接受，信用可靠，这样项目资产信用加主体信用有可能获得融资。经营业绩、专业能力、投资能力都会为项目主体的信用加分。

**3. 政府的信用支持**

如果项目现有的主体信用和资产信用还不够，除了这两者还可以看第三个信用，即政府的信用支持。政府信用不是兜底，而是合规情况下进行投资补助、运营补贴，以及分担风险。

在实际做 PPP 时，要真做 PPP、做真 PPP，坚持四项原则：专业的人做专业的事、按服务绩效付费、风险共担、利益共享。做项目之前对项目进行信用组合评价，则项目的可融资性能够得到验证，项目的成功率也会提高。

### 三、PPP 可融资性评价发展建议

**（一）从政府部门和社会资本两方面进行评价**

与传统的公共项目建设模型相比，PPP 的特点为投资主体相对较多、项目收入来源多、存在项目特许期限和对风险的分配更加合理，因此其项目的可融资性评价也要具有自身特点，从政府和社会资本两方面进行评价，分析项目费用效益在各利益主体间分配问题。同时还应对不同的 PPP 项目采用不同的评价标准，量体裁衣，评价方法决不能"一刀切"。

**（二）正确进行费用效益分析**

PPP 评价的前提为正确识别项目的费用效益，由于财务价格可能发生扭曲，项目的投入产出情况不能被真实呈现出来，因此在进行评价时要对扭曲的财务数据进行改正，分析项目的转移支付情况、外部效果，再将影子价格剔除，使项目的费用效益得到真实的呈现。首先可以分析项目是否具有可行性，其次分析运用 PPP 是否比运用传统模式能获得更大的资金价值。

**（三）定量评价不可或缺**

在定性分析的基础上，定量分析也是一种评价手段。根据投资双方各自要求的投资回报率，通过量化分析，得到投资分摊比例，同时收益应与投资成一定比例关系，并且与双方的风险水平相关，据此又可形成财务收益模型，量化结果与定性分析相结合，成为 PPP 可融性评价的又一有力支撑。

# 第五节　PPP 模式的主要作用

## 一、防范地方政府债务风险

防范地方政府债务风险首要是要提升政府资金的配置效率，关键是约束地方政府非理性行为，引入 PPP 模式的利益共享和风险分担的特征正好可以满足这一需求。PPP 模式通过对权利、责任、利益和风险的合理配置，对政府和社会资本方的行为形成相互制约和监督，实现资源的高效率配置。

（一）提升政府资金的"责任分担效率"

地方政府举债融资提供公共服务，其中绝大比重属于准公益性项目，如市政交通建设、保障性住房、医疗教育等。按照准公共产品责任分担原则，准公益项目应该由政府和市场按照项目的公共利益和私人利益份额占比来共同承担供给责任。但一旦通过政府举借债务供给该类公共产品，这类公共服务产生的债务将由政府偿还并往往使其变成政府的完全责任，严重扭曲了准公共产品供给中政府和市场边界划分原则，同时也降低了市场承担私人利益部分成本的积极性。进一步来看，由于这类公共服务具有私人利益特征，完全由政府通过举借债务来供给，相当于政府提供了私人产品，势必导致这些准公共产品被过度使用而产生"公共地悲剧"，即政府举债提供准公益项目产生的责任分担低效率。在这类准公益项目中引入 PPP 机制，将公共产品的运营权力由政府部门向私人部门转移，私人部门在运营中为了弥补其成本，必然会对私人享受这些具有私人利益的准公共服务定价和收费。实际上，私营部门的定价依赖于私人享受公共服务的意愿选择，很大程度反映准公共服务的私人利益成本负担成分，从而使得准公共服务在政府和市场间进行合理的责任划分。当然，对于纯公共服务债务项目不是不能采用 PPP 提升其效率，只是私营部门弥补成本的来源不是向使用者收费，而是政府全部付费，其存在的效率不是债务资金"责任分担效率"，而是以下将分析的"投入产出效率"。

（二）提升政府资金的"投入产出效率"

具有社会利益的公共服务界定为政府供给，解决了市场配置资源的失灵问题，但政府在公共服务供给中也存在失灵现象。尤其是在为了个人利益而存在竞争的激励环境中，一旦地方政府基于"经济人"目标下的个人利益，在政府通过举借债务供给公共服务过程中就会存在非社会理性行为干扰，导致盲目扩张债务产生的投入产出效率扭曲。公共服务供给行为包括生产、运营和维护等环节，在这些公共服务供给行为环节中引入 PPP 机制，将公共产品的生产、运营和维护等权力由政府部门向私人部门转移，按照风险管理能力的强弱，项目融资也将全部或绝大部分由私营部门负责。实际上，公共服务项目的债务权力与责任相应地就从政府部门转向私营部门，利益将由政府部门和私营部门共享。一方面，在利益共享机制下这种债务权责的转移不会改变公共服务实现社会利益的目标价值取向，至多会因私营部门承担更大融资风险而获得更高的收益分享份额，相当于政府花钱购买能够提升效率的机制；另一方面，这种机制之所以产生较高的"投入产出效率"，是因为私营部门利益直接与公共服务项目利益挂钩，私营部门就会更加注重有限的投入获取最大化社会收益的资源配置模式，很显然不允许政府官员个人利益对公共服务项目社会利益的侵蚀行为，这将有利于债务资金"投入产出效率"的提升。

（三）防范地方政府债务风险

PPP 防范地方政府债务风险，核心是在政府债务项目中引入私营资本进而提升债务资金配置效率。按照 PPP 合同应用于新建资产还是存量资产，PPP 防范地方政府债务风险也包括防范存量债务风险和新增债务风险。PPP 防范存量债务风险，主要针对通过举债已经形成公共资产而言，重点在公共资产维护或运营等方面提高效率，一般选择转让—经营—转让（TOT）等；PPP 防范新增债务风险，主要针对新举借债务形成公共资产的过程，重点包括在公共资产的设计、建设、维护和运营等整个环节上提高效率，一般选择建设—运营—移交（BOT）、建设—拥有—经营（BOO）、建设—移交（BT）等。无论针对何种债务风险防范，私营部门通常会建立一个项目公司来实施合同，即成立特定目的的公司（SPV）。这些针对不同来源的债务风险化解 PPP 合同模式选择在贾康等（2014）研究中已有系统阐述，而针对 PPP 防范地方政府债务风险难点是在合同制定中如何解决两个核心问题：一是如何确定私营部门是通过向服务者收费还是向政府收费，或者两者相结合及其比例程度；二是如何合理划分政府与私营部门的管理责任分担。前者主要决定债务资金的"责任分担效率"，后者主要决定债务资金的"投入产出效率"。

1. 债务资金"责任分担效率"提升

合理确定政府与市场的分担责任。确定政府与市场的责任分担主要考虑公益性原则，确定不同利益范畴的责任归属，同时根据技术性原则确定由谁收费更具效率。具体步骤为：第一步，政府与市场分担债务公共项目本质上依赖于债务项目的公共利益特征，如果该债务项目完全属于公共利益范畴，即纯公共产品，则该债务项目应该主要为政府责任；如果该债务项目完全属于私人利益范畴，即纯私人产品，则该债务项目应该主要为市场责任；介于两者之间就需要对公共利益和私人利益进行责任比例鉴定。因此，首先对该债务项目进行公益性评估，决定政府与市场的责任分担比例。第二步，在按公益性原则进行责任分担的基础上，进一步按照技术性原则评估确定应该市场收费和政府付费的比例，如果技术性评估发现由私营部门收费具有难度，则应该更多由政府付费，相反由私营部门收费。

2. 债务资金"投入产出效率"提升

合理划分政府与私营部门的管理责任。影响投入产出效率的关键在于利益侵蚀，就私人部门而言，目的是防止让其独立提供公共服务过程中市场利益对公共利益的侵蚀；就公共部门而言，目的是防止让其独立提供公共服务过程中个人利益对公共利益的侵蚀，因此需要根据侵蚀性原则合理确定政府与私营部门的责任，同时需要考虑各自的能力优势。具体步骤为：第一步，根据侵蚀性原则评估确定政府与私营部门的管理责任，如果评估得出该项目更容易被政府个人利益侵蚀，则倾向于让私营部门管理；如果评估得出该项目更容易被市场利益侵蚀，则倾向于让政府承担更多管理责任，当然可以针对项目具体环节进行评估，比如设计、建造、融资、维护、运营等。第二步，进一步根据能力性原则评估修正政府与私营部门的管理责任分担，在项目部分环节根据政府及私营部门的能力优势确定应该各自承担的相关管理责任，当然责任与风险相伴随，承担更大责任或风险方需要获得更大收益回报。

3. 债务资金配置效率提升评估体系构建

按照上述评估体系，主要涉及公益性、技术性、侵蚀性和能力性四个方面的原则评估，具体评估体系应该包括：①评估指导准则，主要将公益性、技术性、侵蚀性和能力性四个方面的原则进行细化；②评估方法选择，即使用各项准则针对对象进行评估的主要方法，比如专家打分法、客观数据法、抽样调查法等；③判断标准确定，即确定评估的打分说明和不同区间的分值标准确定；④评估主体选择，主要指的是针对某项项目或环节进行原则筛选和分值判断的人员，包括专家和大众两类；⑤债务项目明细表，包括不同类型的具体债务项目及项目不同环节，属于评估的客体；⑥原则评估报告，主要就不同原则形成对某项债务项目及环节的评估结论报告。

### 二、提高财政可持续性的积极作用

（一）提高政府债务的透明度

2014 年，国务院发布了《关于加强地方政府性债务管理的意见》，此文件的出台表明地方被赋予举债的权利。这样地方政府就可以对 PPP 模式进行有效利用，进而做出一些改变，比如在基础设施建设及公共物品和服务提供等方面，从而使风险有所降低，债务有所减少。此外，财政部规定融资平台和地方政府控股国企如果想进入 PPP 项目，其身份不能是社会资本，这一举动对政企债务分离是有好处的，同时腐败现象钻空子的现象被遏制了。另外，在财务预算中，国家对一个 PPP 项目的财政补贴和政企双方的合同义务都将被纳入，并且有明确记录，这一举措使债务资金的运用更加公开、透明、规范。还需说明的是，政府与企业合作是 PPP 的典型模式，这就决定了政府债务会发生转变，成为企业债务，因此政府与企业双方一起承担债务。同时，项目的效率会因为市场竞争机制被引入到模式中而被提高，债务的透明度也被提升了。

（二）优化政府债务结构

从中国的实际来看，地方政府在事务方面权利比较大，但是财权相对较小，两者不相匹配，一定程度上限制了政府做事的能力，又因为其资金来源少、融资渠道比较单一，因此地方政府举债问题日益突出。而如果运用 PPP 模式，无论是对于政府来说，还是对于融资平台来说，只要项目建成属于优良资产，就会产生稳定的现金流作为回报，债务也会随之下降。由于 PPP 模式是政府与社会资本联合的产物，那么政府的负债在某种程度上被减轻了。这是因为一部分债务被社会资本分担了，这样一来政府债务结构被优化了。假若政府债务结构不合理，可以通过债务重组来进行调节，方法就是找到一个债务结构更为合适的 PPP 项目与其进行重组，从而使地方财政的发展具有可持续性。

（三）降低公共项目成本

在项目初始阶段，政府和企业均有参与，一起对项目进行可行性研究，这样可以使工作周期有所缩短，项目费用也被降低了。在 PPP 项目中，私人部门想要获得收益，必须在政府进行审批后才行，因此项目失败风险被降低了，同时由于失败造成的资源浪费和不必要的成本开支都会被减少。根据研究显示，相比于传统政府包揽模式，运用 PPP 模式的费用会有 17% 的减少，并且项目完工程度也比较高。由于公共项目成本被降低了，那么财政支出也能被相应减少，对减少财政赤字、推动财政可持续发展都有好处。

（四）提高政府部门的管理水平

在 PPP 模式下，政府的长处与社会资本的优点被有效地结合起来，比如政府的战略规划、市场监管、公共服务，社会资本的管理效率以及技术创新等，这一举动对厘清政府与市场边界有很大的益处，同时使政府的法制意识得以增强，公共管理和服务水平被全方位地提升。此外，PPP 项目具有较长的投资回报期，所以政府以前的历年制预算收支管理方式要进行转变，慢慢向中长期财政规划和"资产负债管理"过渡，这样对于提高财政的规划性和可持续性有益处，也能使中长期财政风险有所降低。

（五）促进地区经济增长

引入 PPP 模式，极大地促进了民间投资。投资作为国民经济的"三驾马车"之一，对经济增长能产生不小的拉动作用。经济增长了，会带来连锁反应，国民可支配收入也会随之增加，税收收入也相应增加，税收收入的增加对财政可持续性是有利的。

### 三、促进金融聚集度

（一）提高政府投资的支配力和引导力

从我国的金融集聚区建设实践来看，政府一方面不断优化政策，如财税、监管政策，另一方面，也加大了政府投资的力度，通过提升金融集聚区的软硬件设施来吸引金融服务业各种服务的入驻，营造优美环境，使各业内部协调、相互促进，不断发展。但是，政府通过投资引导金融集聚并不意味着政府负责所有的事务，在现实中，在金融集聚区建设过程中政府资金总量没有那么充足，而且如果政府包办，这种投资方式很容易使效率降低，政府投资的新模式还是需要不断进行探索的。现今的时代背景为国家不断推进政府职能转变，政府在投资领域转变思路也是当务之急，要想使效率得到提高就要改变投资模式。

运用 PPP 模式，将公共服务的责任转移到 PPP 联合体，既将市场机制有效引入公共服务领域，尤其是金融集聚必需的信息技术、基础设施等硬件支撑，扩大了政府投资的支配范围，又引导金融资源合理流动，形成多层次金融服务业协同发展的良好环境，政府则从全方位的执行者转变为合作项目的参与者和监管者，从而进一步提升政府投资的效率。

### 1. 提高政府投资的支配力

财政资金不足，存在缺口，这是一个普遍的问题，因此政府需要探索新的融资渠道，想要解决问题，即政府公共服务资金总量约束难题，可以扩展项目联合体的资本金通过引入社会资本的方式。一方面，政府资金的引导行为可以使杠杆效应得到成倍的增长，从而使政府投资的支配力被提高；另一方面，由于资本合作组织是项目联合体的本质，合作各方在彼此依赖的同时又保持相互的独立，社会资本的风险控制、合约管理和业绩激励等机制被引入之后，委托代理双方信息不对称的博弈关系被明显改善了，这带来了新的动力机制，对提升政府投资效率非常有利。由此可以看出，政府新的融资平台或筹资载体并不是 PPP 模式的本质。在过去全程、全资的政府运作项目里，政府有多重角色并且这些角色相互产生重合，例如，追求政府投资效率时会受到各方各面的影响，包括社会热点、政府注意力、公众舆论、地方政府间的竞合关系等，同时也会受到各种角色的牵制，包括政府制定市场准入、运行监管政策等，再加上在传统的政府项目中，一般一些临时机构会由政府部门来组建，作为指挥部代行业主职责。从实践效果来看，政府投资效率的动力机制存在缺点，这在一定程度上使政府投资的支配力受到限制。PPP 项目联合体手握实际控制权，包括融资、建设和运营过程。项目联合体可以看作是政府投资的拓展形式，这使得政府能够还原成一种定位，就是作为环境营造者和市场监管者，政府投资回归"资本"的属性在更大程度上被推进了，使资本约束得到强化，从而对资金成本更加敏感，对项目无效率延期或资金沉淀有着有效的防控作用，在微观层面上使混合所有制的机制活力和比较优势被释放。

### 2. 提高政府投资的引导力

除了硬件服务投资领域，如基础设施领域等，PPP 模式使政府公共服务领域的运作方式被进一步拓展了，对政府投资的引导力的提升作用尤为明显。国务院发布的《关于在公共服务领域推广政府与社会资本合作模式的指导意见》中明确，社会资本提供公共服务时，政府可以对其进行补偿，主要通过运营补贴等对价形式，对价支付的依据是绩效评估结果，并在预算管理、财政周期规划和政府财务报告中会有所体现，对当期财政投入不足是一种有效的化解，同时能规范化对外融资、解决政府性债务风险问题。因为 PPP 模式拥有独立的项目联合体，在资本和投资的运行和维护过程中能承担责任，因此能将政府的引导力具体化为若干的公共服务包，并且这个过程是高效的。比如生活和环境公共服务，此服务是促进产城融合所必需的，再如评估、鉴证、法律服务等公共服务，此服务是金融服务业必需的。PPP 模式能够进一步引导组织机构的发展和集聚，比如孵化基金、同业间市场组织、征信组织、第三方评估机构等，从而良好的产业发展生态被创造出来，区域的集中管理和吸引力被增强，政府投资的引导和导向功能被实现。

（二）提升金融集聚水平的途径

根据金融发展理论来看，金融发展和经济增长之间存在正相关关系，金融集聚区需要环境变量的积极作为，包括政府和制度等，法律制度、金融制度的完善、产权制度保障以及发达的信息网络和丰富的信息源，都对金融集聚区建设都有推动作用，金融业高度发展的必然结果就是产生金融集聚区。

1. 打造金融集聚区的项目联合体

不管是契约式主体还是法人制主体，PPP 项目联合体吸引投资的依据都应该是打造金融集聚区项目本身，包括项目的资产、收益和政府的扶持力度，项目经营的直接收益和转化的效益是偿还贷款的资金来源，转化效益主要依靠政府扶持，项目投资人或发起人的资信背景就是政府，这也是政府的存在角色。由于整合式是出资各方对 PPP 项目联合体授权的方式，招聘采用市场化方式，完成政府任务通过市场招标等运作模式，使公共产品或服务的质量和供给效率进一步被提升，全程的持续合作和特许经营权使信息沟通成本与履约失败风险显著被降低了。另外，金融集聚区的整体开发由社会专业力量进行运作，包括主导区域信息、交通的规划和建设等，此力量是由项目联合体引入的，引进资金的同时引入专业人才，发挥其智慧，使投资效率的提升得到增进。

2. 购买公共服务

购买公共服务的主体就是 PPP 项目联合体，按照金融集聚区的功能需求，通过市场化渠道购买与之相配的公共服务。政府向社会力量购买公共服务，对各种关系进行协调、对各项支持政策进行落实、对外进行项目推介等，这都表现出一种现象，就是政府配置资源的影响在扩大，实际上参与资源配置的方式是进行政府投资，从而为金融集聚提供良好的服务。新形势下，如果想要实现政府职能转换，购买公共服务是必然的要求。中共十八大指出深入推进政企分开、政事分开、政资分开、政社分开，将政府建设为服务型政府，政府借力推进社会发展。通过引入社会资本、市场机制和社会力量，打破了政府的刻板印象，使市场和社会力量潜能得到激发，逐渐变为政府履行公共服务管理职能的重要途径，也是在提高政府投资效率方面必然的发展趋势。

3. 多业态的金融产业孵化基金

金融产业孵化基金由政府投资设立，运作模式为 PPP 模式，包括孵化器投资和孵化政策基金。作用是促进多业态协调发展，包括银行、保险、证券、信托以及期货、融资租赁、私募基金、担保机构等。孵化器投资即孵化器提供的各种条件和服务并且是以投资的方式进行，包括办公场地、人事代理、办公设备、咨询服务等，个别情况下也会投入较少的权益资金。由于这是一种种子资本，带有辅助性的性质，因此如果仅有孵化投资投资项目完全启动是非常困难的。孵化政策基金是一种政策性资金支持，并且是对某些特定项目或投资者而给予的，政府或孵化器的目的是对投资项目产生吸引力，小微金融机构的创业财税政策优惠就是一个例子。PPP 模式固有的属性就决定了，相对较高的比率由孵化器投资所占有，对于政府投资设立的孵化基金，其一般的共性就是具有优惠性质，甚至有的时候无偿提供也是存在的。

# 第二章  PPP 项目融资概述

## 第一节  PPP 项目融资基本概念

### 一、PPP 项目融资的概念

1990 年之后，一种新型的融资模式，即 PPP 模式在西方流行起来，特别是欧洲地区，在公共基础设施领域发挥着非常重要的作用，尤其是在大型、一次性的项目建设过程中，包括公路、铁路、地铁等。

PPP 融资是项目融资的一种形式，融资活动的主体是项目本身，项目融资的主要依据为项目预计的未来收益、资产状况和政府扶持的力度，并不是依靠项目投资人或发起人的信用状况。偿还贷款的资金来源包括两方面：一方面是直接收入主要通过项目经营得到，另一方面是转化收入主要通过政府的扶持。贷款的安全承诺也包括两方面：一方面是利用项目公司资产作为保障，另一方面是政府对项目进行有限承诺，这也是一项安全保证。

PPP 融资模式有一个很大的优点，就是在项目中可以加入更多的民营资本，民营资本的加入使项目效率提高了，并且风险有所降低，这也正与被鼓励的项目融资模式的目标相契合。政府的公共部门与民营企业在项目的整个过程中均有合作，合作的基础为特许权协议，对项目运行的整个过程中两方均负有一定的责任。PPP 融资模式的操作规则决定了民营企业参与程度较高，即在项目的前期准备中民营资本都参与其中，如城市轨道交通项目的确认、设计和可行性研究等工作中。这样一来，由于民营企业对项目更加了解，因此它们的投资风险会有所下降。同时民营企业具备相对专业的管理方法和技术，将这些方法与技术引入项目中，能够使项目建设、对项目运行的控制更加有效率。利用 PPP 融资模式可以将项目建设投资的风险大大减小，不仅保证国家利益不受损，也能使民营企业各方获得更多利益。其现实意义也比较明显，包括使项目建设时间变短，项目运作成本变得更经济，甚至对资产负债率也有很大的益处。

**二、PPP 项目融资的主体**

PPP 项目融资的主体通常包括政府、社会资本和金融机构三方。下面我们分别对这三个主体进行分析。

（一）政府

在 PPP 项目里，政府方通常是 PPP 项目的发起人，但不是 PPP 项目投融资的核心主体。财政部发布的《政府和社会资本合作模式操作指南（试行）》（财金〔2014〕113 号）第二十四条第一款规定："项目融资由社会资本或项目公司负责。社会资本或项目公司应及时开展融资方案设计、机构接洽、合同签订和融资交割等工作。"尽管如此，政府在 PPP 项目投融资环节中也有着非常重要的作用，这种作用主要体现在以下三个方面：

1. 投资引导作用

"财金〔2014〕113 号"第二十三条规定："社会资本可依法设立项目公司。政府可指定相关机构依法参股项目公司。"在 PPP 项目的实际操作过程中，政府通常会通过地方国有企业或融资平台公司，在 PPP 项目公司（SPV 公司）中出资一定比例，持有一部分股权（持股比例小于 50%）。这一出资的目的一方面是起到引导社会资本投资的作用；另一方面是为项目经营期满时政府回购社会资本所持股权提供前提。

2. 投融资监管作用

"财金〔2014〕113 号"第二十三条规定："项目实施机构和财政部门（政府和社会资本合作中心）应监督社会资本按照采购文件和项目合同约定，按时足额出资设立项目公司。"第二十四条第一款规定："财政部门（政府和社会资本合作中心）和项目实施机构应做好监督管理工作，防止企业债务向政府转移。"政府在 PPP 项目中具有双重角色，既是社会资本的合作方、项目的参与者，又是项目的监督方、社会资本的考核者。

3. 项目融资支持作用

尽管政府方不承担 PPP 项目的融资责任，但在 PPP 项目融资过程中，政府方通常需要为融资提供支持。通常的融资支持方式包括项目专项基金（如果开行、农发行专项基金）、PPP 项目政府引导基金（如财政部 1800 亿元政企合作基金、省级 PPP 基金）、政策性银行贷款安排、商业银行投贷联动安排、项目沿线一定范围的土地开发使用权、财政可行性缺口补助项目。因为项目公司的现金流来源于地方政府，所以相当于借用了政府的信用。

（二）社会资本

社会资本方是 PPP 项目的参与主体，也是 PPP 项目融资的主体。PPP 项目的实际投入资金的一方为社会资本，但由于 PPP 项目通常需要注入的资金非常多，身为工程企业或运营企业的社会资本往往不具有全部投资的资金实力。即使有，由于财务制度限制或投资收益最大化的目标，社会资本通常不会全部自己投资，而是会采取部分投资部分融资的策略。

在实际的 PPP 项目中，PPP 项目的实施通常是通过项目公司，直接实施主体常常并不是社会资本，项目公司设立的目的就是为 PPP 项目服务，PPP 项目合同的签约主体也是此项目公司，PPP 项目的具体的实施路径和运作过程由项目公司负责。项目公司自主经营、自负盈亏，也就是通常来说，其属于有限公司，是拥有独立法人资格的经营实体。因此，项目公司通常被称为特殊目的公司。SPV 公司最大的好处在于可以将项目公司的风向与投资人进行有效的隔离：无论 SPV 公司经营状况如何，债务水平怎样，投资人仅按照在项目公司中的出资额承担有限责任。项目公司的设立有两种方式：一种是只有社会资本进行注资；另一种是由政府和社会资本进行合资，一起注入资金，但是，项目公司中政府持股比例应低于 50%，并且没有实际控制和管理权。在 PPP 项目的投融资实践中，PPP 项目的融资主体也通常是为该项目专门成立的 SPV 公司，而非社会资本本身①。

（三）金融机构

1. 金融机构的角色

金融机构参与 PPP 项目，可以有以下两种做法：一是作为社会资本直接投资 PPP 项目；二是在项目实施过程中提供资金，以此种方式参与。如果社会资本的直接参与项目，在这种模式下，金融机构可以将具有基础设施设计、建设、运营维护等能力的社会资本联合起来，与政府签订三方合作协议，并在约定范围内参与 PPP 项目的投资运作。而金融机构可以发挥其本职资金优势，为运营的社会资本方或项目公司提供大量资金，由于这两方主要负责项目的运营，因此利用此方

---

① 赵鹏. 项目收益债券在 PPP 项目中的应用研究［D］. 重庆大学，2016.

式金融机构可以间接加入到 PPP 项目中。项目贷款、信托贷款、明股实债、有限合伙基金、项目收益债和资产证券化等都是可采取的融资方式。在我国 PPP 实践中，绝大多数的 PPP 项目需要融资，因此金融机构的角色不可或缺。

在 PPP 项目投融资环节中，金融机构通常以财务投资人的身份出现。即使金融机构通过私募基金或资管计划入股了项目公司，一般也是明股实债，不参与项目的建设、运营和管理。金融机构财务投资人角色是社会分工精细化的结果。PPP 项目涉及的产业领域众多，且按照 PPP 规则，项目公司一般要承担建设、运营管理等职能，向社会公众提供专业化服务，这些都不是金融机构所具备的。

2. 金融机构参与 PPP 项目的方式

（1）政策性银行参与 PPP 的方式。从期限来说，政策性银行的资金是很有优势的，一般情况下，其可以以中长期资金进行出资，在此优势背景下，其参与 PPP 项目时，可以提供多种融资方式，包括投资、贷款、债券、租赁和证券等，并联合其他银行、保险公司等金融机构采取银团贷款、委托贷款等方式，拓展 PPP 项目的融资渠道。有些项目是国家重点扶植的基础设施项目，如水利、污水处理、棚改等，对这些项目实行特殊信贷支持，如长期优惠利率贷款等。

此外，政策性银行还可以提高 PPP 项目的运作效率，主要体现在以下两个方面：一是通过提前介入并主动在各地在进行前期工作时给予一定帮助，包括建设项目策划、社会资本引荐、融资风险控制、融资方案设计等；二是提供某些服务，包括规划咨询、财务顾问、融资顾问等。

2014 年 11 月，国家开发银行全资子公司国开金融与南京雨花台区政府，就参与南京旧城成片更新改造的问题上，签署合作协议，主要目的是对铁心桥—西善桥"两桥"地区城市更新改造暨中国（南京）软件谷南园建设发展进行投资。国开金融及其控股的上市公司中国新城镇发展有限公司共同出资设立了南京国开雨花城市更新发展有限公司，出资形式为现金，直接获取股份，公司的注册资本金为 10 亿元，公司的运营由一支成熟的专业运营团队参与，此团队由股东选择。

政策性银行作为国家宏观调控的一种手段，可以释放国家对所鼓励的 PPP 项目方向、合作模式的信号。政策性银行与其他金融企业的区别在于，政策性银行的参与市场化程度相对较低。

（2）商业银行参与 PPP 的方式。在 PPP 项目的资金提供者中，商业银行具有举足轻重的作用，可以通过多种方式参与 PPP 项目，包括资金融通、投资银行业务、现金管理、项目咨询服务、夹层融资等。

第一，资金融通。PPP项目包括多个阶段：设计、建设、运营阶段，每个阶段商业银行都会对PPP项目或实施主体的资金以及信用状况、增信手段、现金流等进行审核，此审核结果是为项目公司提供资金融通服务的基础，具体可以通过项目贷款、贸易融资、保理、福费廷、银团贷款等，发展供应链金融，提供增值服务。

第二，投资银行业务。商业银行具有强大的销售能力，利用此优势可以承担PPP项目公司的承销业务，融资工具包括短融票据、非公开债务定向融资工具，（Private Placement Note，PPN）等。另外，商业银行还可以通过理财直接融资工具直接涉入PPP项目融资，此种方式能够达到一种目的，即实现资产负债表外融资，还可以创新一些金融工具，这些金融工具具有流动性、信息披露更加透明、可通过市场进行估值的特点，使非标债权投资比率降低，或者通过其他方式，实现表内投资或表外理财资金对PPP项目公司注资的目的，如产业信托、基金、资产管理、租赁等。

第三，现金管理。PPP项目运营时间长，资金流量大，商业银行可充分利用现金管理方面的优势，为客户提供全方位服务。对于日常运营资金的管理，可提供服务，包括资金监管、资金结算网络、现金管理、代发工资等；还可提供服务来提升闲置资金收益，此服务包括协定存款、企业定制理财产品等。

第四，项目咨询服务。PPP项目涉及政府、社会资本、承包商等多个法律主体，PPP合同使项目设计、建设、运营、维护基础设施的过程规范了，并明确指出了项目收益的分配、服务价格的制定和可能存在的政府补贴，商业银行在金融、会计、法律等方面具有专业优势，利用其优势为PPP项目参与方提供合同订立、现金流评估和项目运营等提供咨询服务。

第五，夹层融资。商业银行不仅可以利用传统融资方式，还可以对项目夹层融资进行积极探索。夹层融资的风险和回报处于普通债务和股权融资之间，融资结构可根据不同项目的融资需求进行调整。对于融资者来说，夹层融资有很多优点，例如，期限长、结构灵活、限制少和成本低等，对于投资者来说，夹层融资能够使项目的安全性和收益性两方面得到兼顾。

目前，很多商业银行开始以各种形式介入到PPP项目中。2014年12月，河南省政府与交通银行、建设银行、浦发银行签署"河南省新型城镇化发展基金"战略合作协议，总规模达到3000亿元，具体内容可分为"交银豫资城镇化发展基金""建信豫资城镇化建设发展基金"和"浦银豫资城市运营发展基金"。三家银行总行已通过首批的 25 个募投项目，确定投放金额为 594 亿元。2015 年 4 月，中信银行郑州分行联合中信产业基金分别与上海实业环境控股有限公司、郑州市污水净化有限公司、MTI 环境集团有限公司签署合作框架协议，同时中信银行郑州分行与中信产业基金也与郑州地产集团有限公司、中电建路桥集团有限公司、中铁十八局集团有限公司进行了合作，签署了合作框架协议。

商业银行参与 PPP 项目，也面临着期限错配和信用风险，PPP 项目涉及的领域大多数为基础设施建设和公共服务，相比于一般工商企业其融资周期更长，然而商业银行的主要负债来源为中短期存款，因此可能存在期限不匹配的风险；PPP 项目涉及的主体比较多，包括地方政府和项目公司等，相关主体是否遵守约定，会对项目现金流、盈利状况和融资项目的信用风险产生直接的影响。在实践中，商业银行经常会遇到一类项目，就是收入稳定并且经营现金流持续，却不需要通过 PPP 融资，但是商业银行又不愿意对缺乏现金流 PPP 的项目进行融资，这是一种非常矛盾的情形。

（3）保险公司参与 PPP 的方式。在 PPP 项目建设中，需要大量的资金，建设所需的时间也比较长，在项目建设和运营期间面临着很多风险，因此项目公司以及项目的融资方、社会资本方、原料供应商、承包商和分包商、专业运营商都有购买保险的需求用以降低自身的风险。保险公司可以创新一些信用险种，为 PPP 项目的履约风险和运营风险承保。PPP 项目利用保险可以增加结构设计的灵活性，降低和转移风险，减少 PPP 参与方的后顾之忧。

从保险资金的运用来看，基础设计建设一般久期很长，保险资金的期限一般也较长，两者的特点是相吻合的，资产负债期限不对应的问题可以在一定程度上被解决，因此一种新的融资方式产生了，即险资通过设立专项债权或股权计划为大型 PPP 项目提供融资。2014 年 12 月，新华保险与广州市政府合作，一起建立了"广州（新华）城市发展产业投资基金"，200 亿元的基金资金被用来广州市基础设施和城市发展项目的建设。该基金将投向城市更新、城市生活、城市产业、城市动力四个板块：包括南沙新区建设、棚户区改造、传统交易市场转型升级在内的城市更新板块；面向医疗卫生工程、安居工程、垃圾处理工程在内的城市生活板块；面向主导型、创新型产业孵化器、产业园区在内的城市产业板块；面向新能源、供水供电、物流在内的城市动力板块。

保险资金追求安全性，其特点是期限长、规模大，比较适合投资基础设施、物业之类的项目，但险资对项目的担保和增信有比较高的要求。大型保险机构一般都要求项目资产的评级达到 AAA 级，且需要大型金融机构或大型央企国企、政府机关对其进行担保，同时满足以上几个条件，这样的项目相对还是少数的。

（4）证券公司参与 PPP 的方式。证券公司可以为 PPP 项目公司提供一些投行业务，包括 IPO 保荐、财务顾问、并购融资、债券承销等，也可以通过资产证券化、项目收益债、资管计划、另类投资等方式介入。

第一，资产证券化。供热、供电、供水、公共交通、污水处理、高速公路等很多基础设施类的 PPP 项目具有稳定的现金流，这些具有未来稳定现金流的资产就能够被证券化，是良好的证券化基础资产。在 2014 年 11 月企业资产证券化采取备案制后，证券化项目设立和发行手续被大大简化，产品的流动性也通过交易所的挂牌转让和协议式回购提高了，证券公司（包括基金子公司）可以通过成立资产支持专项计划，将现金流稳定且持续的 PPP 项目进行证券化，通过某些结构性金融技术，如现金流分层等，发行期限不同和信用等级有差异的资产支持证券，为 PPP 项目提供资金。

2015 年 1 月，基金业协会发布《资产证券化业务基础资产负面清单指引》，列明了一些基础资产，这些资产不符合资产证券化业务监管要求或者不适合采用资产证券化的业务形式。该指引明确将部分基础资产列入负面清单，其共同特征为以地方政府为直接或间接债务人。但依据地方政府事先公开的收益约定规则，除了在政府与社会资本合作模式下应当支付或承担的财政补贴，这一政策规定使 PPP 项目能够被资产证券化成为了可能。

例如，民族证券成立的"濮阳供水收费收益权资产支持专项计划"（见图 2 - 1），通过设立资产支持专项计划，发行优先级资产支持证券，此证券分为五档，期限为 1~5 年。发行证券得到的资金被用来买收益权，收益权来源于濮阳市自来水公司的供水合同，投资者收入依靠的是濮阳市自来水公司收取的水费，濮阳市自来水公司同时负有一个责任，就是进行差额补足，也就是说在现金流不能将对投资者承诺的本息进行支付时，其要弥补差额，此类项目对 PPP 项目的资产证券化有良好的借鉴意义。

第二，项目收益债。"国发〔2014〕43 号"文中明确表明 PPP 项目的融资方式之一是项目收益债。项目收益债券是与特定项目有联系的，项目建成后会实现运营收益，偿还债券的本息资金完全或基本来源于此收入，发行债券筹集资金的目的就是用于项目周转，因此此资金就是用于专一项目的投资与建设。项目收益不仅可以通过直接收费获得收入、销售产品获得收入，还有财政补贴以及因项目

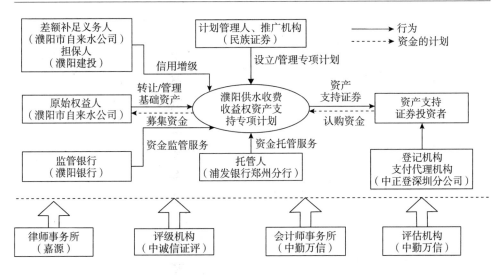

**图 2 – 1 濮阳供水收费收益权资产支持专项计划结构**

开发带来的土地增值收入等。

2014 年 11 月，"14 穗热电债"成功建档登记，这是国家发改委审批的首单项目收益债，中标利率 6.38%，比五年期以上贷款基准利率的 6.55% 低。"14 穗热电债"规模 8 亿元，发行期限为 10 年，还本方式为分期，并且是从第三年开始还（见图 2 – 2）。资金被用来投资，被投资方为广州市第四资源热力电厂垃圾

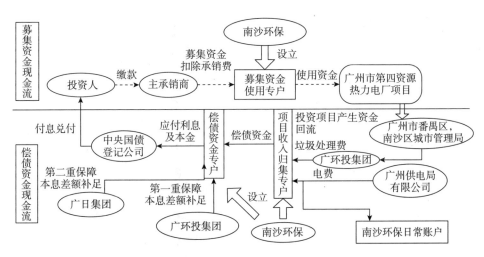

**图 2 – 2 "14 穗热电债"交易结构**

焚烧发电项目，项目建设的运营主体为广州环投南沙环保能源有限公司。项目的收入来源包括发电收入、垃圾处理费收入、金属回收收入和即征即退增值税等多项收入，归集方式为专户专项。同时，如果债券本息不能按时按额进行兑付，发行人股东及实际控制人会对债券本息的差额进行补偿，这样一来债券的本息偿付会得到保证，债项信用等级为 AA 级。

证券公司可以为符合条件的 PPP 项目公司设计债券结构，通过发行项目收益债进行融资。但是由于证券公司受制因素较多，如证券公司资金来源和牌照等，导致其参与 PPP 业务的身份只能是服务中介，其介入程度与银行、保险无法相提并论。

（5）信托公司参与 PPP 方式。信托公司参与 PPP 项目有直接参与和间接参与两种模式。直接参与，即信托公司直接作为投资方参与到基础设施建设和运营过程中，其收回投资的方式是通过分红。主要形式是发行产品期限较长的股权或债权信托计划，银行、保险等机构资金是主要的资金来源；间接参与，即信托公司为 PPP 模式中的参与方融资，或者是与其他社会资本联合起来共同对项目公司进行投资，采取明股实债的方式，在约定时间由其他社会资本对股权进行回购，信托公司退出。此外，信托公司介入的形式还可以是通过过桥贷款、夹层融资来为 PPP 项目公司提供融资。

2014 年 6 月，五矿信托与抚顺沈抚新城管委会、中建一局（集团）签订合作框架协议，成立项目公司，10 亿元的注册资本，由五矿信托、沈抚新城管委会、中建一局共同出资，其包括基金子公司、券商资管等代客理财机构。

五矿信托为项目公司的控股方，以综合性片区建设项目为投资标的，主要有土地平整、河道治理、环境绿化等。按约定政府承担特许经营权、财政补贴、合理定价等相关责任，但不对债务进行兜底。

在该合作框架下，信托公司按照不同环节将整个项目的建设周期进行切割，分包给具有强资信优势的建设商。每一个"分包商"需要对自己完成的局部工程建设目标负责，如果目标没有达成，则需要承担相应的违约责任。

与银行和券商相比，信托公司的资金成本相对较高，在公益性或准公益性的 PPP 项目中成本与收益相匹配的项目不容易找到。此外，信托公司也没有资格承销项目收益债等债券，PPP 项目在短时间内无法成为替代原有政信合作项目。

（6）PPP 产业基金方式。PPP 产业基金是一种投资基金，可以利用股权、债权及夹层融资等工具投资基础设施 PPP 项目，可以为基金投资人提供一种低风险、中等收益、长期限的类固定收益。PPP 产业基金经常与承包商、行业运营商进行联合，组成投资联合体，以社会资本的身份参与 PPP 项目投资运营。

在 PPP 产业基金模式下，对于现金流持续稳定并且收益率比较合理的基建项目，金融机构可与地方政府和项目运营方签订产业基金合同，双方进行合作，设立有限合伙制 PPP 产业基金，这样金融机构可以参与到基础设施建设中。金融机构可以利用自有资金，也可以募集资金来设立 SPV，成为有限合伙基金的优先合伙人（LP）。

2015 年 2 月，兴业基金管理有限公司与厦门市轨道交通集团签署了厦门城市发展产业基金合作框架协议，基金总规模达 100 亿元，将用于厦门轨道交通工程等项目的建设。该基金采用 PPP 模式，兴业基金全资的子公司兴业财富资产管理有限公司通过设立专项资管计划，与厦门市政府共同出资成立"兴业厦门城市产业发展投资基金"有限合伙企业（见图 2-3）。兴业财富和厦门轨道交通集团出资额占比分别为 70% 和 30%，分别担任优先级有限合伙人和劣后级有限合伙人，按协议约定厦门轨道交通集团有定期支付收益给优先级有限合伙人的义务，并在基金到期时要回购优先级合伙人持有的权益，厦门市政府提供财政贴息保障。

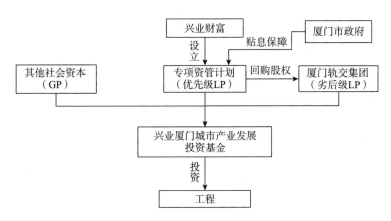

**图 2-3 兴业厦门城市产业发展投资基金结构**

近来成立的 PPP 产业基金也有一些不同以往的新动向，很多 PPP 产业基金投向了非经营性项目，如土地一级开发、保障房等，土地出让收入是主要还款来源，以明股实债的形式保证固定收益，资金主要来源于银行理财，财政进行兜底通过出具安慰函。无形中这些基金依然有政府作为担保，这只是另外一种形式的城投债。

### 三、PPP 项目融资的特点

PPP 项目融资主要有参与方较多、投资数额大、运营期限长、投资回报率低、交易结构复杂、合同体系复杂等特征。因此，PPP 项目与其他证券投资、股权投资、风险投资有很大的不同。总结起来，PPP 项目融资的特点表述如下：

（一）政府初始投入少

基础设施和公共服务领域建设投资往往金额巨大，采用传统直接投资建设模式，短期内政府需要进行大额的建设投资资金注入，使地方政府债务陷入更加窘迫的局面。利用 PPP 模式，可以吸引盘活社会资本存量，客观上分散并化解地方政府债务风险，拓宽项目建设融资渠道。通常，SPV 公司组建时，政府出资代表一般只出资项目资本金的一定比例，其他项目建设资金均由社会资本方自投或引入融资。未来，社会资本方投入的资金将在项目运营期内通过政府补贴（或可行性缺口补助、使用者付费）模式，在运营期内平滑支付，使政府当期负债得到有效减缓，自有资金的使用效率得到提升，产品的供给能量得到增强。

（二）PPP 融资是全生命周期融资

PPP 项目合作期通常在 10～30 年。在如此漫长的期限里，融资工具通常贯穿 PPP 项目的整个生命周期。在项目合作期内，项目公司可能会采用银行贷款、发行债券等传统模式进行融资，也可能会通过发起 PPP 项目基金等方式进行股权融资，抑或通过资产证券化方式实现项目退出。因此可以说，PPP 融资是全生命周期融资。

（三）PPP 融资是全方位融资

对于项目公司来讲，PPP 融资通常既包括股权融资，又包括债权融资。股权融资和债权融资的范围非常广泛，几乎包括了大部分的金融机构和金融工具。因此可以说，PPP 融资是综合性、全方位的组合融资业务。

（四）实现风险合理分配

传统的项目实施模式，项目的风险一般由政府承担；而 PPP 模式要求政府授权企业与社会资本组建项目公司，实现了政府与社会资本风险共担。

（五）不同程度的政府信用支持

即使是预期现金流能完全覆盖的经营性项目，政府也会以特许经营、资源配套等形式提供支持。在实践中，盈利前景较好的经营性项目，社会资本投入最积极，政府资本也愿意投入，如高速公路项目等，因此，政府股本支持也是常见的支持安排，政府和社会资本通常选择股权合作的形式。

（六）社会资本承担主要风险

中国经济管理部门对工程项目是否属于 PPP 项目的判断标准之一，就是社会资本必须承担经营风险，即项目生命周期中大部分时段的经营，需由社会资本完成；项目建设期的开发风险，除了规划变动等少数特定因素外，社会资本也需承担全部的建设风险。正是基于社会资本承担项目建设和经营主要风险的原则，PPP 项目中的融资借款是不算作政府债务的。

## 四、PPP 项目风险管理

金融机构介入 PPP 项目参与 PPP 融资，由于 PPP 项目在不同阶段面临的风险特征不同，金融机构在进行融资方案设计时，其风险管理必须遵循以下四项原则：

（一）降低项目风险暴露

项目融资方案的设计，必须按照最大限度降低项目各个阶段风险暴露的原则进行，尽可能地降低投资者的风险和负债暴露。合理的股权结构设计和融资工具安排，是降低风险暴露的有效手段。

（二）风险及时披露

融资结构要能清楚揭示风险，发生风险时投资人和借款人能即时知晓风险所在，并能够及时有效地介入，这也是 PPP 项目管理中信息公开要求在融资方案设计中的具体体现。

（三）现金流/资产的直接支持

由于项目融资是有限追索，甚至无追索的，作为合作一方的政府，更是明确不承担项目的建设和经营责任，因此在 PPP 项目融资设计中，需要在负债和项目资产、现金流间建立起直接联系。即使不能在负债和项目现金流间建立起直接的担保机制，也需要使项目资产和现金流对负债有间接担保。

（四）明确第三方责任机制

PPP 项目发起人通常将 PPP 项目与自身隔离，PPP 项目融资通常是发起人的表外项目融资，尽管融资人对发起人无追索权，但可以要求有第三方责任保险。特别是在项目建设期，工程保险是常见的选项。

## 第二节　PPP 项目融资理论

PPP 最早的特许经营形态可以追溯到 100 多年前的法国。直到今天，法国也没有关于 PPP 的政策，在法国建设和管理商业型公共服务和公共基础设施的过程中，特许经营制度仍然是最普遍的模式。而现代 PPP 被认为起源于英国。2000年，英国工党政府发布的《PPP——政府提议》首次提出 PPP 一词。在 PPP 的发源地英国，PPP 的发展理论可以概括为"新公共管理运动"下的私人主动融资（Private Finance Initiative，PFI）、设计—建设—融资—运营（Design – Build – Finance – Operate，DBFO）（典型是收费公路的特许经营模式）和伙伴式项目管理模式单重逐步递进、由浅入深的 PPP 发展路径。

### 一、公共产品管理理论

公共产品理论在经济实践中的具体运用，是公共财政制度的建立和实施不可回避的核心内容之一。实际上，如何理解对公共产品概念及内涵，直接影响如何选择公共产品供给和生产模式，并且事关政府职能边界是否明确以及能否准确判断与矫正政府"越位"和"缺位"的行为。自 1954 年萨缪尔森给出公共产品经典定义以来，被经济学界所广泛接受的就成了以非排他性和非竞争性作为对公共产品判断依据的思想。经过半个多世纪的发展（公共产品理论贡献的杰出代表是马斯格雷夫和布坎南），已经形成了较为完善的公共产品理论体系。纯公共产品、准公共产品和私人产品是公共产品理论从消费特征角度将产品分为的三类。纯公共产品的典型特征是消费的非排他性和非竞争性，它是指个人消费这类产品或服务不会损害其他任何人消费该产品而从中受益。鉴于纯公共产品效用的不可分割性，价格无法通过市场竞争机制确定，因此纯粹的公共产品主要由政府提供。这体现在政府出于更好地服务于市场的目的，在市场经济条件下，对市场失效领域进行介入。政府同时也提供如教育、水、电等的私人产品，这是因为教育本身有一定的外溢性，完全由私人提供，出现过度消费的富人、消费不足的穷人，以及社会教育的不公平消费。水、电是规模效益递增的产品，政府干预可以减少社会福利损失。如果政府出于效率原因干预水、电供应市场，或者说是为了追求经济利益，那么政府干预教育的重点在于促进公平。必须承认，私人独自供给和纯公共产品的政府是存在理论上的均衡解的，但这种在严格约束条件下得出的结论难以在实践中操作。与纯公共产品和纯私人产品相比，政府和私人均有供给责任，具有消费的非排他性和竞争性或消费的非竞争性和排他性的准公共产品存在的更为广泛，而准公共产品的竞争性和排他性有强弱之分，所以，供给时必须根据各自的特点而采取不同的方式①。

在经济实践中，公共供给（政府供给）、市场供给（私人供给）和第三部门供给是三种较为成熟的公共产品供给模式。在市场机制下，出于效率的考虑，政府有所介入，这就导致公共产品供给存在"公共的悲剧"和"免费搭车"现象。然而事实上，低效的政府行为总是难以满足纳税人的意愿，而官僚的腐败和对资源的独占，反而会直接侵害社会公众利益。在利他主义的情形下，当然有可能存在市场提供公共产品，但大多是"偶然事件"。只有支出没有收入或收不抵支的市场经济中的个体必然不能长久，那么它提供公共产品的能力也当然是受限制的；第三部门是公共产品供给的重要来源，但它的机制是完全自觉和自愿的，且受多种因素的影响，如能力、需求的多样性、宗教传统、政府激励（政策与体制）及特殊时期的政治经济需求等，因此有较大的不确定性。在公平与效率的政府财政目标下，政府不得不改革公共产品供给模式。20 世纪 90 年代初期，在公共部门管理改革的压力下，公共部门与私营部门结合起来并成为伙伴关系的供给主体的公共产品供给新模式，产生于英国并迅速在西方广泛传播，成为新公共管理改革的重要组成部分。

## 二、新公共管理运动

在英国的伦敦地铁等早期的 PPP 模式和法国的苏伊士运河、巴黎机场等特许经营模式发展到一定阶段时，政府发现，纯粹的政府投资、管理、运营基础设施和公共服务，有着"官僚主义、政治介入和干预、缺乏新的投资资金、设施的管理和维护常常较薄弱"等弊端；但公共设施和服务完全的私有化，也有着很多矛盾不可调和，如私营部门往往很难筹集足够的资金来启动项目，它们容易受技术和法规变化的影响，承担着交通网络无规则发展带来的风险。征收的通行费受到监管，上涨率比通货膨胀率低，这会损害公司的收益并使公司的资产负债表恶化。政府大都会接管这些财务遇到困难公司。所以，公众开始怀疑政府的公共管

---

① 唐祥来. 公共产品供给 PPP 模式研究［J］. 中国经济问题，2005（4）：44 – 51.

理模式，行政改革是重塑政府的唯一途径。新公共管理运动被 1979 年上台执政的撒切尔夫人举办起来，在西方国家这是一场轰轰烈烈的运动。其核心是改变一种统一模式，此模式下为政府提供公共产品，新的模式打破传统，即在政府提供服务的公共领域私人力量被引入进来，形成一种多元模式，此模式中提供公共产品的包括政府部门、企业、非政府组织等主体力量。值得一提的是，近来在新公共管理中私人资本所占比例越来越大，其参与的方法也在不断地被创新。从公共服务外包（Contracting Out）到私人主动融资（Private Finance Initiative），从私有化（Privatization）到强制竞争性招标（Compulsory Competitive Tendering），通过私人力量，政府公共服务的理念和方法被重新整合，主要是新公共管理的理论家和实践者们的功劳。其应用范围在不断地被扩展，开始为道路、供水、电信、供电、港口、垃圾处理等领域，后来发展到监狱的建造和运营、卫星试验、大型信息管理系统的建设、学校和医院的建设和运营、国防等领域，而 PPP 模式正是在这种大环境下产生并发展起来[①]。通过 PPP 可以从这两种参与基础设施的方法中找到最佳途径，在保留公共部门对基础设施网络进行总投规划、协调和监管的控制权的同时，采用私营部门的创新成果和商业智慧。PPP 的这种应用被认为是自由化议程的进一步实践，现在自由化议程被称为公共部门的新公共管理。

（一）私人主动融资模式

在新公共管理运动的背景下，PPP 首先出现的形态是私人主动融资。1992年，欧盟各国签订《马斯垂克条约》（*Masticate Treaty*），承诺低财政赤字以促进经济统一后，英国政府出于改善基础设施和控制财政支出的压力的施政目的，提出了私人主动融资模式，以此达到增强公共服务的效率和质量并且同时促进经济发展的目的。PFI 概念由过去强调"公共设施建设"的思想，开始缓慢变为注重"公共服务的提供"。在一份英国财政部发布的文件中提到，PFI 指的是公共部门基于一项长期协议以合同的方式从私人部门购买高质量的服务，包括相应的维护维修、双方一定的交付成果或者建设必要的基础设施，从而充分利用对必须承担私人融资带来的风险的私人部门产生激励的管理技能。PFI 应用有两个基本原则：第一，安全可靠的物有所值（Value For Money，VFM）；第二，政府部门和私人部门之间能够合理分配项目的风险。比较严格的说法是，PFI 与目前国际常

---

① 周峰，陈静. 新公共管理的政策工具：PPP 的理论分析与实践经验 [J]. 中共合肥市委党校学报，2007（1）：53 – 55.

用的 PPP 融资模式之间并没有十分明确的界限，往往也将 PFI 看作 PPP 的一种类型。但是英国的 PFI 是一种政府应用的采购工具，更加强调调用民间资金，实现对公共项目融资、建设和运营的多元化渠道，强调国内民营企业的主动介入，政府采用 PFI 并非旨在最终的基础设施和公共服务设施的所有权，而是在于获得有效的服务①。

1. 组织结构

公共授权当局、SPV 和第三方资助为 PFI 项目通常主要当事方的三部分。①公共授权当局是实施政府采购的公共部门委托人，它可以是地方当局、中央政府部门或者政府代表。②SPV（Special Purpose Vehicle/Corporation），特殊目的的公司，一般包含物业管理公司、建筑总承包公司和融资公司或投资商，为达到获取利润和项目风险最小化的目的，因此 SPV 可以转移部分风险通过合同分包。③第三方资助（Third Party Funders）包括债券持有者、股东、贷款银行等，因为公共项目往往需要大笔的资金投入，仅凭借私人投资者的资本是远远不足以达到要求的，所以还需要第三方的资金资助，如银行贷款等。

2. 项目发起

PFI 项目一般发起于政府部门。根据社会需求和发展规划确定一些可以达到这种需求项目目标的初步方案，并评估这些方案的成本、内容、预计效益、资金支持、维护和运营费用等，以明确能否将 PFI 模式应用于该项目。

3. 组织运行模式

PFI 项目组织运行的核心是 SPV，它也扮演着直接对项目进行经营和管理的角色。在公共部门和私人部门之间，存在着一种委托代理关系，通过政府采购的形式，政府与 SPV 签订长期服务合同，筹资、建设及经营是由 SPV 负责的。政府与 SPV 能够保持相互独立。

4. 项目资金来源

公共授权当局与 SPV 之间契约关系的建立是通过服务合同进行的，项目建设的全部资本成本由私人部门承担，政府会按服务的"有效性"逐期予以偿还。针对 SPV，政府一般会与提供贷款的金融机构达成一个支付承诺协议，这个协议能使 SPV 更加顺利地得到金融机构的贷款支持，相当于政府为项目的收入提供了

---

① 佘渝娟，叶晓甦. 英国私人主动融资模式研究 [J]. 重庆科技学院学报（社会科学版），2010（4）：65−67.

保障。

5. 运行程序

按照寿命周期，PFI 项目的运行程序大致可以分为以下五个阶段：立项与可行性研究阶段→选择私人合作伙伴阶段→项目建设阶段→项目运营阶段→项目移交阶段。同时，政府具有支付承诺，要执行严格的政府审批程序在契约签订之前：①立项与可行性研究阶段，项目发起人对实施 PFI 项目的可行性进行评价以财政承受能力为重要考量指标，并向上级主管部门或地方政府 PFI 小组呈报经营状况草案（Outline Business Case，OBC），请求核准；②PFI 项目核准确定后，进入另外一个阶段，即私人合作伙伴招标准备阶段，项目发起人应该在欧共体公报登载招标信息；③确定中标人后，项目发起人还必须提出说明，此说明是针对整个项目采购符合 VFM 的，同时呈报上级主管部门或地方政府 PFI 小组进行核准，通过核准才能完成签约。①

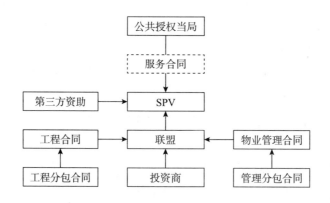

**图 2 - 4 PFI 项目结构**

私人主动融资模式是政府为了缓解公共项目建设支出的巨大压力，将私人资金引入公共事业的结果，目的是推动公共事业的更好发展。随着 PFI 模式在英国政府的大力推动下，私人资金更加踊跃地投入到 PFI 项目中，PFI 模式迅速发展也在世界各国得到了广泛应用。然而，不少学者和政府官员也为政府部门长达几十年的支付承诺有所担忧，认为政府最后为 PFI 项目投入的总额反而会远高于政

---

① 佘渝娟，叶晓甦. 英国私人主动融资模式研究［J］. 重庆科技学院学报（社会科学版），2010（4）：65 - 67.

府独立完成的项目。

（二）DBFO 模式

特许经营的 PPP 模式（DBFO）是由英国高速公路局提出来的，即设计—建设—融资—经营模式，从项目的设计开始就特许给某一机构进行，直到项目经营期收回投资和获得投资效益，主要用来描述依据私人主动融资模式制定的基于特许经营的公路计划。它有四个典型特点：一是它是一份长期合同，一般期限为25～30 年；二是它对付款、服务标准和绩效评价做出了详细的规定，并依据绩效进行支付；三是它是政府购买的公路服务，而不仅仅是一条新公路，特许经营者必须能够长期承担实质性风险和义务，因此需要具备雄厚的实力并提高服务质量，政府也会为激励和约束特许经营者，给予其较好的激励政策和较严厉的惩罚措施；四是它的融资属于风险型融资（有限追索融资）。这类公司通常是为运营项目成立的项目公司，即 SPV 公司，鉴于 SPV 公司较低的资本化程度，且通常项目发起公司不提供担保，因此 PPP 项目的融资必须进行设计，以考虑涉及的风险、资金来源、会计核算和税收规则等。正因为 DBFO 模式属于有限追索的风险投资，融资方需要精准测量风险和收益，所以，该模式带来的优势不仅在于融资资金、运营经验，还在于融资方基于先进的融资技术带来的融资成本的有效控制，这是公共部门单独投资和自身直接融资所没有的。

对于交通设施项目，以 DBFO 特许权的形式进行，民间投资主体组建项目公司按照约定的要求，以此为基础，在规定的授权期限内，私人部门可以对项目进行设计、建设、融资和运营，其运作流程如图 2-5 所示。

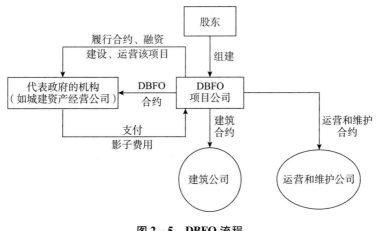

**图 2-5　DBFO 流程**

DBFO 模式实质上是一种融资模式，具有影子收费的特点，即向运营者直接付费的并不是使用者，而是由政府向运营者支付使用费，付费依据为设施的交通流量和预先商榷好的费率，也就是说，其采用的给付结构是一种补偿费用结构，相比于 BOT 模式进行的显示收费而言，此种模式更像是"影子"收费，因此将其称为"影子"。与 BOT、BT 等融资方式不同之处在于：从本质上来讲，它没有真的获得资金，项目的建设、运营和维护费用最终都还是由政府进行支付，相当于是政府花钱买服务，但是有一个优点就是，此方式下，支付的时间被政府大大延后了，延后期一般为 20 年。

（三）伙伴式项目管理模式

国外学者将伙伴式项目管理模式定义为"一种解决跨组织冲突的方法，它可以让两个或更多的组织在实现共同项目目标时实现资源的最大效用。这种关系中引用的关键因素是信任、承诺和共同愿景"。概言之，伙伴式项目管理模式是在 PPP 项目各个参与组织之间，政府与私人部门之间，通过以项目为核心的团队文化和精神建设，建立一种互相信任、目标一致的跨组织合作伙伴关系。

合作伙伴关系是指在共同的目标指导下，个人或组织之间形成的双方高度依赖的战略协作关系，目的是使双方利益达到最大化，一个采用 PPP 模式建设的基础设施项目，从开始建设到运营，其整个过程涉及多个阶段，包括融资、设计、施工阶段，每个阶段都有不同部门的私人合作伙伴参与到项目运作中，双方共同承担风险，共享利益。因此，项目融资角色、建设运营角色、风险承担角色是私人部门合作伙伴的角色范围。

（1）项目融资角色。为了有效缓解政府由于缺乏资金而引发的财政压力，在基础设施项目建设领域大力推行 PPP 模式是对策之一，引入社会资金是私人部门合作伙伴的职责，因此从其自身来说，应拥有一定资金储备，同时需要具备一种能力，即对融资方案进行设计，在整个项目中其角色为融资者。

（2）项目建设运营角色。基础设施项目对资金的需求量大，需要较长时间进行建设并且参与到项目中的投资人也比较多，而核心项目管理人员是由私人部门合作伙伴担任的，其需要进行统筹管理，包括对项目的投资决策、设计、建设、运营等工作。因此，私人部门合作伙伴需要对项目进行整体筹划和协调，这是其必须具备的能力，想要使项目目标达到理想状态，就要选择性价比最高的设计、施工和运营方案，承担项目建设角色。

（3）项目风险承担角色。风险代表不确定性，这是做任何事都无法避免的，在基础设施项目建设中也一样，因此对风险进行合理的分担就显得尤为重要，不仅有助于项目目标的实现，还能有效提升项目的绩效。而私人合作伙伴能够降低基础设施项目建设的总体风险，通过将工程风险合理地分担给具有优势的其他私营部门。

PPP 的新境界为伙伴式项目管理模式，这也是 PPP 发展的方向。PPP 项目能否成功，一个合适的合作伙伴是非常重要的决定因素之一，在项目运作过程中，私营部门合作伙伴为了使 PPP 项目的整体利益最大，会使用一些手段，包括通过利用共有资源优势、共担风险等，因此选择的合作伙伴是否恰当、与项目相符，决定着基础设施项目能否成功实施。但是在 PPP 模式下，由于项目参与方较多导致关系更为错综复杂、不确定因素更多导致需要负担更多的风险，因此，需要资历更上一层楼、项目管理能力更强的合作伙伴。目前，我国的 PPP 实践还远无法达到伙伴式管理模式，最大的症结在于地方政府在 PPP 模式中的权力意识还很难改变，合作意识的培养很难一蹴而就。

### 三、政府与市场失灵理论

在公共服务供给领域，不论是单纯地依靠政府还是完全地依赖市场，均存在着一种困境，如果仅仅依靠供给主体自己，这种困境很难被解决。在公共服务供给中，如果同时出现两种困境，即政府困境和市场困境，则表明一定会出现政府和市场双失灵现象，只是时间早晚的问题。

公共服务政府供给的困境表现在以下四个方面：一是有限理性存在于行政人员之中。原因之一，在进行公共服务供给决策的时候，政府行政人员绝不可能掌握全部信息，也没有时间和精力设计出全部备选方案供最后决策所用，他们只能选择相对满意的方案，因为其可利用的信息是有限的并且其备选方案也不完备。原因之二，信息失真和滞后的现象在政府行政人员所掌握的有限的信息中也无法被制止。多数情况下，政府提供的公共服务的依据都是不完全、不准确的信息，因为其没有别的选择。这种背景下政府难以满足公民对公共服务的合理期待，更不要说是合理、充分、精准和及时地满足。二是政府利益对公共利益的偏离。政府也有政府自己的利益，其并不是一个公益组织，只追求公共利益，这是经过政治发展的经验事实验证的。由于政府面临的政治环境，政府利益的实现从可能变为现实，必然造成对公共利益的偏离。三是政府垄断引发的问题。由于竞争机制的缺乏，在有效降低供给成本、提高供给质量和效率方面，政府没有完整的激励机制，因此造成了不仅公共服务供给效率低、效益和质量也都不高的局面。四是政府不重视公共服务产出。对质和量进行衡量非常困难，这是政府机构供给的许多公共服务都有的共性，这就直接导致了成本收益也难以衡量，还有一个直接后果就是人们容易对政府机构产生误解，怀疑政府在生产公共服务时是否成本真正地被节省了。同时，公众对公共服务的要求及偏好很少被政府考虑到，对于不同类型公共服务的供给数量、时间安排的具体性、次序优先程度的确定，容易想当然。

公共服务供给中主要有以下市场困境：一是因公共服务的非排他性属性，其无法排除"逃票乘车"行为，也就无法对不负担成本的人仍然进行消费的行为进行控制。当免费享用的人增加到一定数量，却让别人承担公共服务成本时，就会导致私营部门供给了公共服务但却无法获得利润，甚至是赔钱，有付出没回报，私营部门自然也就不愿意供给了。二是因公共服务的非排他性属性，私营部门供给将导致低效率的资源配置，由于公共服务具有排他性，如果遵循市场原则，私营部门提供全部的公共服务，那么这类公共服务在市场上就会供不应求，难以满足大量消费者的需求。换言之，如果私营部门提供全部的公共服务，就会出现私营部门向享受公共服务的消费者收取费用的现象，因为私营部门想要将成本收回来并且还能拥有利润。此时公共服务闲置现象可能会出现，消费者的福利也会有损失。三是公共服务供给中存在寻租行为、合约失灵和公共服务质量低下等问题。

针对上述政府和市场双双存在失灵的问题，政府部门和私营部门的合作模式——PPP 模式应运而生。PPP 模式通过建立政企合作伙伴关系，进行体制机制的改革，解决传统的问题，即政府失灵在政府部门提供的公共服务模式中，以及市场失灵在私营部门提供公共服务模式时，实现公私部门的优势互补，提升公共服务供给的质量和效率。

## 第三节　PPP 项目融资模式概述

### 一、PPP 项目融资模式内涵

PPP 融资模式的定义被分为广义的和狭义的两种。广义的 PPP 的范围比较广泛，只要公共部门和私人部门建立了合作关系，无论是什么形式的，并且合作是被用来提供公共产品或服务的，这些都可以看作广义上的 PPP。狭义的 PPP 常常被理解是总称，即为一系列项目融资模式的总称，如 BOT、TOT 等。但其与常规上所说的 BOT、TOT 模式又有所不同，它强调合作过程中的风险分担机制和物有所值（VFM）以及伙伴关系。国内与国外的文献中提到的 PPP 融资模式有所区别，一般国外文献中的 PPP 融资模式指广义的 PPP 融资模式，国内文献中提到的 PPP 融资模式，绝大多数指狭义的 PPP 融资模式。

PPP 融资的主要依据为项目的未来收入状况、资产的多少和政府支持的程度，项目投资人或发起人的资信并不会被作为标准，因此 PPP 融资的主体是项目，其被看做项目融资的一种实现形式。偿还贷款的资金来源包括直接获得的收入，即项目经营收入，还包括间接收入，即通过政府扶持所转化的效益，项目公司的资产和政府给予的有限承诺保障被用来保证贷款的安全。对具有现金流的经营性和准经营性项目，政府通常采用特许经营的模式，具体操作模式选择有：委托经营、合同管理、建设—拥有—运营—移交（BOOT）、转让—运营—移交（TOT）、建设—运营—移交（BOT）、建设—拥有—运营（BOO）、对于无现金流收入的非经营性项目，政府可选择操作模式通常为建设—拥有—运营（BOO）、建设—拥有—运营—出售（BOOS）。为了与政府债务隔离，PPP 项目融资不允许采用建设—转让（BT）、建设—转让—经营（BTO）等社会资本不承担项目建设投融资和经营风险的合作模式。

通过 PPP 融资模式，更多的民营资本被汇集到项目中来，它们的参与使项目的效率被提高了，同时风险被降低了，在现行项目融资模式下这正是被鼓励的一种方式。政府的公共部门与民营企业的合作从开始持续到结束，把特许权协议当作合作的基础，双方中的任何一方都对项目负有责任，期限为运行的整个周期。在 PPP 融资模式的操作规则下，城市轨道交通项目的确认、设计和可行性研究等这些前期工作都能被民营企业所参与，这样一来，民营企业在投资过程中的不确定性有所减少，对项目的了解使风险降低了，同时民营企业的管理方法与技术被引入到项目中来，使项目建设与运行实施更有效地被监控，从而有利于降低项目建设投资的不确定性，通过这些方式把国家与民营企业各方的利益都保护好。这对于缩短项目建设周期，降低项目运作成本甚至资产负债率来说，其现实意义也是值得被肯定的。

PPP 项目与一般项目融资不同的根源在于，PPP 项目有政府介入。不论是政府付费还是使用者付费，政府都与 PPP 项目有着较强的联系：项目可能由政府授权特许经营、可能存在着政府的资源配套、可能存在着政府的财政补贴，甚至可能存在着政府的直接出资，或者以上四种方式兼而有之。

### 二、一般项目融资的特点

PPP 项目与一般的项目融资，既有相同之处，也有不同之处。一般项目融资的特征表述如下：

（一）基于现金流安排融资的项目导向

项目融资的偿还来源于项目现金流，而一般融资是借款人的资信；项目融资与项目投资人和发起人的资信是隔离的，项目融资的类型、数量、成本高低等融资方案设计，都和项目的预期现金流和资产结构直接相关。

（二）有限追索

无论是项目发起人，还是股本投资人，对项目融资的债务都只承担有限的担保责任。项目本身的经济强度或信用程度，或不能使项目融资达到"无追索权"状态，因此项目融资的资金提供方经常需要项目发起人，在项目的特定阶段，提供适合的信用支持。不同形式的信用支持，构成了不同程度的实质追索；追索程度通常由项目现金流强度、风险大小、借款人的商业信用和经营管理能力、融资安排等多种因素共同决定，但追索程度通常是不足的，有些项目融资甚至是完全无追索权的。

（三）两阶段融资安排

项目融资通常按项目建设期和经营期特点，安排不同的融资结构，不同的融资人在不同阶段进入，并且退出时间安排也不尽相同，大部分项目融资在建设期和经营期的融资安排是不同的，有些甚至完全不同，但也有少量项目融资的资金安排在两阶段都是相同的。

（四）风险分担

项目融资的风险分担机制，是项目成功实施的保障。项目融资中的各方都尽可能公平地承担项目的部分风险，而一般融资设计中，可能存在着由一方承担大部分或全部风险的安排。

（五）表外融资

项目融资的借款主体通常是项目法人，风险和项目发起人、投资人隔离；即使不以 SPV 形式安排，该融资安排既然以明确为项目融资，那么贷款人对借款人资产就是无追索权或有限追索权的，项目融资不在借款人或发起人的资产负债表列示。表外融资并不意味着较低的财务约束性，只是表示财务环境较为宽松。

（六）长合同的信用支持

项目融资的风险暴露时长超出一般期限，经营上长期合同对融资安排的信用支持作用是否显著，有时甚至成为融资与否的先决条件，如经营期购买者提供的长期购买协议、建设期工程商给予的"三定"合同（固定价格、固定工期、固定条件）、全承包型的"交钥匙"工程合同等。

（七）较高的融资成本

首先，融资安排远较一般公司融资项目复杂，涉及面广、结构复杂，风险分担、税务安排、信用结构等一系列技术性工作，操作费用高；其次，项目融资涉及两阶段的不同安排，融资时间长，长期限资金的利率自然较高。

以上特征中，追索权的安排是区分项目融资和一般融资的关键。

### 三、PPP 模式融资的特点

PPP 项目具有参与主体多、投资规模大、运营期限长、投资回报率低等特点。因此，采用 PPP 方式进行融资与其他的融资方式具有很大的区别。总结起来，采用 PPP 方式进行融资其特点主要表现在以下八个方面：

（一）PPP 资金主要由社会资本筹集

一般情况下，政府方一般只出资项目资本金（项目总投的 20% ~ 25%）的一定比例（5% ~ 20%），即占总投的比例为 1% ~ 5%，社会资本方自投或引入融资来筹集其他项目投资资金（包括股权和债权资金，一般占有项目总投比例的95% 以上）。社会资本投入资金可以分为两部分：一部分是社会资本将自有资金投入到项目公司，被当作股权投资；另一部分融资主体是项目公司，社会资本负责引入资金，被当作债权资金。可以看出，PPP 项目融资的主要义务是由社会资本承担的。

另外，基础设施和公共服务领域建设投资往往金额巨大，采用传统直接投资建设模式，在短期内政府需要筹集巨额的建设资金进行投资，这会进一步加大地方政府的债务压力。采用 PPP 模式，可以吸引盘活社会资本存量，客观上分散化解地方政府债务风险，拓宽项目建设融资渠道。通常，SPV 公司组建时，政府出资代表一般只出资项目资本金的一定比例，其他项目建设资金均由社会资本方自投或引入融资。未来，社会资本方投入的资金将在项目运营期内通过政府补贴、可行性缺口补助、使用者付费等模式，在运营期内平滑支付，通过此方法政府当期负债被显著减缓，且自有资金的使用效率被显著提高，产品的供给能量也被增强。

（二）PPP 存在着不同程度的政府信用支持

即使是预期现金流能完全覆盖的经营性项目，政府也会以特许经营、资源配套等形式提供支持。在实践中，盈利前景较好的经营性项目，社会资本投入最积极，政府资本也愿意投入，如高速公路项目等，因此，政府股本支持也是常见的支持安排，政府和社会资本通常选择股权合作的形式。

（三）长合同并非信用支持选项

由于 PPP 项目属于公共品供给领域，项目经营的竞争性较低，并且存在着不同程度的政府支持，PPP 项目融资的风险暴露时长超出一般期限，经营上长期合同对融资安排的信用支持作用并不显著，长合同并非信用支持选项；另外，公共服务项目通常也不存在市场方面的长合同。

（四）风险主要由社会资本方承担

在 PPP 模式中，一般来说，融资、为融资提供增信都不是政府的职责，甚至政府对 PPP 项目为社会资本保底承诺（例如，"国办发〔2015〕42 号"文规定"严禁融资平台公司通过保底承诺等方式参与政府和社会资本合作项目，进行变相融资"）也是不被允许的。中国经济管理部门对工程项目是否属于 PPP 项目（因而可以适用相关优惠政策）的判断标准之一，就是社会资本必须承担经营风险，即项目生命周期中大部分时段的经营，需由社会资本完成；项目建设期的开发风险，除了规划变动等少数特定因素外，社会资本也需承担全部的建设风险。正是基于社会资本承担项目建设和经营主要风险的原则，PPP 项目中的融资借款是不算作政府债务的。基于以上 PPP 项目融资的独特性，PPP 项目在利润合理化预期下，如何最优化风险设计，就成了 PPP 项目融资成功与否的关键。好的 PPP 项目融资，应该有利于 PPP 项目的成功施行和效益最大化，有利于融资风险分担的合理化和整体风险的最小化。

（五）全生命周期融资

一般情况下，PPP 项目合作期为 10 ~ 30 年。项目跨越的时间比较长，并且 PPP 项目的整个生命周期分为不同的阶段，每个阶段都需要不同的融资工具。在项目公司成立之初，需要进行股权融资，在成立后进行项目建设时还需要债权融资，在运营期还涉及资产证券化、资产支持票据等融资方式，在退出期还需要资本市场融资，如并购贷款、IPO、新三板挂牌等（当然，目前社会资本退出方式主要是通过政府方回购）。除此之外，由于金融工具具有期限错配的特点，但在建设和运营阶段，倘若融资工具的期限无法覆盖运营期，此时还需要借助其他融资工具帮助到期融资工具来实现退出，从而延长融资周期。因此可以说，PPP 融资是全生命周期融资。

（六）全方位融资

全方位融资指的是 PPP 融资涉及的融资机构范围广、融资工具多。对于项目公司来说，PPP 融资通常不仅包括股权融资，还包括债权融资，而且还有股债结合（明股实债、投贷联动）。股权融资和债权融资几乎包括了大部分的金融机构和金融工具，涉及的范围非常广。

一方面，PPP 项目的投入会有十几亿元、几十亿元甚至上百亿元，而社会资本的资金实力相对来说是很有限的。仅就资本金的方面来看，有些项目也是需要几亿元到十几亿元的资金的，很多社会资本对此也难以完成出资责任。因此，PPP 项目不仅在项目公司成立之后需要进行项目建设所需的债权融资，在项目公司成立层面也需要股权融资。

另一方面，PPP 项目的投资回报率较低，并且在融资时对于资金成本有较高的要求。一般情况下需要首先寻找价格较低的金融机构和融资产品，在低价资金不足时，再去寻求价格较高的其他金融机构和融资产品。这就体现了 PPP 融资的综合性。

除此之外，PPP 项目也需要组合融资。金融机构通常有"行业贷款集中度"和"单一客户贷款集中度"等风险控制要求，也就是说，对于同一客户或项目的贷款不能超过一定比例，对于融资金额较大的项目还需要组建银团进行贷款，而不能全部由自身融资。因此，对于投资规模较大的 PPP 项目，金融机构通常也需要引入其他金融机构和融资工具。从这方面来看，PPP 项目具有全方位组合融资的特性。

（七）有限追索融资

当债务人无法偿还金融机构贷款时，金融机构一般只能就该项目的现金流量来和该项目公司的全部资产进行追索，也就是说，金融机构的追索权是有限的，仅以投资人（股东）投入到该项目、项目公司中的资产为限，不能要求投资人（股东）承担该项目的全部融资责任或者超出投资人投资额、项目公司可处置资产额的融资责任，金融机构对投资人（股东）没有完全的追索权。

有限追索通常与 SPV 公司同时存在，设立 SPV 公司的目的就是使投资人对项目的投资风险与投资人自身实现有效隔离，使投资风险控制在项目公司层面，不向投资人递延，而这种风险无法传递到投资人或其他第三方，只控制在项目公司即 SPV 公司层面的融资方式，即有限追索融资。

PPP 项目有限追索融资一般有两种表现形式：一是融资主体是投资人为运作 PPP 项目单独成立的项目公司，而不是投资人本身；二是 PPP 项目公司的投资人不对项目公司的融资和其他负债承担无限连带责任保证，仅按照出资额承担有限责任。

但是，有限追索融资一般要求项目公司具有可被金融机构信赖的稳定的、可测的现金流，金融机构能够基于这些现金流，确保融资本息得到清偿。但当前我国推出的大部分 PPP 项目，多数为政府付费或可行性缺口补助，能够满足稳定现金流的项目不多；即使是使用者付费项目，多数项目在金融机构看来，不具备有限追索融资要求的稳定、可靠、可测现金流的要求。因此目前来看，有限追索融资多数情况下还是一种"奢望"。

（八）能够实现风险合理分配

传统的项目实施模式，项目的风险一般被政府承担；而 PPP 模式要求政府对企业进行授权，并使企业与社会资本把项目公司组建起来，在项目初期风险分配就可以被实现。同时政府会把一部分风险承揽过来，这样承建商与投资商所承担的风险会被降低，PPP 模式把风险分配的更为合理。这样一来融资也变得相对容易，并在一定程度上项目融资成功的可能性被提升。政府不仅分担风险，同时一定比例的控制权也被其获取。总体来说，PPP 的融资实现了政府与社会资本风险共担，实现了风险合理分配。

表 2 - 1　项目融资与一般融资对比

| 内容 | 项目融资 | 一般融资 |
|---|---|---|
| 项目导向 | 链接项目现金流和项目 | 依赖于借款人或发行人 |
| 追索权 | 有限追索权，甚至无追索 | 有追索权，该权利大小可由信用社主体评级判断 |
| 风险负担 | 各方当事人公平分担机制 | 非对称安排 |
| 期限安排 | 两阶段，多阶段 | 单阶段 |
| 财务会计 | 表外融资，不进资产负债 | 表内融资，较高约束 |
| 信用支持 | 经营长约协议的支持 | 长信用安排：担保、抵押、质押 |
| 融资成本 | 操作成本高，资金利率高 | 正常 |

# 第三章　PPP 项目融资方式

## 第一节　传统融资方式

传统的两种融资模式分别是政府为主的融资模式和市场为主的融资模式，政府融资模式是建立在政府信用的基础上的，主要表现为政策性融资，其余的融资方式作为辅助。政府财政出资和政府债务融资是资金流入的两条主要渠道。传统的市场方式融资，是指企业为达到盈利的目标，以自身信用或者预期未来收益作为背书，通过向银行贷款、发行债券或者股票等市场商业行为寻求资金并投入运营的商业活动。

### 一、政府融资模式

政府为主体的融资形式内核关键是将投资、建设、运营作为一个整体，全部交给政府或国有独资公司来承包，在城市基础设施建设中单一的国有所有制经济呈现出主流形式。能依托政府财政和良好的信用是这种政府投融资模式最大的优点，筹集资金速度快，操作简便，并且可靠性大①。但是，这种政府融资模式也存在缺点：一是政府财政赤字会进一步扩大，制约了政府融资能力，而且这种形式的基础建立在政府的财力和信用上，融资受到过多的限制；二是对企业的股份制改制造成阻碍，使企业的投资主体多元化，不利于企业实行法人治理结构。

政府融资的传统方式主要为国内外银行及银团贷款，近 30 年实践中应用较为广泛的还包括土地资源融资、通过控股企业发行股票或增资扩股进行融资、通过信托计划融资等。

---

① 王晶. 基于公共物品提供理论的美国公路投融资体制研究 [D]. 北京交通大学，2011.

（一）银行贷款

银行贷款指的是银行根据国家政策将资金贷给资金需要者并规定一定的利率，然后借款人在约定期限内归还的一种经济行为。一般是要求提供担保、房屋抵押或者收入证明的，个人的征信良好才可以申请。对于银行贷款而言，不同的国家或是一个国家不同的发展时期，对贷款类型有不同的划分标准。如美国的工商贷款主要有普通贷款限额、营运资本贷款、备用贷款承诺、项目贷款等几种类型，而英国的工商业贷款多采用票据贴现、信贷账户和透支账户等形式①。

根据银行贷款偿还期限的不同，可以分为短期贷款、中期贷款和长期贷款；按照对象的不同或贷款用途的区别，可以分为工商业贷款、农业贷款和消费者贷款等；按照偿还方式的不同，可以分为活期贷款、定期贷款和透支；按照贷款担保条件不同，可以分为票据贴现贷款、票据抵押贷款、商品抵押贷款和信用贷款等；按照利率的约定方式不同，可以分为固定利率贷款和浮动利率贷款等。②

银行贷款相对于其他融资方式，存在一些不足之处：贷款条件严格，限制性条款太多，且手续繁杂，不仅费时还费力；借款期限相对较短，如果想进行长期投资，贷到款的可能性较小；其贷款金额也是相对较少，企业发展所需要的资金想要通过银行贷款解决是有难度的。特别对于在刚刚成立和创业阶段的企业，贷款需要面临较大风险，很难获得银行贷款的。

（二）银团贷款

银团贷款又称为辛迪加贷款，是由一家或数家银行牵头，并且均要具有经营贷款业务的资格，多家银行与非银行金融机构参与其中，使用同一贷款协议，组成银行集团，按约定的期限和条件向同一借款人提供资金的贷款方式。银团贷款和银行贷款相比较而言，其贷款金额大、期限长，融资所花费的时间和精力较少，并且操作的形式具有多样化的特点③。

按照组织方式的不同，可以分为直接银团贷款和间接银团贷款。直接银团贷款中向借款人发放、收回和统一管理贷款均是由银团各成员行委托代理行。而间接银团贷款向借款人发放贷款的是牵头行，然后牵头行再分别向其他银行出售参加贷款权（贷款份额），牵头行负责全部的贷款管理、放款及收款事项。其优势

---

① 姚计堂．财务公司贷款及利息计收的相关问题探究 [J]．会计之友，2012 (23)：125 - 126.
② 赵江．美国的住房抵押信贷及风险控制 [J]．中国金融，2001 (3)：48 - 49.
③ 毛欢喜．银团贷款受银企青睐 [J]．投资北京，2011 (5)：50 - 52.

在于能够充分发挥金融整体功能，为企业特别是大型企业和重大项目提供更加便捷的融资服务，对企业集团的壮大和规模经济的发展有促进作用，利于贷款风险的分散和防范。

（三）土地资源融资

金融行业的一种特殊形式——土地融资，抵押土地是其信用的基础，借土地信用融资并进行投资的一种形式。土地融资尽管推动了城市化进程，带动了相关产业的发展，促进地方经济快速增长，但也存在着一系列的问题。如地方政府过分依赖土地融资，财政和金融会面临更大的风险，财政赤字会有进一步扩大的趋势，并且抵押土地迟早会无地可抵。为了解决上述出现的问题，需要加强风险监管，拓宽政府融资渠道；打破垄断房地市场，重塑公平竞争市场；建立土地财政基金，促进土地融资可持续发展。

（四）发行股票融资

发行股票融资指的是企业通过发行股票筹集资金。其优点有：能够提高公司的信誉；没有固定的到期日，不用偿还；没有固定的利息负担；筹资风险较小。但是，通常来说资金成本和发行费用较高，当企业发行新股时，出售新股票，引进新股东，可能会导致公司控制权的分散。

（五）增资扩股

增资扩股是指企业向社会募集股份、发行股票、新股东投资入股或原股东增加投资扩大股权，从而增加企业的资本金。优点是增加营运资金可能增加有利的业务收益或者减轻负债；缺点是增资如果没有完整的业务计划，可能会带来再次"烧钱"的后果，扩股如果没有价值链互补效应，对于现有的股东而言，既要出钱又要摊薄股权。

（六）信托融资

信托，顾名思义就是"信任＋委托"。信托作为一种财产管理制度，它的核心内容是"受人之托，代人理财"，具体是指委托人认可受托人的信用资质，委托其财产给受托人，受托人遵照委托人的托付为受益人寻求利益或者特定目的对财产进行管理或处分的行为。通常情况下，信托融资包括信托贷款和股权信托两种方式。

与其他的融资方式比较，信托融资方式具有融资速度快、融资可控性强、融资规模符合中小企业需求的特点。但随着市场环境和政策导向的变化，信托机构也需要做出适时的改变来面对这些变化，同时要加强配套法规制度的建设与完善，突破信托创新发展的"瓶颈"与门槛。

## 二、市场化融资模式

目前，国内市场为主导的融资形式主要有企业信用融资和项目融资。企业信用融资包括各种建立在企业信用的基础上的融资活动；项目融资是指合资成立的股份制项目公司获得政府批准后，将信用建立在未来预期收益的基础上寻求融资的活动。市场融资主要有以下五种融资渠道：

（一）私募发起人发行股票等股权融资

私募股权融资是指资金以私募通道进入非上市企业，退出机制在进入时一并加入统筹安排，在未来公司上市、企业并购或管理层回购时出售股份获利。

（二）依托企业信用发行企业债券

直接融资的另一种形式是发债，而银行贷款应当归类为间接融资。在直接融资中，资金的需求方直接向资金的供给方寻求资金，资金的供需双方直接进行交易。而在间接融资中，资金的需求方向银行等金融中介寻求资金，银行等金融中介再向资金供给方吸收资金，将资金提供给资金的需求方。

（三）国内商业银行的商业性贷款

企业向银行贷款，其资金的运用均留存在银行内部，而且由于贷款期限类型可以协商，相对其他融资方式更加方便灵活，但是贷款申请比较复杂，需要企业提供信用和还款能力的证明，贷款的成本也较高，企业一旦发生偿还危机容易陷入困境以致倒闭。

（四）项目融资

广义的项目融资是指实施项目的企业或投资者通过各种途径和相应手段获取项目资金的过程。狭义的项目融资是指以特定项目的现金流量和资产为基础的有限追索或无追索融资。

（五）留存收益（利润）等内源融资

留存收益融资是指企业投资资金来源于留存收益，留存收益为企业经营利润本应分配给股东而不分配，转而留在企业内部，可以看作是股东追加投资企业。

建设项目的投资、建设、运营三部分分开是市场化投融资模式的核心所在，多元市场化的所有制经济在城市基础设施建设中的具体表现：存在多元化投融资主体，建设与运营也都是多方参与的。

可以吸引更多的投资者参与项目建设中是市场化投融资最大的优点，对政府财政减少依赖，实现多元化的投融资主体。

缺点主要有：①融资速度慢，需要融的资金量越大操作程序越复杂。②企业信用融资被企业信用程度所限制，因此融资能力不固定；项目融资的对象往往都是大型建设项目，为保证有足够多并且稳定的现金流需要政府出台大量政策予以支持，形成与之相衬的融资能力。③可靠性比较差，多个操作环节中，任何一个环节出现差错，都会使整个融资计划无法成功。

值得注意的是，由于政府及市场化投融资模式有各自的缺点，二者互相结合，取长补短，因此国际上又出现了将二者优势相融合的一种新型投融资模式，即 PPP 模式[①]。

# 案例：北京地铁 4 号线项目

## 一、项目概况

4 号线是北京市轨道交通网络中的主干线，南边从丰台区南四环公益西桥开始穿过西城区到达北边的海淀区安河桥北，线路共 28.2 公里，总共 24 座车站，总投资概算 153 亿元，2004 年 8 月始建，2009 年 9 月 28 日建成，目前已超过 100 万人次日均客流量。北京地铁 4 号线是 PPP 模式应用在我国城市轨道交通领域的首个项目，完全承包给北京市基础设施投资有限公司（以下简称"京投公司"）。2011 年，北京市发改委和天津理工大学按国家发改委和北京金准咨询有限责任公司要求，组成专题调研组对项目开展了分析评价。分析表明北京地铁 4 号线项目达到了国家投资体制的改革要求，这也是 PPP 模式在我国城市轨道交通领域的首次探索和实施，大幅减小了北京市政府当时的投资压力，北京市轨道交通行业的主体多元化取得了可喜的进展，同业竞争的形式形成，进一步提升了管理水平、服务水平，促进了科技的进步。

目前情况下，北京地铁 4 号线成功应用了 PPP 模式完成投资建设运营，项目的成功起到了理想的示范效应。

---

① 王耀辉. 基础设施建设 BT 投融资运行模式研究 [D]. 长安大学，2009.

## 二、运作模式

### (一) 具体模式

北京地铁四号线工程项目可以分为 A、B 两个相对独立的部分：A 部分为洞体、车站等土建工程，约花费 107 亿元，占总花费的七成，建设方为北京地铁四号线投资有限责任公司，它是北京市政府国有独资企业京投公司成立的全资子公司；B 部分为车辆、信号等设备部分，花费约 46 亿元，占总花费的三成，建设方为北京京港地铁有限公司（简称"京港地铁"）。京港地铁由京投公司、香港地铁公司和首创集团组建，出资比例为 2：49：49。北京地铁 4 号线项目流程如图 3-1 所示。

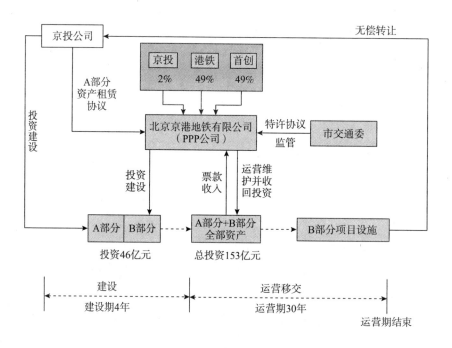

**图 3-1　北京地铁 4 号线 PPP 模式**

北京地铁 4 号线项目建设完成后，京港地铁以租赁的形式获取 A 部分资产的使用权。京港地铁负责运营管理 4 号线，除洞体外的资产更新和 A、B 两部分设施的维护以及内部商业服务，通过内部商业服务收入及地铁乘坐费用覆盖投资成本并取得一定的利润额。长为 30 年的特许经营权使用完毕，京港地铁无偿出让

B部分项目设施给市政府指定部门，移交A部分项目设施给北京地铁四号线投资有限责任公司。

（二）实施流程

北京地铁4号线PPP项目分两步进行：第一步为北京市发改委安排实施计划和核准阶段；第二步为北京市交通委组织的投资人竞标阶段。2006年4月12日，北京市政府批准北京市交通委与京港地铁的《特许经营协议》。

（三）协议体系

由于涉及太多参与方，北京地铁4号线的PPP项目结构比较复杂，具体如图3-2所示。

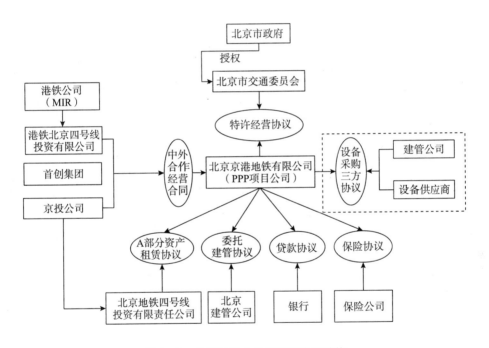

图3-2　北京地铁4号线项目合同结构

PPP项目的核心是特许经营协议，这一协议提供了明确的依据和坚实的法律保障给PPP项目投资建设和运营管理。北京地铁4号线项目特许经营协议除主协议外，另外还有16个附件协议以及补充协议，将北京地铁4号线建设运营的全部阶段完全覆盖，合同体系非常完整。

（四）主要权利义务的约定

1. 北京市政府

北京市政府及其职能部门在两个阶段的权利义务如下：

（1）建设阶段：负责建设 A 部分和监管 B 部分的工程质量，具体到项目建设标准（包括设计、施工和验收标准）制定，工程的建设进度、质量检查和监督，项目的试营运和竣工验收以及审批竣工验收报告等。

（2）运营阶段：负责运营行为的监管，包括制定运营规范和票价标准，监督京港地铁执行，紧急事件发生时统一调度或临时接管项目设施，协调相应京港地铁和其他线路的运营商票款收入合理的配置。此外，京港地铁的相关成本因政府或者法律原因而增加时，政府方应当做好配套的合理补偿。

2. 京港地铁

京港地铁在两个阶段的权利义务如下：

（1）建设阶段：项目 B 部分的筹资、投资、建设、运营交给京港地铁公司负责。考虑到方便衔接 A、B 两部分的施工，A、B 两部分的建设管理任务统一由 A 部分的建设管理单位负责。

（2）运营阶段：京港地铁在特许经营期内提供北京地铁 4 号线运营服务，享有北京地铁 4 号线票款收入和商业运营服务利润。协议约定京港地铁必须提供充足的客运能力和高质量的运营服务。此外，还需遵照《北京市城市轨道交通安全运营管理办法》的规定，完善安全体系，安排安全演习计划，制定和实施应急处理预案，确保北京地铁 4 号线安全运行。在遵守相关法律法规、保证安全运营的前提下，京港地铁公司可以运营北京地铁 4 号线并取得相关收益。

### 三、借鉴价值

（一）建立有力的政策保障体系

PPP 项目在北京地铁 4 号线上的成功应用，政府的积极参与起到极其关键的作用，项目进程得到了有效的保障。政府在项目进程中实现了职能转变，从领导者变成参与者和监管者。《关于本市深化城市基础设施投融资体制改革的实施意见》等相关政策也随之出台以保障项目的进程。为有效加快项目完成，由市政府副秘书长牵头组成了招商领导小组；发改委负责安排北京地铁 4 号线 PPP 项目实施计划；交通委安排竞争性谈判；具体操作和研究则交给了京投公司。北京地铁 4 号线 PPP 项目招商组织架构如图 3－3 所示。

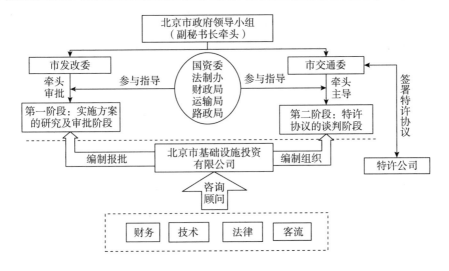

**图 3－3　北京地铁 4 号线 PPP 项目招商组织架构**

（二）构建合理的收益分配及风险分担机制

北京地铁 4 号线 PPP 项目政府方能够顺利寻找到社会投资人并与之合作，合理的收益分配和风险分担是最关键的因素。根据客流精心设计的票款定价，有效平衡了社会投资人的经济利益和政府方的公共利益，在合理满足社会投资人预期收益的同时，也为北京轨道交通服务带来了先进的管理和服务。

1. 票价机制

北京地铁 4 号线票价是政府直接规定的，所以票价不能实际反映地铁线路运行成本和市场化盈利等经济指标。为充分反映线路运行成本及收益，项目组构建"测算票价"的调整机制并利用"测算票价"来预测收入。完成测算票价的预测以后，协议约定了实际票价收入不足补偿和实际票价收入超出的利益共享，明确了各自承担的风险。如果实际收入不高于测算票价的预期收益，市政府需要补偿特许经营公司两者之差。如果实际收入高于测算票价的预期收益，市政府可以获取两者收入差额的 70%。

2. 客流机制

北京地铁 4 号线的收入主要依靠票款，而票款价格是政府直接定好的，那么项目收益其实主要受客流量影响。服务质量、城市布局规划都是影响客流量重要因素，为使项目本身对社会资本具有吸引力，收益共享、风险共担的客流机制不可或缺。可以是这样的一种客流机制：当客流量低于预测客流的 80% 连续三年，特许经营公司可放弃项目，或者申请补偿；当客流量超过预测客流时，政府分享超出预测客流量10%以内票款收入的50%、超出客流量10%以上的票款收入的60%。北京地铁4号线项目的客流机制充分考虑了政策因素和市场因素，其共享客流收益、共担客流风险的机制符合轨道交通行业特点和PPP模式要求。

（三）建立完备的PPP项目监管体系

北京地铁4号线PPP项目的持续运转，项目具有相对完备的监管体系起了关键作用。明确了政府与市场的边界、PPP模式下做好政府监管工作的关键是详细设计相应监管机制。北京地铁4号线项目中，政府的监督主要体现在申请、计划、文件的审批，建设的验收、试运营备案，运营过程和服务质量的监督检查三个方面，体现了控制的不同阶段也即事前、事中、事后的全过程控制。北京地铁4号线的监管覆盖了投资、建设、运营全过程；在时序上覆盖了事前、事中和事后；在监管标准上具体问题具体分析，遵循了能够进行量化的就量化，不能进行量化的就细化的原则。

# 第二节 债权融资方式

所谓债权融资，是指企业通过借贷取得资本金，一方面，通过借贷获得的债务有较高的成本，企业需要支付利息，另外要向债权人偿还资金的本金当借款到期之后。特征为债权融资不拥有资金的所有权只是资金的使用权，利用负债资金的成本较高，债务的利息是必须支付的，到期时还必须偿还本金。另一方面，因为债务具有财务杠杆的作用，能够提高企业所有权资金的资金回报率。另外，相比于股权融资，债权融资除去某些特殊的场景下可能会产生债权人控制和干预企业的问题，一般是不会影响企业的控制权。债权融资方式可以具体分为三项，包括项目贷款、债券、资产证券化，下面就这三项进行具体说明。

## 一、项目贷款

项目贷款是针对单一项目公司进行贷款，将项目产生的现金流作为还款来源，与社会资本隔离开来而融通资金的一种方法。其资金通常来源于银行资金、信托资金、企业委托资金等。而贷款方来源于商业银行、出口信贷机构、多边金融机构（如世界银行、亚洲开发银行等）、非银行金融机构（如信托公司）、企业等。融资方可以是单一机构，也可以是多家组成的银团。

（一）项目贷款融资的优势

首先，它具有有限追索权，能够有效地实现风险隔离。因为项目贷款是借给单一项目公司的，所以一旦产生风险，债权人只能向PPP项目公司进行有限的追索，并且在追索的过程中对投资人的资产是不会产生影响的，从而为社会资本在一定程度上能够有效地实现风险隔离。

其次，它属于表外融资的范畴。项目公司的还款来源为项目的预期现金流，债权人更关注项目情况，而不是依赖于项目投资者的资信情况。债务不会出现在社会资本（母公司）的资产负债表上，仅出现在项目公司（子公司）的资产负债表上。所以项目贷款对社会资本而言是表外融资。

最后，它的贷款期限较长。项目贷款一般情况下是长期贷款，是和资本金配合存在的。将整个项目的全部资金需求作为评审对象，一次评审，后续根据工程进度和年度的贷款计划，逐年逐笔发放。

（二）项目贷款融资的缺点

第一，风险控制严格，授信条件较高。

第二，贷款资金只能"实贷实付"，贷款资金不能在项目公司账户上长期停留，项目公司使用十分不便。

第三，贷款业务地域划分问题严重，融资效率较低。

第四，融资推进的时间成本和沟通成本高。

（三）项目贷款的形式

项目贷款的具体形式可以分为：银行贷款、信托贷款和委托贷款。

1. 银行贷款

随着PPP模式的推广，银行对其认识更为充分，以项目未来收入和资产为质押的项目贷款逐渐受到认可，一般项目资本金到位后，银行提供项目贷款的难度不大。

（1）单一银行。对于规模不大的PPP项目贷款，单个银行可以自行解决。如财政部示范项目安徽省安庆市外环北路工程PPP项目总投资19.76亿元，期限13年（含2年建设期），项目公司注册资本为5亿元，为货币出资；剩余为项目贷款，由国开行安徽省分行负责，贷款期限11年，贷款利率为当期5年以上人民币贷款基准利率4.9%，于2015年8月26日完成首笔贷款拨付。

（2）银团贷款。当PPP项目融资规模较大，单一银行受规模、资本金、期限、风险等因素影响，完全承接存在难度时，通常会联合多家银行组团进行贷款，从而分散风险。如安徽省池州市主城区污水处理及市政排水设施 PPP 项目总规模 20.54 亿元，合作期 26 年。项目贷款 4.99 亿元，是由国家开发银行股份有限公司（牵头行）、中国农业银行股份有限公司池州分行、中国建设银行股份有限公司池州市分行、中国银行股份有限公司池州分行、中国工商银行股份有限公司池州分行组成的银团提供的，以项目特许经营权下的应收账款为质押，贷款期限 15 年（含 2 年宽限期），贷款利率为 5 年以上央行贷款基准利率下浮 10%，每个利率调整日调整一次。

2. 信托贷款

虽然由银行为 PPP 项目提供项目贷款已成为主流形式，但考虑到项目贷款为舶来品，部分银行可能尚未接受，加上银行贷款限制条款较多，一直深耕于政信业务的信托公司便迎来了机会，信托公司可通过全面考察项目现金流情况、担保方的履约能力，并在确保贷款期限结构及还款方式与项目现金流高度匹配的情况下，通过发行信托计划为项目公司提供贷款，代表社会资本的联合体提供担保或对差额进行补足。另外，还需要地方政府每年对 PPP 项目公司补贴将纳入每年的财政预算或者提供土地抵押。项目封闭运行，设置收入专户和还款专户。但是考虑到 PPP 项目的融资期限普遍较长，需要对信托计划期限和收益进行伞型设计，现有的公开案例不多。

3. 委托贷款

除了向金融机构需求资金支持外，项目公司也可向非金融机构融资，但由于企业之间不能直接进行借贷，只能通过借助第三方机构（通常是银行和信托）来实现，此时委托贷款业务便应运而生。具体操作为：政府部门、企事业单位及个人以委托人的身份提供合法来源的资金，随后转入到一般存款账户，由委托机构按照委托人确定的贷款对象、用途、金额、币种、期限、利率、担保等代为发放、监督使用并协助收回的贷款业务。委托贷款不在金融机构的授信业务范围内，它是中间业务具有收费性质，只获取手续费，不承担任何形式的信用风险。

作为一种成熟的金融产品，委托贷款得到了广泛的运用。例如，江苏宁沪高速公路股份有限公司提供 6 亿元贷款额度给其控股公司瀚威公司，以助力瀚威公司负责的南京市南部新城 2 号地块的开发建设，江苏宁沪高速公路股份有限公司的自有资金是贷款来源，贷款利率不低于同期银行贷款，从而降低控股公司的融资成本，增加公司利润。

在PPP项目中，SPV公司利用与政府方签订的特许经营协议向商业银行、信贷机构、多边金融机构（如世界银行、亚洲开发银行等）和非银行金融机构（如信托公司）等机构进行项目融资。PPP项目采用贷款方式进行融资，通常有着周期长、金额大的特征，因该种融资方式属于债务性融资，贷款往往需要社会资本的母公司采取增信措施，且负债反映到企业的资产负债表上，项目再融资能力低。

# 案例：国家体育场——"鸟巢"

## 一、项目背景

### （一）项目概况

国家体育场坐落在北京奥林匹克公园中心区以南，总面积达21公顷，总建筑面积达25.8万平方米，场内共设置约91000个观众座席，其中包含11000个临时座席，2003年12月24日正式开工，2008年6月28正式竣工。国家体育场有限责任公司进行项目的融资并实施国家体育场的建设，北京中信联合体体育场运营有限公司在30年特许经营期内对国家体育场赛后进行工程维护。

### （二）项目目标

首先在国家层面上，国家体育场既是标志又是里程碑，有利于北京加快实现现代化；同时这一工程很可能进一步提升奥林匹克精神的正面影响，使北京的经济发展、城市建设、社会进步和人民生活质量更上一层楼。在此过程中将会培训出高素质的员工，同时雇用那些具有成熟经验理念的专家，管理理念得到提高和专业技术也可以向国外先进学习。政府应努力营造公平、公开、高效、诚信的社会氛围。筹办奥运会的阶段实现投入的现实有效，创新制度和管理办法，从而焕发中国新形象、北京新风貌。其次在目标上，除了支持举办奥运会外，该项目要获取合理的收益。因此，项目的全期工作实际上都存在追求利润的目标。国家体育场应满足举办奥运会的所有技术要求和标准，并与时俱进跟紧现代科技发展节奏，合理安排赛程，保障所有参赛运动员享受高质量的服务。奥运会举办期间，国家体育场可容纳观众100000人，包含赛后可拆除的20000个临时座位，可以承担开幕式、闭幕式、田径比赛和足球赛决赛等主要赛事。奥运会后，该场所依然可承担特殊重大比赛（如世界田径锦标赛、世界杯足球赛等）、各类常规赛事

（如亚运会、洲际综合性比赛、全国运动会等）和非竞赛项目（如文艺演出、团体活动、商业展示会等）。

（三）项目特点

（1）世界同类体育场中规模最大、结构最复杂、技术难度最高、工期和质量要求最严格的体育场，2005 年被英国《建筑新闻》评为"世界十大令人惊讶的建筑"之一。

（2）项目具有公益性，预期盈利低，运营难度大。

（3）需要整合国内外多方资源，包括融资、设计、施工、采购、运营管理、风险控制、保险、移交等多个方面。

（4）意义重大，国家体育场是北京市的标志性建筑，也是北京市最大的、具有国际先进水平的多功能体育场。

## 二、项目的投融资结构

（一）项目的合同结构

"鸟巢"项目的合同结构有三个关键的节点，即特许权协议、国际体育场协议和联营体协议。

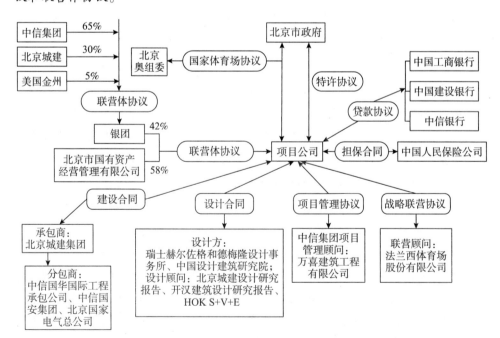

图 3-4　鸟巢体育馆 PPP 项目合同结构

2003 年 8 月 9 日，北京 2008 年奥运会主体育场——国家体育场举行项目签约仪式。中标人中国中信集团联合体分别与北京市人民政府、北京奥组委、北京市国有资产有限责任公司签署了《特许权协议》《国家体育场协议》和《合作经营合同》三个合同协议。之后，联合体与代表北京市政府的国有资产经营管理有限公司共同组建了项目公司——国家体育场有限责任公司，该公司也如愿注册为中外合营企业，以享受相关税收优惠。

（二）项目的投资结构

具体分析"鸟巢"的投资结构，项目总投资为 313900 万元，北京市国有资产经营有限责任公司代表政府出资 58%，即投资 182062 万元，中国中信联合体出资 42%。在中信集团联合体 42% 的投资中，中信集团所占比例为 65%、北京城建集团所占比例为 30%、美国金州公司所占比例为 5%。而中信集团的投资又分为内资部分和外资部分，其中，内资部分占中信集团投资比例的 90%，外资部分仅占 10%。

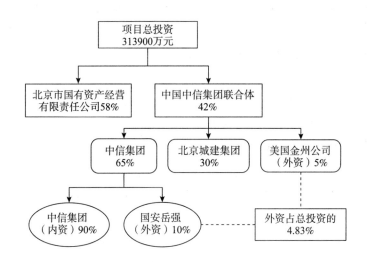

图 3-5　鸟巢体育馆 PPP 项目投资结构

从投资方对"鸟巢"项目投资占比来看，北京市国有资产经营有限责任公司投资金额约 182062 万元，占总投资的 58%；中信集团的投资金额约 85695 万元（内资约为 77125 万元，外资约为 8570 万元），约占总投资的 27.3%；北京城建集团的投资金额约 39551 万元，约占总投资的 12.6%；美国金州公司的投资金额约 6592 万元，约占总投资的 2.1%。

（三）项目的融资结构

"鸟巢"的融资模式相对简单，分别由北京国资委和中信联合体直接安排项目融资，投资者按比例出资用于项目的建设，项目投资者直接承担对应比例的责任与义务。资金不足部分由北京国资委和中信联合体想办法补足，根据工程进度逐渐添加。体育场的运营所得，根据与贷款银行之间的现金流量管理协议进入贷款银行监控账户，并使用优先顺序的原则进行分配，即先支付工程照常运行所发生的资本开支、管理费用，然后按计划偿还债务，盈余资金按投资比例进行分配。

1. 该融资结构的四个重要组成部分

（1）政府的特许权协议。根据特许权协议的相关文件要求，北京市政府作为国家体育场项目的真正发起者和特许权合约结束后的项目拥有者，为了以 PPP 方式实施国家体育场项目的建设，提供了许多鼓励和激励措施，包括：

1）北京市政府为项目公司提供低价项目土地（土地一级开发费为每平方米 1040 元），这与相邻地段高达每平方米 10000 元的土地相比确实非常便宜。

2）北京市政府提供 18.154 亿元的补贴（不要求回报），占总投资（31.3 亿元）的 58%。

3）北京市政府完成加工必要的配套基础设施（水、电、路等），以及方便体育场建设和帮助运营，如提高体育场的大型钢结构组件运输效率，北京市政府向项目公司签发了车辆特殊通行证。

4）在奥运会和测试赛期间，北京奥组委将会向项目公司支付体育场使用费用，北京市政府也会承担专门用于奥运会开闭幕式但赛后不再使用的特殊装置的所有费用。

5）在特许经营期内，北京市政府承诺限制在北京市区北部新建体育场或扩建已有体育场馆，防止分散国家体育场的客流量。如果有建设新的体育场的需要，则北京市政府将按照协议与项目公司协商并进行补偿。

（2）联营体协议。本项目联合体由中国中信集团联合体和北京市国有资产管理有限公司合资成立，注册资本金 10.43333 亿元。其中，由代表政府的北京市国有资产管理有限公司出资 6.05133 亿元，占比 58%，中信集团牵头的中国中信联合体出资 4.3820 亿元，占比 48%，由中信集团作为项目公司的法人代表。

（3）贷款协议。据项目公司分析，有投资意愿的国内商业银行的人民币贷款能力和外币贷款能力都很强，因此，项目公司很有信心获得银行贷款。投标前，项目公司得到了国内三家商业银行，即中国工商银行、中国建设银行和中信银行的贷款承诺函，将银行贷款用作非资本资金。贷款主要是 16 年期限（包括 6 年宽限期）的优先债务，年利率 5.184%（按基准利率下浮 10% 计），按季度付息。同时银团为项目公司提供了 12 亿元的授信额度。

（4）兜底条款。联合体在北京市发改委协调各部门帮助下取得利润。

2. 该融资结构的特点

（1）有限责任。应用项目融资，投资者会想尽办法将债务责任最大限度地限制在项目之内，而这点公司合资结构满足了，投资者是有限责任的。在项目实施过程中，投资项目的风险隔离了投资者，各个投资者自己出资比例的那部分风险由其自身承担，即使项目失败，投资者受到的也是有限损失。

（2）融资安排比较容易和灵活。采用公司型合资结构主要从两个方面利于融资：一是贷款银行可以更方便控制项目现金流量，银行可以便捷地通过公司行使自己的权利；二是资本市场乐意看见公司型合资结构。若条件许可，可以直接通过股票上市、发行债券等方式从金融资本市场筹集资金，这将为国家体育场有限责任公司今后的进一步发展奠定良好的基础。

（3）引入外国资本。引入来自美国金州控股（占"联合体"5% 股份）和国安岳强（占"联合体"10% 股份）的资本，而这两家企业都属于外资企业，将来的项目公司引入外资就可以享受税收优惠。

3. 该项目的信用保证结构

（1）政府的出资与担保，提供良好的投资环境给项目建设，项目的经济强度和可融资性因此也提高了。首先，在该项目中，政府单方面投入资金占到 58%，并且是无偿注资，需要企业投资者投入的资金较少，企业投资者可以少受资金压力；其次，在该项目建成的后 30 年内，企业可以经营管理国家体育场同时获取经营利润，政府不参与分红；最后，一个兜底条款作为保障的进一步内容由中信集团与北京市政府签署，中信集团联合体在北京市发改委协调各部门帮助下取得利润。

（2）该项目的"一揽子"保险由中国人保和天安保险公司承担，包括一切建筑工程险、一切安装工程险、货物运输险和雇主责任险，保单达到 23 亿元人民币的规模。

（3）中信集团是一家国际化大规模的跨国大型企业，业务集中在实业、金融和其他服务业领域，目前在世界上拥有 44 家子公司，此前澳大利亚波特兰铝厂的项目融资方案中信也参与了，该方案作为成功案例十分经典。大多数银行认可中信在国际上的知名度，这提供了一种默示担保给项目。

（4）国家体育馆建设项目的承包商是北京城建集团，北京建筑领域的龙头企业，房屋建筑工程总承包特级资质的拥有者，也是国际 225 家大承包商之一，为项目的完工提供了强有力的保证。

### 二、债券

随着资本市场的进一步发展，我国直接债务融资产品日益丰富。目前债券市场已经形成以银行间市场、交易所市场在内的统一分层的债券市场体系。其中，银行间债券市场是我国债券市场的主体，交易所市场充当债券市场格局当中的重要补充角色。债券是一种债权债务凭证，债券发行人向投资者发行，筹措资金的方式为直接向社会借债，并承诺在规定时间按规定利率支付利息和偿还本金。依据发行主体的不同，债券有三类：政府债券、金融债券和企业债券。按照债券产品不同的管理部分进行分类，可将债券分为三大类别：①由中国证监会监管的债券，包括公司债、可转债、可分离交易可转债、专项资产管理计划；②由发改委监管的债券，包括企业债、项目收益债；③由银行间市场交易商协会监管的债券，包括短期融资债、超短期融资债、中期票据、定向债务融资工具、项目收益票据、资产支持票据等。

表 3 -1　各类债务融资工具发行主体、承销主体和所属监管机构

| 债务工具 | 发行主体 | 承销主体 | 所属监管机构 |
|---|---|---|---|
| 企业债、项目收益债 | 非上市公司 | 券商 | 发改委 |
| 公司债、可转债、可分离交易可转债、专项资产管理计划 | 上市公司 | 券商 | 证监会 |
| 短期融资债、超短期融资债、中期票据、定向债务融资工具、项目收益票据、资产支持票据等 | 上市公司/非上市公司 | 商业银行 | 银行间市场交易所协会 |

企业传统的债权融资方式主要是通过银行间市场发行公司，但此种方式依赖于融资主体的资信水平。而在 PPP 模式下，满足发行条件的 PPP 项目公司可经发改委核准后发行各类企业债和项目收益债方式进行筹资。无论是项目收益债还

是项目收益票据，其融资方式均以项目公司未来在项目运营期内产生的收益来发行债券，其本质是一种利用项目产生的经营性现金流为主要偿债来源的债务融资工具。因此，只要项目未来盈利前景较好，即使项目公司本身资信能力弱，依然可以以较低的成本募集资金。从一定程度上帮助社会资本特别是民营企业打破了当下融资难、融资贵的"瓶颈"，有效地提高了它们在 PPP 项目上的参与度。

企业对于债务融资模式的选择实际上是对财务杠杆的运用，合理的资产负债率有利于企业最大化企业价值。而 PPP 项目在长期实践当中自觉将债务融资作为其主要的融资模式也显示出债务融资模式与其具有强大的适应性。首先，PPP 项目通常需要很长的时间跨度，通过债务融资能确保 PPP 项目能获得较为稳定的长期资金以用于大额投资；其次，相较于股权融资模式，债权融资模式赋予项目公司更多自主权，能够结合项目自身需求合理支配融资资金；最后，由于债券融资资金属于企业长期负债，通过负债产生的利息可计入企业成本，因此具有合理避税的功能。

考虑到 PPP 项目时间跨度较大，从投资到建设最后到运营，在项目的不同阶段对资金的需求程度也不尽相同。在项目前期投资、建设阶段，长期稳定的资金是确保项目能够顺利进行的重要关键，此阶段 PPP 项目还未形成基础资产或稳定的现金流回馈，在此时要求项目公司及时还本付息，不但不利于项目顺利进行还有可能导致项目失败。因此在项目初始阶段采用银团贷款或使用股权融资模式与这一阶段的项目特征较为匹配。在项目提交运营阶段，由于项目已具备产生现金流的能力，因此对资金的需求较前几个阶段明显减少。不管是根据使用者付费、政府付费还是政府可行性缺口补贴的 PPP 模式，由于具备稳定性现金流特征，此时 PPP 债务融资模式显示出对投资者的强大的吸引力。因此在融资模式的选择上，PPP 项目公司应结合项目周期以及项目发展阶段特征，分阶段发行不同类型的融资工具以满足项目不同阶段的融资需求。

大多数的 PPP 项目公司都是独立的法人主体，是为某一项目建设而组建成立的，没有可追溯的历史信用、财务数据等作为债务融资的评级参考，因此 PPP 项目公司在选择使用债务融资模式时，需将项目未来收益权用于担保或质押，同时需第三方机构提供强有力的信用背书。

国家发改委印发的《政府和社会资本合作 PPP 项目专项债券发行指引》，明确了 PPP 专项债发行标准。PPP 项目专项债具有发行形式多样、审核效率高、发行条件宽、用途灵活、融资成本低的特点，最大的亮点是能为项目建设提供新的融资方式，解决 PPP 项目前期问题，同时 PPP + ABS 可解决投资者退出需求，两项叠加将形成有效互补。PPP 专项债可以说比较接地气，项目公司刚成立就可以申请发行 PPP 专项债，可以解决社会资本资金短缺的问题。且只要承诺拿到资金 3 个月之内开工都可以申请；或者项目公司的母公司发一笔债券就叫 PPP 专项债，但是这个钱要承诺用在 PPP 项目中去。关于 PPP 专项债，其实是国家发改委企业债的创新。但有一个问题需要解决，即增信问题。PPP 专项债项目公司一般是刚成立的，因为刚成立的项目公司没有评级，而且存续期比较短。理论上政府平台公司 AA 的平台做增信是没有问题的，但是由于项目公司的控股股东通常是社会资本，而社会资本搞 PPP 的 80% 都是央企，央企大部分是不允许给项目公司提供增信的。所以 PPP 专项债虽然比较接地气，但是当前核心的解决点是央企为项目公司增信的问题。PPP 专项债实际是国家发改委项目收益债和企业债的变种。

# 案例：济青高铁潍坊段

## 一、项目总体概况

济青高铁是国家"四纵四横"铁路网太青客专的重要组成部分，也是山东省快速铁路网中的"脊梁骨"项目。

按行政区划划分，济青高铁可分为五段，包括济南、潍坊、青岛、淄博、滨州，线路全长 327 公里，项目总投资预计约 600 亿元，其中潍坊段占 147 公里，预计总投资 260 亿元。

目前，项目中的一部分已进行中标签约程序，包括济青高铁（潍坊段）沿线市区的征收和拆迁 PPP 项目。该项目预计总投资金额为 43 亿元。

## 二、项目进展情况

表 3-2　济青高铁（潍坊段）征收拆迁 PPP 项目时间表

| 时间 | 进展 |
| --- | --- |
| 2015.04.10 | 颁布《济青高铁（潍坊段）政府与社会资本合作项目（PPP）资格预审公告》 |

续表

| 时间 | 进展 |
| --- | --- |
| 2015.05 | 发改委发布 PPP 项目库，济青高铁潍坊段入库，政府参与方式为特许经营或财政补贴 |
| 2015.05.14 | 颁布《济青高铁（潍坊段）政府与社会资本合作项目（PPP）竞争性磋商公告》 |
| 2015.06.02 | 11 家通过资格预审的企业公开竞争性磋商会议 |
| 2015.06.08 | 颁布《济青高铁（潍坊段）政府与社会资本合作项目（PPP）候选社会资本公示》，邮政储蓄银行中标 |
| 2015.06.09 | 邮政银行与潍坊市财政局举行了签约仪式 |

## 三、谈判过程分析

### （一）政府召开竞争性磋商答疑会

按照《政府采购竞争性磋商采购方式管理暂行办法》规定，2015 年 5 月 25 日上午，潍坊市财政局作为采购人与法正项目管理集团有限公司共同组织通过项目资格预审的 11 家社会资本参加了济青高铁（潍坊段）PPP 项目竞争性磋商现场答疑会。答疑会上，社会资本现场表现非常积极，财政局长大致介绍了项目情况，社会资本针对项目的具体回购主体、提款的金额与次数、履约保证金、政府的偿债能力、社会资本股权能否质押、项目的收益保障机制、投资匡算依据、合作模式变更等问题提出了疑问。对社会资本提出的这些问题，政府 PPP 推进小组相关人员耐心进行了回答。

### （二）谈判的结果分析

根据最终的中标结果单位分析：

表 3-3　济青高铁（潍坊段）中标结果

| 问题 | 结果 |
| --- | --- |
| 回购主体问题 | 回购方为潍坊市政府，5 年后进行回购 |
| 项目收益保障 | 政府补贴，项目运营股权收益 |
| 政府财政承受 | 政府财政承受能力论证报告（收入预算支出符合规定） |
| 保证金额比例 | 保证金额约为项目总投资的 20% |
| 股权质押问题 | 社会资本的股权可以质押，这样有利于项目整体二次融资 |
| 投资匡算依据 | 当地的拆迁补偿标准及资金使用成本等 |
| 合作模式变更 | 合作模式的变更不影响项目原本预期收益及风险预估 |

### 四、项目合作模式

项目采用 PPP 合作模式，运作模式为拆迁（征地）—运营—移交的 BOT 模式。社会资本与政府指定机构共同出资成立项目公司，社会资本由政府采购甄选，沿线的征地、拆迁工作和资金使用监管工作由政府负责，社会资本的主要职责为筹集征地拆迁补偿资金和项目的运营管理，SPV 对应股权会获得股权，股权多少的依据为济青高铁公司按项目工程量，SPV 运营收益的多少取决于 SPV 所持股权的数量。也就是说，项目的筹资的风险以及营运的风险时由社会资本承担的，推进风险由政府承担；社会资本的收入来源为高铁的运营分红和财政可行性缺口补贴，政府拥有未来股权的优先运作权。具体如表 3-4 所示。

表 3-4　济青高铁（潍坊段）PPP 项目合作模式

| 项目投资 | 40 亿元 |
|---|---|
| 运作模式 | BOT |
| 项目期限 | SPV 合作期 15 年 |
| 回购方式 | 自合作之日起至少 5 年后进入回购期，社会资本股权优先由政府指定机构成本价回购 |
| 投资收益 | 不高于每年 6.69%，收益来源为济青高铁的运营收益，不足由政府安排运营补贴弥补 |
| 保障措施 | 对于济青高铁项目的政府运营补贴等支出由财政列入年度预算和中长期财政规划 |

### 五、成功经验

（一）项目资质突出

作为第一单城际高铁 PPP 项目，其投资前景很有诱惑力。之前，中国铁路总公司全面负责铁路投资、融资活动，而这个高铁项目是第一个运用 PPP 模式、由地方自主建造的项目，是一个非常具有吸引力的项目。从项目的布局来看，济青高铁连接了济南和青岛两个城市（建成后将济南到青岛的时间缩短到 1 小时），这是山东最发达的两个城市，而东部最发达的省份之一就是山东，按照计划设计，此高铁的单程输送人数一年可达到 5000 万人。作为国家"四纵四横"铁路网太青客专的重要组成部分，之所以有如此大客流量，是因为其在路网位置中的位置是有战略性的，至关重要。并且在济青高铁中潍坊段占比将近50%，这一点也是项目未来现金流的保证。从以往的高铁实例来看，京沪高铁建设完毕之后，实现盈利只用了三年的时间，大大超出市场预期，并且高铁建设还在各个城市不断地建设，会逐渐形成网络效应，随着而来的是源源不断的收入，前景可期，这也是社会资本积极参与的动力，是其信心所在。

（二）配套政策优厚

项目的实际收益率因为一系列配套政策的支持被提升了，同时提社会资本的安全性也被提高了。第一，存贷款捆绑。在社会资本中，银行是此次参与投标的主力，银行资金也是最终的中标者，而银行对项目进行的存贷款业务，或许可以从未来项目公司的中获取收入。第二，"以地养路"。在项目可行性研究阶段已经设定，为支持项目建设，要对高铁沿线土地进行综合开发以获取收益。第三，从广深高铁的经验来看，在客流稳定后，项目将对票价有所提高，目的是增加运营收益。第四，为了降低了运营费用，参与直供电试点，以此种方式提供较低的用电价格。第五，潍坊市政府承诺如果收益不足，政府会对这部分资金进行财政补贴。

（三）融资方案清晰

对于融资方案，济青高铁路径明晰，政府出具的出资方案非常明了，没有让人感觉被欺骗或是展现一种政府只是为了获取社会资金但不作为的景象，面对很多的良莠不齐的PPP项目，这是此项目与它们最大的区别。首先，资本金筹集有保证。山东省省管企业和省国土厅所属土地储备中心出资30%，将土地开发收益金作为依托，沿线各地政府出资30%入股，资金来源于土地和拆迁费，民间资本和社会资本、金融机构等国内各类企业出资20%，以引入的外资入股余下的20%。其次，后续融资有保障，不仅当地地方政府和银行将给予支持，而且筹资方式不止一种，筹集资金的形式包括中期票据、中长期企业债、信托计划和银行贷款等。

（四）退出机制安全

长短期收益不同，短期一般有无风险收益，类似于债权；长期来看，因为享有股权，所以有资本利得收益。在15年的项目合作期限内，邮储银行的40亿元债权资金将以每年6.69%的收益率获得收益，虽然相比于最初预设的8%，这个收益率较低，但也是一个相对不错的收益率，因为资产配置荒现象的存在。并且支撑这个收益率的不但是优质的项目还有配套政策文件，同时政府的财政补贴也是一个有力保证，在潍坊市政府的中长期财政规划以及财政年度预算中，运营补贴支出被列入其中，这使政策和法律风险大大减小，也就是说，社会资本获得的收益基本是无风险。

# 第三节　股权融资方式

政府引导基金、社会化股权投资基金以及信托、资管、保险股权计划是 PPP 股权融资的主要方式。

在 PPP 项目融资当中，除政府、社会资金在 PPP 项目中的资本金投入之外，PPP 股权融资主要通过引入股权投资基金的方式实现。股权投资基金是以非公开方式向投资者募集资金，投资未上市企业进行股权的基金或投资上市公司非公开发行股票的基金。按照组织形式将其进行分类可分为：公司制股权投资基金、契约式股权投资基金、有限合伙制股权投资基金。

公司制股权投资基金是指按照《公司法》设立，以公司的形式来组织和运作而形成的股权投资基金。它具备完整的公司架构，通常由股东会和董事会选择基金管理人并行使决策权。可由基金公司自行担任基金管理人管理基金资产，也可委托其他基金管理人代为管理。公司制股权投资基金主要有以下三个方面的特点：

（1）投资人仅在出资范围内对公司债务承担有限责任。

（2）具有法定的公司内部治理结构，公司最高决策权由股东会行使，基金管理人的决策权容易受到限制。

（3）投资回收、基金清算程序较为复杂。

契约式股权投资基金募集资金的方式为基金管理人发行基金份额。基金管理公司管理和经营运作的依据为法规、法律和基金合同规定；负责保管基金资产的为基金托管人。基金投资者因为购买了基金份额，因此享受基金投资权益。与公司型基金有所区别，公司企业或法人的身份是契约型基金本身不具有的，因此，从组织结构来说，基金投资者并不是企业股东，如果基金投资者要行使相应的权利，可通过基金持有人大会进行。

有限合伙制股权投资基金，是根据合伙协议而设立的基金。合伙人由普通合伙人和有限合伙人组成，其中普通合伙人承担无限连带责任，行使基金的投资决策权。有限合伙人一般不参与基金的运作。有限合伙制股权投资基金有以下三个方面的特点：

（1）普通合伙人与有限合伙人关系清晰，管理运作高效。

（2）实行承诺认缴资本制，有利于提高资金的使用效率。

（3）投资回收便捷，激励机制有效。

以上三种股权投资基金模式各有优劣，下面就这三种模式的优劣进行比较（见表3-5）。

表3-5 公司制、契约制及合伙制股权投资基金优劣势比较

| | 公司制 | 契约制 | 有限合伙制 |
|---|---|---|---|
| 主体资格 | 具备独立法人资格 | 无独立的主体,不具备法人资格 | 是独立主体,但不具备法人资格 |
| 合格投资者人数 | 1≤X≤50 | 1≤X≤200 | 1≤X≤50 |
| 对外投资名义 | 基金本身 | 基金管理人 | 基金本身 |
| 税收 | "先税后分红"<br>双重征税 | "先分红后税"<br>避免双重征税 | "先分红后税"<br>避免双重征税 |
| 主要优势 | 治理机构严谨<br>决策机制完善 | 管理成本较低<br>避免双重征税 | 避免双重征税<br>运作机制灵活高效 |
| 主要劣势 | 双重征税<br>机制欠灵活<br>重大事项决策效率不高 | 组织较松散<br>不具备独立法人主体资格,不能直接做股权登记 | 法律基础不完善<br>组织不稳定 |

PPP 股权投资基金模式下主要有两种运作模式：PPP 政府引导基金和社会化股权投资基金。在 PPP 早期运用中政府引导基金是主要的推动者，随着中央政府大力加强 PPP 项目建设，社会资本开始逐渐发挥重要的作用。

**一、PPP 政府引导基金**

政府引导基金是由政府设立并按照市场化方式运作的政策性基金。前期政府引导基金主要用于引导社会资金进入创业投资领域扶持创业投资企业发展。随着中央大力推进 PPP 模式之后，为了创新财政金融支持方式，发挥财政资金的杠杆、引领作用，优化 PPP 投融资环境，中央及地方政府都在积极探索成立 PPP 引导基金。目前市场上已设立的 PPP 引导基金通常有两种模式：实行母子基金架构的 PPP 股权投资引导基金和不另设子基金架构的 PPP 股权投资引导基金。

（一）实行母子基金架构的 PPP 股权投资引导基金

母子基金架构下的引导基金先由省级财政部门发起设立 PPP 投资引导基金母基金，母基金的出资人为省财政、金融机构或行业社会资本。母基金通过小比例投资多个子基金，从而放大财政资金的杠杆作用。图 3-6 梳理了 PPP 政府引导基金的母子架构模式。政府资金在基金当中充当劣后发挥了政府资金的引导作用，吸引金融机构、社会资本参与其中。在基金管理人的选择上 PPP 股权投资引导基金可委托外部具备充分 PPP 基金管理经验的机构担任。

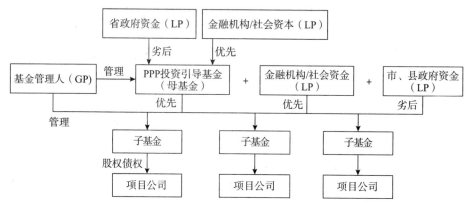

图 3-6　PPP 政府引导基金母子基金架构

（二）不另设子基金架构的 PPP 股权投资引导基金

不另设子基金结构的 PPP 股权投资引导基金的基金架构相对简单，由政府资金充当劣后引导社会优先级资金成立 PPP 股权投资引导基金。此基金通过股权投资、债权投资或为项目公司提供融资担保等方式参与到 PPP 项目融资活动中。图 3-7 梳理了 PPP 政府引导基金不另设子基金架构模式。

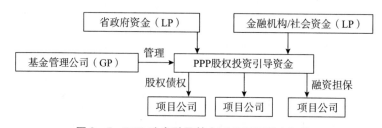

图 3-7　PPP 政府引导基金不另设子基金架构

资料来源：《PPP 项目的融资方式》，元亨祥经济研究院。

## 二、PPP 社会化股权投资基金

政府机构是政府 PPP 引导基金资金的主要来源，与此不同的是，PPP 社会化股权投资基金主要由社会资本作为主导进行募集和 PPP 项目的投资，采取成立股权投资基金的形式提供资金支持给 PPP 项目。PPP 社会化股权投资基金的运作模式多样，出资人通常联合地方平台公司和社会资本、产业投资人以及政府共同出资。地方平台公司以及产业投资人通过提供劣后资金的方式吸引更多社会资本参与其中。图 3-8 梳理了 PPP 社会化股权投资基金融资模式。

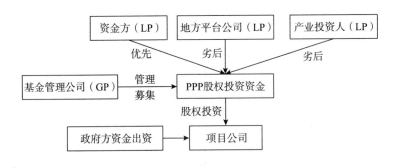

**图 3-8 PPP 社会化股权投资基金融资模式**

资料来源:《PPP 项目的融资方式》, 元亨祥经济研究院。

# 案例: 中国政企合作投资基金股份有限公司

公司型 PPP 基金具有法人资格，治理结构相似于一般公司。出资人即为股东，投资人的参与权和知情权较大，但也同时面临重大事项审批决策效率不高、双重征税的问题，股权转让时的手续也较为烦琐。公司型 PPP 产业基金并不多见，典型的有中国政企合作投资基金股份有限公司，财政部、社保理事会和九家金融机构联合发起，总规模达 1800 亿元。虽然公司股东中没有银行的身影，但可以发现这九家金融机构多密切关联对应银行，资金对接通常是由银行负责，1800 亿元的 PPP 融资支持基金中，中国建设银行和中国邮政储蓄银行出资最高，均为 300 亿元。目前，该基金已成功助力多个优质项目落地，首笔投资花落呼和浩特市轨道 1 号、2 号线，项目总投资 338.81 亿元，资本金占总投资的 50%，其中中国政企合作投资基金投资 24 亿元，主要为股权投资（见图 3 – 9）。

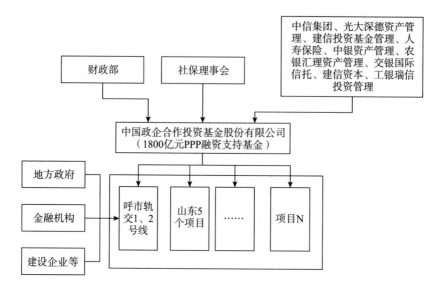

图 3 – 9　中国政企合作投资基金股份有限公司组织架构

# 案例：江苏省 PPP 融资支持基金

契约型 PPP 基金中，资金被各出资人委托给受托人管理，基金没有法人地位。基金投资人在投资项目或投资企业时，真正意义上不是股东，全权负责运作的是基金管理人。出资人在转让或退出时，手续也比较简单一些。

目前采用契约型的 PPP 产业基金有江苏省 PPP 融资支持基金，总规模为 100 亿元，江苏省财政厅出资 10 亿元，江苏银行、交通银行江苏分行、浦发银行南京分行、建设银行江苏分行、农业银行江苏分行各出资 18 亿元。成立了 5 个子基金，每个 20 亿元，可单独委托管理人进行管理（见图 3 – 10）。其中，江苏省 PPP 融资支持基金首支子基金，规模 20 亿元，财政出资 2 亿元，江苏银行出资 18 亿元。

2016 年 1 月，江苏省 PPP 融资支持基金首支子基金以股权方式对徐州市城市轨道交通 2 号线一期工程项目投资 4 亿元，期限 10 年，成为全国 PPP 基金投资第一单。江苏信托代表江苏省 PPP 融资支持基金，与徐州市城市轨道交通有限责任公司签署《关于对徐州市 2 号线轨道交通投资发展有限公司的股权投资合同》，明确以股权方式对项目投资 4 亿元，期限 10 年。徐州轨道交通 2 号线一期工程总投资 169.79 亿元，线路全长 23.9 公里，该项目列为江苏省首批 PPP 试点项目。2015 年 12 月 30 日，该项目在江苏省政府采购中心开标，中标的社会资本合作方为中国铁建徐州市城市轨道交通 2 号线一期工程 PPP 项目联合体，联合体牵头方是中国铁建股份有限公司。徐州轨道交通 2 号线一期工程分成建设养护和运营维护两个模块，分别引入社会资本实施 PPP 合作。根据中国铁建发布公告，联合体将成立项目公司，注册资本金 10 亿元，其中中国铁建出资 5.1 亿元，占比 51%；徐州轨道公司出资 4.9 亿元，占比 49%。合作期 25 年，其中建设期 5 年。基金入股项目公司后，加快 2 号线开工进度，拟首批开工的 12 个车站已进入前期准备，即将进场开工建设。

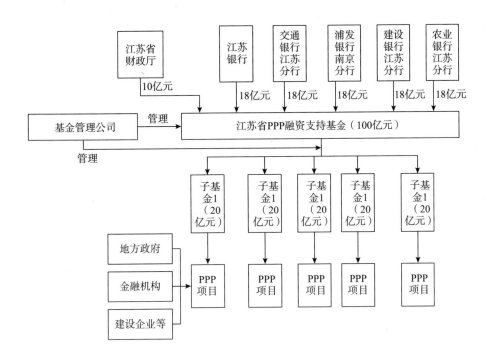

图 3-10 江苏省 PPP 融资支持基金组织架构

# 案例：上海建工 PPP 产业基金

有限合伙人与普通合伙人一起成立有限合伙企业。对合伙企业债务承担无限连带责任的是普通合伙人，有限合伙人以其认缴的出资额为限对合伙企业债务承担责任。普通合伙人可以是管理人，但也可以委托其他人作为管理人来管理事务。有限合伙型 PPP 基金有两个优点：一是避免了有限合伙型企业双层征税的难题；二是在此种基金类型中投资人可以拥有股东身份。政府作为普通合伙人，享受浮动收益，主要风险也由政府承担。金融机构作为普通合伙人，享有固定收益，风险是有限风险。

上海建工 PPP 产业基金由上海建工集团股份有限公司与中国建设银行股份有限公司上海市分行合作设立，此基金为有限合伙型。上海建工股权投资基金管理有限公司出资 100 万元认购该基金（0.03% 份额），作为 GP 方；上海建工建恒股权投资基金合伙企业（有限合伙）出资 80000 万元，对 19.99% 有限合伙份额进行认购；79.98% 的有限合伙份额由易方达资产管理有限公司认购，其出资 320000 万元（见图 3－11）。其中，易方达资产管理有限公司只是一个资金通道，最终还是由建行出资，资金是通过资管计划筹集，然后投资于合伙企业。首期，

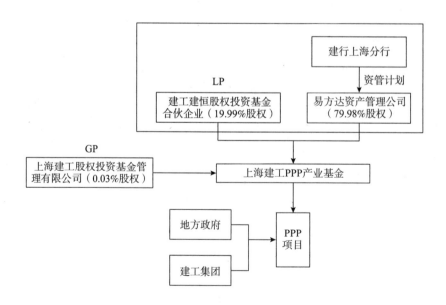

**图 3－11　上海建工 PPP 产业基金组织架构**

基金的集资规模没有超过 24.32 亿元，其中不超过 6.08 亿元的份额由上海建工拟认购，此笔资金将投入温州市瓯江口新区一期市政工程 PPP 项目，用于建设多种市政基础设施，包括桥涵、道路、河道、管线、综合管廊、景观等工程在内。建成后，温州建设大都市的发展战略将被进一步推进，离把瓯江口新区一期打造成"先进高效的空港科讯服务新区""低碳环保的绿色幸福新区""先锋创新的生态智慧新区"的布局又进了一步。在该项目中，预计投入金额为 85.3360 亿元，其中 25.60 亿元属于项目公司资本金。

# 第四节 资产证券化方式

## 一、资产证券化的定义

资产证券化目前主要分为四种类型：中国证券业监督管理委员会主管的资产支持专项计划、中国银行间市场交易商协会主管的资产支持票据、中国保险监督管理委员会主管的项目资产支持计划、中国人民银行与中国银行业监督管理委员会主管的信贷资产证券化。下面主要对资产支持专项计划、资产支持票据和资产支持计划这三种模式进行分析。

《关于证券公司开展资产证券化业务试点有关问题的通知》（证监机构字〔2006〕号）中对资产支持专项计划进行规定："证券公司面向境内机构投资者推广资产支持受益凭证，发起设立专项资产管理计划，用所募集的资金按照约定购买原始权益人能够产生可预期稳定现金流的特定资产（即基础资产），并将该资产的收益分配给受益凭证持有人的专项资产管理业务活动。"

《银行间债券市场非金融企业资产支持票据指引》（中国银行间市场交易协会公告〔2012〕14 号）中对资产支持票据进行明确："资产支持票据是指非金融企业在银行间债券市场发行的，由基础资产所产生的现金流作为还款支持的，约定在一定期限内还本付息的债务融资工具。"

《资产支持计划业务管理暂行办法》（保监发〔2015〕85 号）中对资产支持计划进行定义："资产支持计划业务，是指保险资产管理公司等专业管理机构作为受托人设立支持计划，以基础资产产生的现金流为偿付支持，面向保险机构等合格投资者发行受益凭证的业务活动。"①

## 二、PPP 项目资产证券化的主要特点

PPP 项目资产证券化与常规项目资产证券化在内在机制、业务模式等方面并无实际区别，但由于 PPP 模式本身的特点而使其资产的证券化也相对应出现不同的特点，具体阐述如下。

（一）运营管理权和收费收益权相分离

根据《基础设施和公用事业特许经营管理办法》（2015 年第 25 号令），在交通运输、环境保护、市政工程等领域的 PPP 项目往往涉及特许经营，因此在这些 PPP 项目资产证券化的过程中，项目基础资产紧密联系着政府特许经营权。同时，由于我国对受让特许经营权有严格的主体准入条件，PPP 项目资产证券化中比较难以转移运营管理权，因此实际操作中较为常见的是分离收益权作为基础资产进行证券化。

（二）财政补贴可作为基础资产

《资产证券化业务基础资产负面清单指引》中将"以地方政府为直接或间接债务人的基础资产"列入负面清单，但提出"地方政府按照事先公开的收益约定规则，在政府和社会资本合作模式下应当支付或承担的财政补贴除外"，这一规定从政策上为 PPP 项目资产证券化提供了可能。实际上，部分 PPP 项目收入的重要来源是财政补贴，可以产生可预测的、稳定的现金流，满足资产证券化中基础资产的硬性条件。

（三）产品期限与 PPP 项目期限相匹配

PPP 项目的期限一般为 10～30 年，要比目前我国现有的普通资产证券化产品的期限（多数在 7 年以内）多很多年。因此要设计出能够匹配 PPP 项目较长的周期的 PPP 项目资产证券化产品，需要在投资主体准入和产品流动性方面达到更严的标准和更高的条件，并不断完善政策和创新交易机制。

（四）更加关注项目本身

《关于进一步做好政府和社会资本合作项目示范工作的通知》（财金〔2015〕57 号）中明确规定："严禁通过保底承诺、回购安排、明股实债等方式进行变相

---

① 袁政，刘金栋，周惠亮，周立群．PPP 项目资产证券化模式分析［J］．发展改革理论与实践，2017（9）：19－20.

融资。"这禁止了 PPP 项目由地方政府违规担保承诺的行为，也要求 PPP 资产抵质押满足更高的条件。因此，在 PPP 项目资产证券化过程中应更注重社会资本的增信力度和项目现金流的创造能力，保证 PPP 项目资产证券化的顺利开展。

### 三、PPP 项目资产证券化的现实意义

为增加 PPP 项目融资来源，促使 PPP 项目资产证券化朝着良性的方向发展，国务院及相关部门出台的政策文件中都明确表明了鼓励 PPP 项目资产证券化。实际上，在公共服务和基础设施领域上开展 PPP 项目资产证券化，对于盘活 PPP 项目资产存量、吸引更多社会资金参与提供公共服务、提升项目稳定运营能力具有较强的现实意义。

（一）盘活存量 PPP 项目资产

PPP 项目中很大比重属于片区开发、保障房建设、交通等基础设施建设领域，建设期资金需求巨大，且项目资产的专用性往往较强，项目资产往往流动性相对较差。如果对 PPP 项目进行资产证券化，可以选择运作模式成熟、风险分配合理、现金流稳定的 PPP 项目，以项目收益权、经营权为基础，变成可投资的金融产品，通过上市流通和交易，盘活 PPP 项目资产存量，增强资金的安全性和流动性。

（二）吸引更多社会资金参与提供公共服务

PPP 项目资金需求大，期限长，追求合理利润，而且退出机制从法律政策层面上不能找到明确保障，因此比较难以吸引社会资金。PPP 项目资产证券化推动促进社会资金在实现合理利润后的良性退出机制的建立，这一 PPP 项目融资模式的创新将能够提高对社会资本的吸引力，更多的社会资金将会积极投身于提供公共服务的事业。

（三）提升项目稳定运营能力

PPP 项目开展资产证券化，借助其风险隔离功能，即通过以真实销售（指资产证券化的发起人转移基础资产或与资产证券化有关的权益和风险给发行人）的途径转移资产和设立破产隔离的 SPV 的方式来分离能够产生现金流的基础资产与发起人的财务风险，在发行人和投资者之间构筑一道坚实的"防火墙"，以确保项目财务的稳定和独立，打牢项目运营稳定的基础。

PPP 资产证券化主要是解决社会资本的退出问题，但实际运行过程中仍有一些问题需要解决，当前大规模推广 PPP 资产证券化是不现实的。原因有三：一是

期限的问题。资本市场标准化的产品通常是 5 年，企业债是 7 年，但是企业债如果提前还款的，久期也在 5 年左右。所以 PPP 资产证券化的久期，与现在 PPP 起步是 10 年甚至 20 年、25 年的项目，期限是不相匹配的，期限错配的问题非常突出。比如一个社会资本，项目已运营两年，将其收益权做资产证券化，可能做了笔 5 年的，那么下一次假如投资者赎回怎么办？二是抵押的问题。通常资产证券化要求项目公司稳定运营两年以上，前期的资金通常把收益权抵质押给银行，如果做资产证券化，必须与银行沟通，让银行把抵押/质押权释放出来，沟通可能存在障碍。三是成本的问题。PPP 资产证券化在 2017 年推广比较现实，但是 2018 年在缩表、金融去杠杆，整体综合融资成本提高了 100～200bp，最近市场虽然可能稍微好一点，但是现在的 PPP 资产证券化发行的成本应该是高于银行给项目公司的贷款的。所以期限、抵押、成本三个问题导致 PPP 资产证券化不具备大规模推广的条件。

### 四、PPP 项目资产证券化的主要模式

PPP 项目资产证券化的基础资产主要包括三种类型：收益权资产、债权资产和股权资产。其中收益权资产是 PPP 项目资产证券化最主要的基础资产类型。根据我国推广运用 PPP 模式的实践情况，以收益权为基础开展 PPP 项目资产证券化发展较为成熟。因此下文将对适合以收益权为基础资产的三种模式，即资产支持计划、资产支持票据、资产支持专项计划进行研究。

（一）以收益权作为基础资产的三种类型

研究 PPP 项目资产证券化的开展以收益权为基础，首先要分别定义收益权资产在 PPP 项目中的不同类型。PPP 项目收费模式通常可分为三种，即使用者付费、政府付费和可行性缺口补助，而收益权资产也相应可分为使用者付费模式下的收费收益权、政府付费模式下的财政补贴、可行性缺口补助模式下的收费收益权和财政补贴[①]。

1. 使用者付费

使用者付费模式下的基础资产，是项目公司在特许经营权范围内，直接提供相关服务和基础设施给最终使用者而享有的收益权。这类支付模式通常用于可经

---

① 袁政，刘金栋，周惠亮，周立群. PPP 项目资产证券化模式分析 [J]. 发展改革理论与实践，2017（9）：19 – 20.

营系数较高、财务情况较好及直接提供基础设施和公共服务给使用者的项目。此模式下的 PPP 项目往往具有需求量较容易进行预测，现金流持续且稳定的特点。但特许经营权对持有方的资金实力、管理和技术经验等要求较高，因此在使用者付费模式下一般是用特许经营权产生的未来现金流入转让给 SPV 的基础资产，而不是直接转让特性经营权。这种模式的 PPP 项目主要包括机场收费权、道路收费权（铁路、公路、地铁等）、市政供热和供水等。

2. 政府付费

政府付费模式下，基础资产是一种权利，这种权利为 PPP 项目公司提供基础设施和服务而享有的财政补贴。这种模式下项目公司获得的财政补贴与提供的基础设施和服务效率、数量和质量相挂钩，项目公司也不直接提供基础设施和服务给最终使用者，如市政道路、垃圾处理和污水处理等。但这种模式下财政承受能力的相关要求对财政补贴有一定影响，即一般公共预算支出的 10% 为财政补贴的上限值。因此，PPP 项目资产证券化以财政补贴为基础资产的，要重点考虑政府财政预算程序、财政支付能力等影响。

3. 可行性缺口补助

可行性缺口补助是指社会资本或项目公司的成本回收和合理回报无法由使用者付费满足时，由政府以优惠贷款、财政补贴、股本投入和其他优惠政策的形式，给予项目公司或社会资本的经济补助。这种模式通常运用于财务效益相对较差、可经营性系数相对较低、直接提供服务给最终用户但投资和运营回报仅凭收费收入无法覆盖的项目，如保障房建设和科教文卫等领域。可行性缺口补助模式下的基础资产是财政补贴和收益权，因此兼具上述两种模式的特点。

（二）PPP 项目资产证券化的三种模式

1. 资产支持专项计划

资产支持专项计划是指通过结构化方式将特定的基础资产或资产组合进行信用增级，以资产基础所产生的现金流为支持，发行资产证券化产品的业务活动。资产支持专项计划业务由证监会负责监管，但在具体实施中对具体产品不要求进行审核，产品一般在上交所、深交所或机构间私募产品报价与服务系统挂牌审核，并且事后备案管理由基金业协会负责。

资产支持专项计划的基础资产类型比较丰富，主要包括租赁债权、小额贷款、贸易应收账款、保理债权、不动产物业或不动产收益权、股票质押债权等。原始权益人以非金融企业和类金融企业为主。

开展资产支持专项计划以收益权为基础资产的 PPP 项目，其业务模式归纳为：①设立资产支持专项计划的管理人由券商或基金子公司担任，并作为销售机构发行资产支持证券给投资者来募集资金；②管理人以募集资金向 PPP 项目公司购买基础资产（收益权资产），收益权资产的后续管理由 PPP 项目公司负责；③定期归集基础资产产生的现金流到 PPP 项目公司开立的资金归集账户，并定期划转到专项计划账户；④托管人按照管理人的划款指令进行本息分配，向投资者兑付产品本息。

资产支持专项计划模式如图 3 – 12 所示。

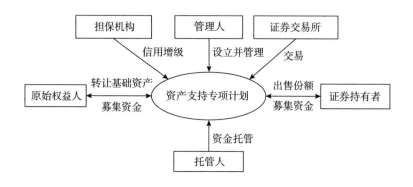

**图 3 – 12　资产支持专项计划模式**

2. 资产支持票据

资产支持票据是指在银行间债券市场由非金融企业发行的，现金流支持由基础资产所产生的来提供，在一定时间内约定还本付息的债务融资工具。

资产支持专项计划与资产支持票据对基础资产的要求基本相同，主要分为收益权资产和债权资产两类，包括租金收益权、回购应收款、市政收费权、航空客票收入等。发行人主要包括市政收费企业或城投公司、机场集团、航空公司等。

PPP 项目中资产支持票据业务模式是：①投资者购买 PPP 项目公司发行的资产支持票据。②PPP 项目公司将其基础资产产生的现金流定期归集到资金监管账户，PPP 项目公司有义务补足基础资产产生的现金流与资产支持票据应付本息的差额部分。③本期应付票据本息由监管银行划转至上海清算所账户。④本息由上海清算所及时分配给资产支持票据持有人。

PPP 项目资产支持票据运作流程如图 3 – 13 所示。

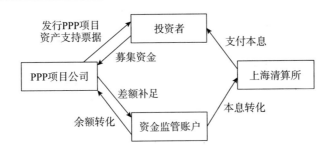

**图 3 – 13　PPP 项目资产支持票据运作流程**

3. 资产支持计划

资产支持计划是指由保险资管公司等专业管理机构来托管基础资产，基础资产所产生的现金流是该计划的支撑，支持计划由发行人设立，受托机构作为发行人，合格投资者购买产品，支持计划获得再融资资金的业务活动。

PPP 项目开展资产支持计划主要以收益权为基础资产，其业务模式为：①资产支持计划通常由保险资管公司等专业管理机构作为设立方。②依照约定 PPP 项目公司将基础资产注入资产支持计划。③保险资产管理公司发行受益凭证给保险机构等合格投资者，按规定受益凭证可以在保险资产登记交易平台发行、登记和转让。④资产支持计划资产由托管人保管，资产支持计划项下资金拨付也由其负责。⑤根据保险资产管理公司的指令，托管人及时分配本金和收益给受益凭证持有人。

PPP 项目资产支持计划运作流程如图 3 – 14 所示。

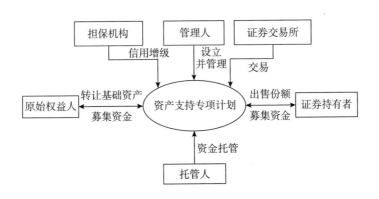

**图 3 – 14　PPP 项目资产支持计划运作流程**

### 五、资产证券化的基础资产

PPP 项目资产证券化的基础资产主要类型可以分为三种：收益权资产、债权资产和股权资产。其中收益权资产是 PPP 项目资产证券化最常见的基础资产类型，包括使用者付费模式下的收费收益权、政府付费模式下的财政补贴、"可行性缺口"模式下的收费收益权和财政补贴；债权资产主要包括 PPP 项目银行贷款、PPP 项目金融租赁债权和企业应收账款、委托贷款；股权资产主要是指 PPP 项目公司股权或基金份额所有权。我国 PPP 资产证券化发行情况见表 3 – 6。

表 3 – 6　我国 PPP 资产证券化发行情况

| 项目名称 | 发行总额（亿元） | 次级占比（%） | 基础资产 | 增信措施 | 优先级评级 票面利率 |
|---|---|---|---|---|---|
| 华夏幸福固安工业园区新型城镇化 PPP 项目供热收费收益权资产支持专项计划 | 7.06 | 5.10 | 收费权使用者付费 | 内部结构化分层设置利率调整选择权回售和赎回支持等 | AAA 3.9%/5.0%/5.2% |
| 广发恒进——广晟东江环保虎门绿源 PPP 项目资产支持专项计划 | 3.20 | 6.25 | 收费权使用者付费 | 内部结构化分层差额补足义务回售和赎回支持提供反担保等 | AAA 4.15% |
| 中信证券——首创股份污水处理 PPP 项目收费收益权资产支持专项计划 | 5.30 | 5.66 | 收费权使用者付费 | 内部结构化分层污水处理费收入超额覆盖差额补足义务对运营提供流动性支持回售和赎回支持 | AAA 3.7%/3.98%/4.60% |
| 中信建投——网新建投庆春路隧道 PPP 项目资产支持专项计划 | 11.58 | 5.01 | 建设、运营、维护政府付费 | 内部结构化分层对优先级本息兑付差额补足回售和赎回支持等 | AAA 4.05%/4.15% |
| 太平洋证券新水源污水处理服务收费收益权资产支持专项计划 | 8.40 | 4.76 | 收费权使用者付费 | 内部结构化分层设置利率调整选择权回售和赎回支持差额补足提供无条件的不可撤销的连带责任等 | AA + 4.98% |

（一）收益权资产

按收入来源的区别可以分为使用者付费模式下的收费收益权、政府付费模式下的财政补贴、可行性缺口模式下的收费收益权和财政补贴。使用者付费模式下的基础资产是收费收益权；政府付费模式下的基础资产是地方政府财政补贴；可行性缺口模式下的基础资产是前两者的结合。原始权益人均为项目公司。

（二）债权资产

因原始权益人或发行人不同，基础资产也不同。商业银行或金融租赁公司以PPP 项目银行贷款或 PPP 项目金融租赁债权作为基础资产，承包商以对项目公司所拥有的企业应收账款或委托贷款作为基础资产。

（三）股权资产

PPP 项目进入到运营阶段后，融资主体既可以是 PPP 项目公司，也可以是项目公司股东，这种情况下基础资产一般是股权或者股权收益权。

### 六、PPP 项目资产证券化的现存问题

（一）法律法规尚不健全

当前关于 PPP 的政策文件中，虽然提出要支持发展 PPP 项目借由资产证券化扩充融资来源，但是 PPP 自身是一项新兴事物，PPP 项目的资产证券化目前缺乏充分的法律保障，没有明确界定的还有许多问题，收益权与经营权转让就是其中一项问题。收益权与经营权紧密联系在一起，但在目前的法律规定下，基础资产只能用收益权充当，这一部分可以转移至资产证券化的特殊目的载体，经营权却不能够进行相类似的转移。如果收益权和经营权中，只有收益权可以充当基础资产转移至 SPV 用来开展资产证券化业务，而经营权不能转移且仍然属于 PPP项目公司，那么由于收益权与经营权的所属分离会产生收益权的部分实际问题。这类似于一般所有权未转让而收益权转让的资产证券化项目，与那些项目一样也会出现收益权的真实出售及破产隔离的问题。

（二）交易机制亟待完善

当前的市场机制条件下，PPP 项目资产证券化业务受理、审核及备案的相关机制存在不足，且 PPP 项目资产证券化产品目前市场规模相对不足，产品流动性不高。而且，我国资产证券化产品的二级市场交易机制还需要进一步完善，标准券质押式回购等的限制应该逐步放开。另外，在 PPP 项目投资中，资产证券化难以让社会资本实现真正的退出。

（三）项目期限还不匹配

PPP 项目的投资生命期较长，经营期基本上在 10～30 年，一般都不能低于 10 年。PPP 项目所对应的融资来源之一的资产证券化产品的存续期限较短，一般低于 5 年，资产证券化产品很少有超过 7 年的。因此，单个资产证券化产品期限与单个 PPP 项目的全生命周期比较难以匹配。PPP 项目要达到和资产证券化期限匹配的目标，如果在资产证券化产品其设定基础资产是 PPP 项目收益权到期以后，再用另一笔资产证券化进行补充，不仅程序烦杂，而且会提高融资成本。

（四）中长期投资者比较缺乏

目前，国内资产证券化的投资者主要是财务公司、公募/私募基金、券商、商业银行等，这些机构比较倾向的固定收益产品投资期限一般较短，基本在 5 年以内。目前，保险公司进入资产证券化投资市场的门槛较高，社保基金、企业年金等大型机构投资者在资产证券化产品的投资准入方面受到了明确限制。鉴于 PPP 项目的期限一般长达 10～30 年，若融资项目存续不长，则基础资产的未来现金流利用程度可能较低，这也导致了优质 PPP 项目不太乐于开展资产证券化。

## 七、政策建议

（一）加强顶层设计

建立健全 PPP 项目进行资产证券化的规章制度和具体办法。普遍适用的 PPP 项目资产证券化政策文件需要加快出台，阻碍发展的问题需要进行合理调整，统一的发行、上市和交易规则需要确立，合理规范的法律框架可以正确引导 PPP 项目的资产证券化。

PPP 具体落实单位面临较多实际问题，可以充分与相关部门进行沟通推进制度体系的建立和完善。针对财政补贴转让、经营权转让以及资产证券化交易中的 SPV、真实出售、破产隔离等相关问题明确相关配套措施，解决 PPP 项目进行资产证券化的实际困难，加快其发展进程。

（二）完善机制建设

针对其在二级市场交易不合理的地方逐步完善，关于提高 PPP 项目资产证券化产品的流动性和建立多元化投资主体市场退出机制，可以从以下三个方面着手：

1. 建立健全关于标准债券质押式回购的交易机制

标准券质押式回购是降低交易风险和提升 PPP 项目资产证券化产品流动性的

有效方式之一。放开开展标准券质押式回购的限制，PPP 项目资产证券化产品的吸引力和流动性将会提高。

2. 拓宽 PPP 项目资产证券化产品的交易范围

在交易所市场进行集中竞价的投资者交易活跃、范围较广，PPP 项目资产证券化产品完全可以参考公司债的分类管理方式，制定产品的一定标准，产品只要达到标准就可以同时在大宗交易系统、固定收益平台、交易所集中竞价系统等平台进行交易。

3. 放开公募发行的限制，扩大市场规模容量

PPP 项目资产证券化能够进行公募发行这一点是非常重要的，PPP 项目资产证券化产品的特点是单笔数额一般较大、融资期限一般较长，如果可以公募发行，那么资金来源问题就可以得到有效的解决。

（三）合理分配风险

风险的分割是开展 PPP 项目资产证券化的保障与要求。在实际操作过程中，一方面通过破产隔离、真实出售等设计分离 SPV 资产证券化与公司 PPP 项目的风险；另一方面也要防范风险的过度转移，尽可能达到合理分配风险的目的。风险分配框架的科学合理在 PPP 项目中也就显得十分重要，让愿意承担风险并且有能力承担风险的一方承担其能够承受的愿意承受的风险。项目不同就会有不同的风险分配框架设计，万变不离其宗，关键的内容就是要注意平等互利和公允，追求利益共享、风险共担①。

（四）完善投资者结构

PPP 项目具有收益稳定、期限长、投资规模大等特点，能够匹配中长期机构投资者的需求，同时也可以契合年金和保险等资金投资需求。资产证券化产品的设计应当符合 PPP 项目特点、可以匹配 PPP 项目的投资期限，同时做好配套的相关措施，鼓励中长期机构投资者参加，引入社保基金、保险资金、住房公积金、养老金等机构投资者加入到 PPP 项目资产证券化产品的投资。此外，也应当统筹考虑 PPP 基金等各类市场资金的加入，作为 PPP 项目资产证券化产品的投资方，加快建设可持续、多元化的 PPP 项目资金保障机制，助推 PPP 模式的发展。

---

① 郭上，孟超，孙玮，张茂轩，聂登俊. 关于 PPP 项目资产证券化的探讨［J］. 经济研究参考，2017（8）：20－25，30。

# 第五节　私募基金介入 PPP 模式

## 一、私募基金参与 PPP 项目的常规模式

私募基金参与 PPP 项目，通行的模式是私募基金管理人单独或与地方平台公司、产业投资人共同设立一个 PPP 基金，募集 PPP 项目所需资金直接投资 PPP 项目。PPP 股权投资基金结构如图 3 – 15 所示。

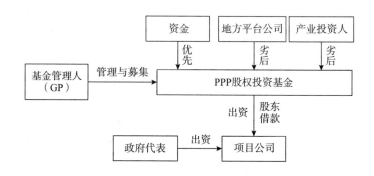

**图 3 – 15　PPP 股权投资基金结构**

## 二、另类参与方案

私募基金参与 PPP 项目的方式，如图 3 – 14 所示，一般作为优先级投资者介入。私募基金参与 PPP 项目的创新，可以通过转换投资标的的方式实现，以将私募基金投资股权，转换思路为购买 PPP 项目债权和收益权的方式。私募基金参与 PPP 项目结构见图 3 – 16。

具体来讲，私募基金可以不作为股东参与，不通过直接或间接入股 PPP 项目公司，而是通过购买债权（PPP 项目公司债权转让）的方式，获得 PPP 项目公司的债权收益权（类似商业保理的方式），然后由债务人（政府或其部门、使用者）支付购买费的方式获得收益。

但这有两个障碍：一方面，私募基金的该项投资实际上是投资非标的应收账款，私募股权基金的投向可能受限，可考虑申请其他类的私募基金来操作；另一

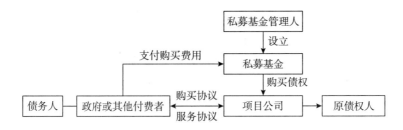

图 3-16 私募基金参与 PPP 项目结构

方面，私募基金如购买债权或收益权的方式，可能会受到限制，可考虑和信托公司合作，借助信托公司的通道投资。

这种方案的核心在于 PPP 项目公司的债权是否能满足私募基金的收益要求及时限要求，如果是以自然人合格投资者为募集资金来源的私募基金，因为基金存续期限较短，可能不大适合。在收益方面，需要建立债务人标准，重点考虑债务人的偿债能力和偿债意愿，再配合相关风控措施，这样才能保证私募基金收益的稳定性和安全性。

# 案例：太平洋证券新水源污水处理服务收费收益权资产支持专项计划

"太平洋证券新水源污水处理服务收费收益权资产支持专项计划"（以下简称"新水源 PPP 资产支持专项计划"）2017 年 2 月 3 日在机构间私募产品报价与服务系统（以下简称"报价系统"）成功发行。这是国内市场首单落地的 PPP 资产证券化项目。新水源 PPP 资产支持专项计划发行总规模 8.4 亿元，采用结构化分层设计，其中优先级 8 亿元，共分为 10 档，评级均为 AA +；次级 0.4 亿元。

专项计划由新疆昆仑新水源科技股份有限公司（以下简称"新水源公司"）作为发起人并担任特定原始权益人，由太平洋证券股份有限公司担任计划管理人并进行交易安排。

基础资产系特定原始权益人新水源公司，依据"特许经营协议"在特定期间内，因提供污水处理服务产生的向付款方收取污水处理服务费及其他应付款项的收费收益权；污水处理服务费付款方为乌鲁木齐市水务局。

根据该专项计划交易结构安排，优先级 6~10 档在第五年设置原始权益人利率调整选择权，并附投资者回售权、特定原始权益人赎回权。同时，新水源公司为专项计划提供差额补足义务，并将污水处理服务收费权质押为差额补足义务及支付回售和赎回款项的义务提供不可撤销的质押担保。

本次纳入基础资产的甘泉堡工业园区污水处理 PPP 项目，隶属于乌鲁木齐昆仑环保集团有限公司 PPP 项目，是乌鲁木齐市先行尝试的少数 PPP 项目之一，后者已纳入财政部公布的 PPP 项目库。甘泉堡经济技术开发区（工业区），位于新疆首府乌鲁木齐市北部，距市中心 55 公里，紧邻五家渠市和阜康市，为乌昌地区东线工业走廊核心节点，总体规划面积 360 平方公里。其中乌鲁木齐范围内规划建设用地面积 171 平方公里，2012 年 9 月 15 日经国务院批准设立为国家级经济技术开发区。

开发区以新能源和优势资源深度开发利用为主，区内有国家重点工程北水南调"引额济乌"项目的尾部调节水库"500"水库，区位、水土资源优势明显，系乌鲁木齐确定的六大产业基地之一"战略性新兴产业基地"，是新疆新型工业化重点建设工业区。

根据财政部《政府和社会资本合作模式操作指南（试行)》要求，甘泉堡工业园区污水处理 PPP 项目严格履行了项目识别、项目准备、项目采购、项目执行和项目移交的全流程，并于 2016 年 1 月 8 日投入正式运营，特许经营期自污水处理项目通过环保验收日起 28 年。根据对目前国内 PPP 项目建设情况的观察，污水处理行业的市场化水平相对较高，且盈利模式清晰，北京碧水源科技股份有限公司作为行业领先企业，在 PPP 项目建设和进行资产证券化操作上都具备了得天独厚的优势。

## 第六节  融资方式比较

### 一、适用性比较

#### （一）债权融资方式

这其中的债券主要是证券公司承销的，由证监会（或证券业协会）核准的公司债，以及发改委审批的企业债、项目收益债、专项债等。不包括由银行承销，在银行间债券市场交易的短融、中票和 PPN（非公开定向融资工具）。债权融资，尤其是 2015 年初以来，公司债、企业债和专项债的松绑和扩容，成为政府融资和 PPP 融资的主要工具。

1. 分类

主要分为发改委系统的企业债（含项目收益债、专项债）和证监会系统的公司债；公开发行的公募债和非公开发行的私募债；传统企业债（依托企业本身发债）和项目收益债（依托项目收益发债）、专项债等。

2. 投融资模式

债券作为 PPP 项目的融资工具，主要分为两类：一类是为政府平台公司的发行债，即对 PPP 项目投资人本身发行的企业债、公司债，对于 PPP 项目来讲，其政府股东方股权出资资金，可能就来源于这种债券资金；另一类是对 PPP 项目公司发行的债券，一般为项目收益债。

3. 特点

发行债券的一个突出优势在于，可以降低融资成本：通常来说，达到 AA 级以上评级的信用主体年化融资成本在 5%~7%（公开发行）或 6%~8%（私募发行）。如果利率下降，成本会降得更低，甚至有些实力强、评级高的企业，融资成本可以压缩到仅为 3%~4%。但是发行主体必须满足非常高的要求，一般要求公开发行的信用主体评级要达到 AA 级甚至 AA＋级以上，信用评级在 AA＋级以上的企业在地方上屈指可数，还要保证发债能够获得足够的资产支持（公开发行的债券规模要小于净资产的 40%），发债额度受到限制；即便是放开私募债的发行限制，但显然远远不能满足地方政府动辄上百亿元的众多 PPP 项目的融资需求。

4. 适用范围

类似于投资模式，适用于 PPP 项目融资的发债范围分为两类：一类是发债给政府平台公司，另一类是发行项目专项债或收益债给项目公司。在当前政府平台公司发债额度已经快要用完的情况下，项目专项债及收益债券能够作为突破口很好地加入到 PPP 中。2015 年 1 月，中国证监会还特别推出"新公司债办法"；2015 年 4 月，国家发改委推出战略新兴产业、养老产业、地下综合、管廊停车场四个专项债，7 月又推出"项目收益债"，12 月出台"绿色债券"，另外推行"双创债"等试点，公司债、项目收益债、专项企业债发展前景广阔。[1]

---

① 张继峰. PPP 项目融资的几种主要方式 [J]. 施工企业管理，2016（9）：38－41.

专项债券有四个优势：①发债主体可为项目公司，不占用平台公司等传统发债主体额度。②不受发债指标限制，且发债规模可达项目总投的 70% ~ 80%（非专项债券发债规模不超过项目总投的 60%）。③按照"加快和简化审核类"债券审核程序，提高审核效率。④多有财政补贴和金融贴息、投贷联动等多方面支持。

由于 PPP 项目融资增信主体缺失的普遍现状，以现金流为支撑，仅需对债项进行评级的项目收益债、专项债，可以不占用政府财政信用和社会资本信用（有些需要政府 AA 级以上发债主体提供担保），且此类融资业务刚推出不久，必将打开 PPP 项目融资的新大门。

5. 评述

对于 PPP 项目来讲，债权融资是很好的融资工具。但 PPP 项目发债有四个"尴尬"：①传统企业债、公司债已经基本饱和，空间不大，除非有些地方政府整合国资旗下各类国有企业，用新组建的国企集团进行发债。②项目收益债虽然较好，但要求项目是有稳定现金流的经营类项目，目前的 PPP 项目，以政府付费和可行性缺口补助类为主，多数不具备优质现金流，因此项目收益债有心无力。③在当前资本市场陷入低谷、IPO、并购重组监管日趋严格的背景下，以债券承销为代表的固定收益类业务成为证券公司的救命稻草，一家资质尚可的发债主体，有多达十几家甚至几十家券商围追堵截，价格战竞争之惨烈使得一些券商的承销费报价仅为过去的 1/10，收益甚至不能覆盖成本。④地方国有发债企业债务违约事件的发生，导致债券市场风声鹤唳。地方国企违约，一方面会直接导致金融机构收紧对当地的融资，市场中的机构投资人投资国企债券也变得谨慎，造成当地融资困难；另一方面会抬高发债融资成本，造成"双输"的局面。

（二）股权融资方式——PPP 产业基金

PPP 产业基金及类似的城市发展基金、政府引导基金、PPP 母子基金等，越来越成为 PPP 融资的主力军。

1. 分类

政府引导型基金和项目融资型基金、地方发展基金和业务获取基金、行业产业基金和地方产业基金、母基金和子基金、新项目建设基金和债务置换基金、债权（明股实债）型基金和同股同权型基金等几种分类方式[①]。

---

① 张继峰. PPP 项目融资的几种主要方式 [J]. 施工企业管理，2016 (9)：38 - 41.

2. 投融资模式

产业基金的主要投融资模式，是以私募股权基金形式，通过结构化设计和杠杆效应募集资金，以股权投资或股债联动投资于地方政府纳入到 PPP 框架下的项目公司，由项目公司负责 PPP 项目，政府根据协议授予项目公司一定期限的特许经营权，在基金存续期限届满时通过约定回购、份额出让或资本市场变现实现投资的退出。PPP 产业基金的投资模式一般包括纯股权、股债联动、纯债权三种。

3. 特点

PPP 产业基金的两个特点一般有杠杆效应和结构化。即基金由金融机构资金作为优先级，社会资本或政府所属投资公司作为劣后级，杠杆比例通常为 10 倍（1∶9）或 5 倍（1∶4）。若引导基金主导产业基金，项目中的资金投资占到资本金的只有一部分（如 10%），这部分作用为代持股和增信，这种形式将再次放大产业基金的杠杆效应，甚至可以放大政府出资部分的 50~100 倍。

PPP 产业基金对于 PPP 项目融资和落地有重要意义：①有利于缓解地方政府财政支出压力，同时为社会资本找到投资标的。②有利于提高效率，加快地方 PPP 项目落地。③有利于降低 PPP 项目的融资成本。④有利于为 PPP 项目融资提供增信。⑤可以为工程资本代持股份，解决工程资本不能控股项目公司的困境。⑥可以与工程资本同股同权，为工程资本分担风险。

4. 适用范围

产业基金按照大类分，可分为项目型基金和引导基金（母基金）两大类。项目型基金一般是用来服务项目建设，根据增信条件和项目自身情况来选择基金合作金融机构；引导基金通常要求项目具备一些条件，比如要将项目列入省级 PPP 项目库，要求政府购买服务类的，要求正常的财政预算收入满足一定数额，要求社会资本也要满足一些条件。

5. 评述

PPP 产业基金自 2015 年来发展迅猛，进入 2016 年更是加速发展。各地政府与金融机构纷纷成立动辄百亿元、千亿元的产业基金。但一方面，部分地方政府对产业基金的认识及还不是很到位，基金管理公司甚至金融机构也经验不足，基金没有发挥应有的作用，更多的产业基金还是以一个项目或几个项目的"资金池"的形式存在；另一方面，基金的增信措施、风险控制、退出机制、期限错配等问题，有些政府、社会资本甚至金融机构都没有考虑清楚。

此外，由于产业基金的野蛮生长等原因，目前的 PPP 产业基金成为银行、保险资金抢占 PPP 市场、打响价格战的"主战场"，基金的优先级资金成本甚至将到 6% 以下（有甚者降到 5% 以下）。另外，基金的差异化、专业性明显不足，同质性严重。这些问题随着 PPP 的深化都需要进一步解决。

（三）资管计划

资管计划通常包括保险资管、基金资管、券商资管、信托计划等。其实资管计划通常是银行、保险资金参与 PPP 的一种通道，属于被动管理。真正的主动管理类资管计划一般不参与 PPP 项目，而是参与证券一级半（定向增发）市场或二级市场。下面简要介绍一下保险资管和信托计划。

1. 保险资管

保险资管的表现形式是保险资金通过资管计划来投资 PPP 项目。2010 年以来，中国保监会逐步放开了保险资金投资基础设施债权、金融产品、股权、不动产、资产支持计划、集合信托计划、私募基金的限制，2016 年 7 月 3 日更是修订下发了《保险资金间接投资基础设施项目管理办法》，真正铺平了保险资金参与 PPP 项目的道路。又因为保险资金具有规模大、期限长、成本低的特点，与 PPP 项目天生是"一家人"。因此保险资金作为 PPP 项目融资的参与方潜力巨大。但实际情况是，保险资金通常对投融资和项目主体有很高的要求，且保险进入 PPP 的征程才刚刚起航，参与 PPP 的形式，尤其是安全边际和审批标准，很多保险公司仍在探索，还需要一段时间才有可能大规模参与 PPP 项目。

2. 信托计划

2009 年"四万亿投资"以后，政府融资的主要工具转变为信托计划。但由于信托资金多为私募，相较于银行、保险等"公募机构"不具有成本优势，在当前政府和 PPP 获取资金成本低廉、融资渠道广泛的背景下，信托计划渐渐失去了吸引力。目前，参与 PPP 项目融资的信托计划主要为被动管理，即保险或银行资金以信托计划作为通道，参与 PPP 项目。不过，信托公司也在"自降身价"和积极转型，创新出各类投融资工具参与政府融资和 PPP 项目，来迎合市场的需求，尤其是在地方政府"债务置换"、产业基金中的"中间级"甚至"劣后级"、PPP 项目"过桥融资"等领域，继续发挥其方式灵活的优势。

3. 评述

参与 PPP 项目的途径之一是资管计划，原本自身没有明显优势，由于资管通道较多（包括私募基金、信托计划、券商资管、保险资管、公募基金子公司资管，甚至期货资管），因此通道的竞争非常激烈，资管公司如果没有较强的项目资源、金融资源、议价能力和主动管理能力，如果仅仅只做通道，就非常缺乏竞争力。实际上，资管类公司游离于政府、金融机构和社会资本之间，有着比单一金融机构更多的中立性和综合性——不单纯依靠任何一个地方政府、任何一家金融机构或社会资本。换言之，其是最有可能成为 PPP 项目的专业咨询顾问的生力军，关键是要提升自身的议价能力、专业性和主动管理能力，积累更多的项目资源、金融资源。

（四）其他融资工具

主要包括资产证券化、融资租赁、资本市场直接融资（IPO 或新三板挂牌）及并购重组（以被并购方式退出）、政策性金融工具等。由于资本市场直接融资及并购重组是 PPP 项目在中后期退出时的一种选择（PPP 项目社会资本退出方式主要是政府方回购），且目前 PPP 项目大多处于起步阶段，离退出阶段为时尚早，因此不展开分析，以下主要分析资产证券化、融资租赁和政策性金融工具。

1. 资产证券化

资产证券化是 PPP 项目融资可以尝试采用的方式，有稳定可测现金流的"使用者付费"类项目比较适用，在进入运营期后，依照计算得出的预期现金流，金融机构将 PPP 项目进行证券化，在交易所上市发行的一种融资模式。资产证券化可以成为 PPP 项目投资机构（尤其是施工企业和财务投资人）退出的载体，由于 PPP 项目有着很长的周期，缺少能够匹配的金融工具，施工企业和财务投资人投资完成以后需要考虑合理的退出，一种合适的方式就是资产证券化。

但资产证券化之于 PPP 项目同样存在尴尬：PPP 项目目前有稳定可测现金流的项目不多，多数是市政、交通、民生保障类项目，这类项目在中途退出时，资产证券化无能为力。

2. 融资租赁

融资租赁是近些年来崛起的金融工具，基础资产中对于那些有稳定现金流的，可以通过售后回租（存量资产融资）、直租（建造或购买时融资）等方式，增强流动性，缓解资金压力，盘活固定资产。对于供水、电、气、旅游景区、收费公路等既有资产又有现金流的项目来说融资租赁尤为适用。但实际上的情况就是由于融资租赁公司与银行、保险相比还是很难能够获取低价资金，且由于融资租赁收取保证金、手续费等费用、按季还本付息的特点，不仅其资金使用效率低，实际融资成本还高，较难被政府方和社会资本方接受，因此在 PPP 项目融资成本普遍低廉的大背景下，只能是 PPP 债权融资、过桥融资时的一种补充。

3. 政策性金融工具

具有政策支持作用、引导作用的政策性金融工具，也要给予高度重视和充分利用。政策性金融工具，主要指国开行、农发行、进出口银行等政策性银行资金，以及财政部牵头刚刚成立的总规模 1800 亿元的政企合作投资基金，还包括省级政府成立的产业引导基金，等等。由于政策性金融工具具有支持国家重点项目、重点工程、国计民生重大项目的政治使命，且由于其资金来源于中央财政或央行，有的还有政策性贴息，因此资金成本低廉。因此在进行 PPP 项目融资时，一定要认真研究和分析项目本身是否具备争取政策性金融工具支持的条件，能够争取的一定要尽力争取，以提高 PPP 项目的融资便利性，降低融资成本。

## 二、总结与思考

### （一）PPP 项目融资模式的推广是大势所趋

在 PPP 模式下，政府长期与社会资本进行合作，优势互补，风险共担，利益共享，以更低的成本和更高的效率提供公共产品和服务，满足社会公众需求。推广运用 PPP 模式，其积极意义体现在"四个有利于"：一是有利于转变政府职能，加强宏观调控，减少对微观事务的直接参与；二是有利于发挥市场配置资源的决定性作用，提升公共产品和服务的供给效率；三是有利于盘活社会存量资本，激发民间投资活力，形成新的经济增长点；四是有利于完善财政资金投入及管理方式，有效控制政府性债务，缓解财政压力。

### （二）PPP 项目融资管理政策体系不断健全

《国务院关于创新重点领域投融资机制鼓励社会资本投资的指导意见》（国发〔2014〕60 号）要求推进政府和社会资本合作机制的建立健全，利用社会资本的参与来提高公共产品的供给能力。为贯彻落实"国发〔2014〕60 号"文，财政部和发改委密集出台了 PPP 合作模式操作指南和指导意见等文件（如"财金〔2014〕113 号"和"发改投资〔2014〕2724 号"）。为进一步推广和规范 PPP 模式，财政部又制定了《政府采购竞争性磋商采购方式管理暂行办法》（财库〔2014〕214 号）和《政府和社会资本合作项目政府采购管理办法》（财库〔2014〕215 号）。竞争性磋商是财政部首次依法创新的采购方式，避免了以往竞争性谈判可能导致的恶性竞争，通过规范操作，实现政府采购工程物有所值的价值目标。"财库〔2014〕215 号"文新增了现场考察答疑、强制性资格预审、合同文本公示和采购结果等规范性要求，确保了 PPP 项目采购的顺利完成，并实行采购结果确认谈判制度，进一步减少项目后期运作发生争议的可能性。

（三）PPP 融资模式操作和合同管理日趋规范

为规范政府和社会资本合作行为，相关方利益需要完整的契约体系来维系和协调，合理匹配成本与收益。从 PPP 项目识别、项目准备、项目采购、项目执行到项目移交，已初步建立了一套系统化的操作流程，涵盖 PPP 模式的程序、服务、收益、土地股权及融资六大交易结构，并依据操作体系建立了包括股东协议、PPP 项目协议、融资协议、采购服务协议、销售协议和特许经营协议等在内的协议体系，以及承包合同、运营合同和咨询合同等在内的合同群。目前，发改委和财政部已相继出台"发改投资〔2014〕2724 号"和"财金〔2014〕156 号"等多项政策文件，对操作体系及部分合同进行规范与指导，充分体现了政府促进 PPP 模式健康发展的意图和决心。

（四）PPP 项目交易形式呈现多元化

为确保每一个具体项目有明确的收入来源，以期平衡收入和支出，现有的 PPP 形式交易多种多样，其中较为常见的交易形式有：政府授权＋特许经营（适用于公用事业项目中那些含有特许经营权的，常常以 BOT 模式建造）、政府授权＋购买服务（适用于那些服务类项目如居家养老、医疗卫生、社区文化、就业、义务教育等，与 BT 模式类似）、项目收益分成＋资源型补偿（适合车站、轻轨和地铁等项目，常常以 BOT、TOT 模式建造）。根据项目收入及交易形式类型的特点，政府对社会资本或投资人的补偿方式分为两种：一是后期补偿，即通过运营补贴（价格补偿）、税费减免和财务费用补贴（贴息）等途径在项目运营阶段进行补助。二是前期补偿，即利用前期资产或现金投资在项目建设阶段进行补助[①]。

（五）PPP 项目银行融资方式渐趋多样性

在应用 PPP 模式时需要全面考虑到主权融资（国家信用）、非主权融资和私营资本融资并统筹规划，应当依据投资人或项目的特点建立多样化的融资方式。银行在企业融资和项目融资二者之间应当以项目融资为主，将项目形成的资源、拥有的权益及合同约定的权利锁定在银行可控范围内。对于利益可全部回到投资人的项目，可对投资人的信用和资产状况等进行考察，将银行对项目的有限追索

---

① 石宗英，杨硕淼，李蔚. PPP 项目融资模式的体会与思考［J］. 农业发展与金融，2015（4）：31－34.

权转变为无限追索权，改变以往银行只紧盯项目、仅以项目作为风险控制手段的传统模式。

（六）相关方在 PPP 项目开展中仍面临一定困惑

对地方政府来说，近年来对融资平台依赖性较强，且已习惯了传统的委托代建等模式。但对类型多、复杂度高的 PPP 项目则不知从何处下手。对投资人来说，在与政府的合作性博弈中，如何保证自身的利益不受损失最为重要。过去我国也曾出现过一些"形似而神不似"的公私合作项目，某种程度上由于政府缺少"契约精神"中途变卦的情形使社会投资者心里打鼓，在 PPP 门外徘徊不决。对银行来说，传统的项目承贷主体、业务运作流程和业务合同相对简单，有些项目只要地方政府财力可靠就感到安心，而 PPP 模式项目较为复杂，银行在业务开展中需要关注的细节问题成倍增加，甚至有些问题的把控需借助专业咨询机构的智慧，银行交易成本增加，潜在信贷风险也大大增加。

# 第四章　PPP 项目可融资性评价

## 第一节　PPP 项目可融资性评价的可行性

### 一、国外经验启发

国外 PPP 项目可融资性评价发展成熟，尤以澳大利亚为首，形成了一套完善综合的评价体制，成为很多国家学习的对象。澳大利亚目前处于 PPP 市场成熟度的第三阶段，已经形成了一套结合各州自身特点的完备的评价制度和流程，具有很强的独立性、客观性、操作性和专业性。我国目前处于 PPP 市场成熟度的初级阶段，成熟度的差距为我国 PPP 项目的可融资性评价提供了借鉴。

### 二、国内政策支持

为指导 PPP 项目的顺利开展，政府发布了《关于推广运用政府和社会资本合作模式有关问题的通知》（财金〔2014〕76 号）与《关于在公共服务领域推广政府和社会资本合作模式的指导意见》（国办发〔2015〕42 号），指出要积极借鉴物有所值评价理念和方法对拟采用政府和社会资本合作模式的项目进行筛选，并在财政部《政府和社会资本合作模式操作指南（试行）》《政府和社会资本合作项目财政承受能力论证指引》（财金〔2015〕21 号）、《PPP 物有所值评价指引（试行）》（财金〔2015〕167 号）等文件中明确指出财政部门应对项目实施方案从定性和定量两方面开展 VFM 评价，并给出了相应的 VFM 定性评价与定量测算要求。

2016 年 12 月，财政部出台了《财政部政府和社会资本合作（PPP）专家库管理办法》（财金〔2016〕144 号），规范了 PPP 专家库管理工作。同时，财政部建立了政府和社会资本合作（PPP）综合信息平台，并出台了《关于规范政府和社会资本合作（PPP）综合信息平台运行》的通知，制定了《政府和社会资本合作综合信息平台运行规程》。2017 年 1 月，财政部推出了《政府和社会资本合作（PPP）综合信息平台信息公开管理暂行办法》（财金〔2017〕1 号），以此规范 PPP 项目信息公开工作①。

多项文件的出台，从政策方面对 PPP 项目 VFM、FAA 和专家论证做了规范，为国内 PPP 项目可融资性评价提供可行性。

## 第二节　PPP 项目可融资性评价方法及流程

### 一、评价方法

为切实提高 PPP 项目可融资性，提高项目落地率和融资交割率，项目实施机构应在实施方案中编制可融资性专章，PPP 管理机构应对实施方案进行可融资性评价。

项目实施机构依据项目建议书、项目可行性研究报告等前期论证文件编制 PPP 项目物有所值评价报告、财政承受能力论证报告和实施方案。项目实施机构编制实施方案时，可征询潜在社会资本的意见建议。

PPP 管理机构接受项目申报，依据可融资性评价指标的标准，逐一对项目打分，定性指标可由 PPP 专家库成员讨论得出结果。将每一项指标得分加总，超过标准分数的项目予以通过可融资性评价。所有通过评价的项目需在关键性指标（具有一票否决权的指标）达到标准。

### 二、评价流程

PPP 项目实施前阶段有以下评价步骤需要实施，如图 4 - 1 所示。第一个步骤是核实服务需求，确保这个服务需求是地区优先发展及公众需要的服务。第二个步骤是项目评定和供给策略阶段，在这个阶段有两个决定要做出：一个是基于商业案例分析的投资决策，决定提案项目投资可行性；另一个是基于供给模式分

---

① 程坤. 高校 PPP 项目可行性评价研究［D］. 武汉理工大学，2015.

析的供给决策，根据评价指标判断 PPP 模式可行性。PPP 可融资性评价在各地的实施要突出各自的特点①。

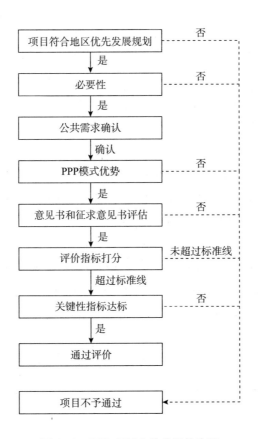

**图 4 – 1　PPP 项目实施前评价步骤**

# 第三节　PPP 项目可融资性评价指标体系

## 一、评价指标体系的构建原则

PPP 项目可融资性评价指标体系是一个多层次、多因素的系统体系，评价指

---

①　程坤. 高校 PPP 项目可行性评价研究 [D]. 武汉理工大学，2015.

标的选取需要有明确的指导原则。在原则指导下把评价指标分层再有机结合成一个整体。为了能够建立一套科学、合理的 PPP 项目指标体系，指标体系的构建需要遵循以下原则。

（一）系统性原则

PPP 项目评价指标体系是一个层次结构清晰的系统，指标之间存在严密的逻辑关系，而不是随便结合。面对 PPP 项目这一庞大的系统，单层指标不能全面反映项目的特征，需要把评价目标分解为独立子目标，分别构建指标集，最后综合形成完备的指标体系。

（二）简易性原则

指标体系要简单易用，烦琐的指标体系是不利于在实践中应用的。所以，指标选取时，要抓关键因素，在保证评价指标体系系统性的前提下实现简单易用，这样便于评价工作人员理解和计算。

（三）代表性原则

应选取有代表性的评价指标，这样才能更好地反映 PPP 项目可融资性评价的特征，比如财务、社会、风险等方面。同时要注意评价指标在某一很长的时间序列中间的可比性，这对于以评促建、以评促管有很大意义。

（四）导向性原则

指标选取要具有导向性原则，评价的目的不是评价项目的好坏，而是项目更好的建设和应用。要做到以评促建，从评价指标标准值与实际值的差异中发现问题所在，将来在项目建设过程中尽量避免。

（五）一致性原则

评价指标体系构建要考虑评价方法的特点，不同的评价方法对评价指标的表示方法、计算方法要求不同。在构建评价指标体系时要使其与评价方法相匹配，只有这样才能做到评价结果的有效性。

**二、评价指标体系的构建方法**

PPP 项目可融资性评价指标体系的构建是 PPP 项目可融资性评价模型建立的基础，科学合理的指标体系能够为评价体系的有效性和适用性提供重要保证。PPP 项目可融资性评价指标体系的建立除需要遵循构建原则外，还要有科学的构建方法作为支撑①。

第一步，明确 PPP 项目可融资性评价的目标。目的是通过对 PPP 项目的定义、特征、作用及基本框架和运作流程系统分析后，构建科学合理的评价指标体系，并通过恰当的评价方法建立数学评价模型，最后对 PPP 项目的可融资性进行系统评价，为 PPP 项目科学决策提供依据。

第二步，确定 PPP 项目可融资性评价因素（维度）。在分析完 PPP 项目可融资性的目标后，需要进一步明确 PPP 项目可融资性的外延与内涵，并将目标分层细化，这一步主要是对评价体系的目标进行分解，确定评价体系指标分类方式，将目标分为多个一级指标以便后续进一步分层深化工作的开展。

第三步，确定 PPP 项目可融资性评价的初步指标集。上一步确定的评价因素，得到了 PPP 项目可融资性评价指标的分类方向，获得评价体系的一级指标，但不具备可操作性，不能直接用于评价，需要进一步细化分解得到评价体系的初步指标集。综合运用文献频数分析法和理论分析法进行初步指标集的构建。

第四步，对初步指标体系进行优化，确定 PPP 项目可融资性评价指标体系。通常情况下初步指标体系已经具备了指标体系的全面性和整体性，但达不到评价指标体系的简明性、可操作性等要求，还需要对初步评价指标进一步的优化和删减。对初步评价指标体系，详细分析指标的内涵，利用 Delphi 法量化各专家对指标重要性的判断，实现指标体系的启发式层次寻优，获取优化后的指标体系及权重②。

### 三、PPP 项目可融资性评价初步指标体系及内容分析

（一）提出初始指标及其赋值

本书提出的初始指标及其赋值如表 4 - 1 所示：

表 4 - 1　指标体系及其赋值

| 一级指标 | 二级指标 | 三级指标 |
|---|---|---|
| 经济社会发展状况（7%） | 常住人口规模（万人）（5%） | |
| | 人口增长率（4%） | 自然增长率（52%） |
| | | 机械增长率（48%） |

①②　程坤. 高校 PPP 项目可行性评价研究［D］. 武汉理工大学，2015.

| 一级指标 | 二级指标 | 三级指标 |
|---|---|---|
| 经济社会发展状况（7%） | 人口结构（5%） | |
| | 地区 GDP 总量（万元）（7%） | |
| | GDP 增速（5%） | |
| | CPI（4%） | |
| | 中央财政转移支付占 GDP 比例（6%） | |
| | 居民人均可支配收入（万元/年）（3%） | |
| | 金融环境（8%） | 金融市场活跃度（20%） |
| | | 金融供给侧改革力度（17%） |
| | | 金融机构总资产规模（17%） |
| | | 金融机构信贷规模（17%） |
| | | 金融机构与政府的关系程度（18%） |
| | | 金融机构利息保障倍数（11%） |
| | 产业结构（4%） | |
| | 固定资产投资（4%） | |
| | 公共事业投资占固定资产投资比重（4%） | |
| | 地方投资者投资热度（5%） | |
| | 投资环境（4%） | |
| | 民营经济发展状况（4%） | |
| | 犯罪率/当地社会法制水平（4%） | |
| | 已签约 PPP 规模（6%） | |
| | PPP 行业均衡性（6%） | |
| | 地方发展规划（6%） | |
| | 国家对该地区的战略定位及政策（6%） | |
| 所处行业发展状况（5%） | 行业总产值占全国 GDP 比例（6%） | |
| | 产业政策（10%） | |
| | 项目所处行业竞争状况（11%） | |
| | 项目所处行业景气指数（12%） | |
| | 项目所处行业集中度（13%） | |
| | 项目所处行业发展前景（13%） | |
| | 行业总体利润率（12%） | |

续表

| 一级指标 | 二级指标 | 三级指标 |
|---|---|---|
| 所处行业<br>发展状况<br>（5%） | 所在行政区域［县级（含）及以上］该行业总产值（12%） | |
| | 所在行政区域［县级（含）及以上］该行业总产值占其 GDP 比例（11%） | |
| 政府方及<br>国有出资<br>人代表基<br>本情况<br>（20%） | 政府决策民主化程度（4%） | |
| | PPP 相关的地方性政策及规章制度的完备性（8%） | |
| | 有推动 PPP 规范发展的举措（9%） | |
| | 地方政府审批效率（10%） | |
| | 具备 PPP 知识和经验（6%） | |
| | 是规范的独立法人（5%） | |
| | 地方政府/实施单位管理人员知识法制意识（5%） | |
| | 地方政府层级（8%） | |
| | 政府信息公开情况（7%） | |
| | 地方财政（20%） | 地方财政收入（13%） |
| | | 地方财政支出（11%） |
| | | 地方财政支出结构（10%） |
| | | 地方财政收支缺口（12%） |
| | | 以往债务偿还情况（11%） |
| | | 负债率＝年末政府债务余额/GDP（11%） |
| | | 债务率＝年末政府债务余额/政府综合财政实力（11%） |
| | | 偿债率＝当年债务还本付息总额/政府综合财政实力（11%） |
| | | 政府基金收支（10%） |
| | 政府对平台公司的支持程度（6%） | |
| | 平台公司资产（6%） | |
| | 国有资本出资人代表的信用评级（6%） | |

续表

| 一级指标 | 二级指标 | 三级指标 |
|---|---|---|
| 项目质量<br>（40%） | 所属行业（14%） | |
| | 项目所处阶段（13%） | |
| | 政策/规划符合性（13%） | |
| | 项目前期工作进展状况（30%） | 可研是否获得批复（10%） |
| | | 国土、规划、环评等前期手续是否完备（12%） |
| | | 总投资额（10%） |
| | | 资本金比例（10%） |
| | | NPV（12%） |
| | | 全投资 FIRR（12%） |
| | | 资本金 FIRR（12%） |
| | | 静态投资回收期（11%） |
| | | 融资方式（11%） |
| | "一案两评"编制及批复情况（10%） | 运作模式（5%） |
| | | 回报机制（3%） |
| | | 合作期限（年）（4%） |
| | | VFM 评价结果（6%） |
| | | FAA 计算的依据文件及结果（6%） |
| | | PPP 支出责任是否超过同级财政一般公共预算支出 10%（4%） |
| | | PPP 项目总投资（万元）（6%） |
| | | 资本金比例（8%） |
| | | 资金来源（8%） |
| | | 现金流稳定性（6%） |
| | | 投资回报率（年化利润率）（5%） |
| | | 是否编制可融资性论证专篇（5%） |
| | | 融资专章/方案/条款是否合理（5%） |
| | | 长期合作期间风险的可预测性（4%） |
| | | 风险分担的合理性（4%） |
| | | 合规性（5%） |
| | | "一案两评"是否获得批复（5%） |

续表

| 一级指标 | 二级指标 | 三级指标 |
|---|---|---|
| 项目质量<br>（40%） | "一案两评"编制及批复情况（10%） | 项目全生命周期的监管机制（4%） |
| | | 退出机制（7%） |
| | SPV 公司实力（20%） | SPV 公司注册资本（23%） |
| | | SPV 公司的规模（27%） |
| | | SPV 公司资本金结构（25%） |
| | | SPV 公司治理情况（25%） |
| 社会资本<br>方基本情况<br>（20%） | 社会资本方遴选方式（9%） | |
| | 社会资本方行业地位（7%） | |
| | 社会资本方综合实力（9%） | |
| | 自有资产（9%） | |
| | 财务稳定性（7%） | |
| | 资产负债率（7%） | |
| | 不良资产占比（6%） | |
| | 建设能力（7%） | |
| | 运营能力（7%） | |
| | 社会资本方资信评级状况（14%） | |
| | 是否控（参）股金融企业（4%） | |
| | 公司区域市场占有度（5%） | |
| | 融资渠道多样化程度（9%） | |
| 风险及增<br>信情况<br>（5%） | 政策风险（13%） | |
| | 法律合同风险（12%） | |
| | 市场风险（12%） | |
| | 宏观经济风险（9%） | |
| | 建设风险（12%） | |
| | 运营风险（13%） | |
| | 增信措施（18%） | 国家示范项目（25%） |
| | | 国家项目库（20%） |
| | | 省级示范项目（20%） |
| | | 省级项目库（18%） |
| | | 其他项目库（17%） |
| | 风险管控预案及力量（11%） | |

续表

| 一级指标 | 二级指标 | 三级指标 |
|---|---|---|
| 其他<br>（3%） | ESG 投资比率（10%） | |
| | 创新指数（10%） | |
| | 具有可持续性（12%） | |
| | 可复制、可推广性（12%） | |
| | 社会效益良好（如能实现精准扶贫）（15%） | |
| | 环保效益良好（10%） | |
| | 项目操作过程中的廉洁（9%） | |
| | 受到本级（不含）以上政府/机构奖励（5%） | |
| | 地方政府的优惠政策篮子（9%） | |
| | 受到相关部门的处罚或警示、告诫（8%） | |

（二）三轮问卷情况

1. 第一轮问卷

问卷发放前，已初步选取了 3 级共 130 余个指标。本轮问卷是由专家对各个指标与可融资性评价的相关性进行打分。实收问卷 293 份，有效问卷 284 份。问卷的地理分析与统计分析如图 4 - 2、图 4 - 3 所示。

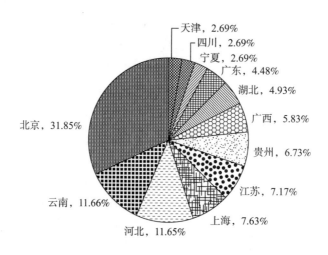

图 4 - 2　问卷地理分析

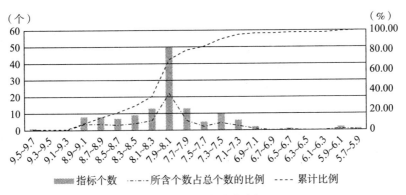

图 4 - 3　问卷统计分析

2. 第二轮问卷

根据第一轮问卷结果，增加/删除了若干指标，并对每个指标赋予权重。本轮问卷由专家对指标的权重合理性打分，并给出参考意见。实收问卷 35 份，有效问卷 35 份。

本轮给予问卷回复的专家主要来源于河北省和北京市两个区域，所占比重为 57.14%，其中河北省回复专家 12 人，北京市回复专家 8 人。其他地区回复专家基本为 1 人，多则 2 人。区域分布有一定的不均衡性。

3. 第三轮问卷

根据前两轮问卷，最终筛选出 3 级共 72 个指标并赋予权重。本轮问卷由专家对权重合理性进行评价并提出参考意见。根据各专家意见得出一套较为系统且具有可操作性的评价指标。实收问卷 12 份，有效问卷 12 份。

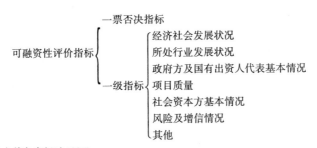

图 4 - 4　PPP 可融资性评价指标

注：一票否决指标是指项目和项目参与主体以上指标不合格，PPP 项目直接不予考虑。

（三）最终指标确定

对数十位 PPP 项目有关的专家进行了三轮调查问卷，咨询了包括政府、国企、民营企业、银行、其他相关金融机构的有关人士的意见，最终，选取了经济社会发展状况、所处行业发展状况、政府方及国有出资人代表基本情况、项目质量、社会资本方基本情况、风险及增信情况、其他共 7 个一级指标（含 40 个二级指标、26 个三级细化指标）的评价领域，并提出来三个具有一票否决权的指标，对 PPP 项目可融资性进行全面评价。

表 4 - 2　PPP 项目可融资性评价体系

| 一级指标 | 二级指标 | 取整百分数 | 三级指标 | 取整百分数 |
|---|---|---|---|---|
| 经济社会发展状况（10%） | 常住人口规模（万人） | 8% | | |
| | 人口结构 | 7% | | |
| | GDP 增速 | 7% | | |
| | 金融环境 | 23% | 金融市场活跃度 | 34% |
| | | | 金融供给侧改革力度 | 33% |
| | | | 金融机构总资产规模 | 33% |
| | 公共事业投资占固定资产投资比重 | 7% | | |
| | 地方投资者投资热度 | 7% | | |
| | 投资环境 | 8% | | |
| | 民营经济发展状况 | 7% | | |
| | PPP 推进情况 | 14% | 已签约 PPP 规模 | 14% |
| | | | PPP 项目落地率 | 50% |
| | | | PPP 项目落地率/PPP 项目签约率 | 36% |
| | 地方发展规划 | 6% | | |
| | 国家对该地区的战略定位及政策 | 6% | | |
| 所处行业发展状况（6%） | 产业政策 | 25% | | |
| | 项目所处行业景气指数 | 25% | | |
| | 项目所处行业发展前景 | 25% | | |
| | 行业总体利润率 | 25% | | |

续表

| 一级指标 | 二级指标 | 取整百分数 | 三级指标 | 取整百分数 |
|---|---|---|---|---|
| 政府方及国有出资人代表基本情况（25%） | 政府决策民主化程度 | 4% | | |
| | PPP 相关的地方性政策及规章制度的完备性 | 9% | | |
| | 有推动 PPP 规范发展的举措 | 8% | | |
| | 具备 PPP 知识和经验 | 10% | | |
| | 是规范的独立法人 | 8% | | |
| | 地方财政 | 51% | 地方财政收入 | 17% |
| | | | 地方财政收支缺口 | 17% |
| | | | 地方财政一般公共预算支出 | 17% |
| | | | 负债率＝年末政府债务余额/GDP | 16% |
| | | | 债务率＝年末政府债务余额/政府综合财政实力 | 16% |
| | | | 偿债率＝当年债务还本付息总额/政府综合财政实力 | 17% |
| | 国有资本出资人代表的信用评级 | 10% | | |
| 项目质量（27%） | 政策/规划符合性 | 15% | | |
| | 项目前期工作进展状况 | 40% | 可研是否获得批复（审批/核准/备案） | 25% |
| | | | 国土、规划、环评等前期手续是否完备 | 26% |
| | | | 资本金 FIRR | 24% |
| | | | 融资方式 | 25% |
| | "一案两评"编制及批复情况 | 45% | 运作模式 | 9% |
| | | | 合作期限（年） | 9% |
| | | | 回报机制 | 9% |
| | | | 资本金比例 | 12% |
| | | | 现金流稳定性 | 14% |
| | | | 投资回报率（年化利润率） | 9% |

续表

| 一级指标 | 二级指标 | 取整百分数 | 三级指标 | 取整百分数 |
|---|---|---|---|---|
| 项目质量 (27%) | "一案两评"编制及批复情况 | 45% | 融资专章/方案/条款是否合理 | 9% |
| | | | 风险分担的合理性 | 10% |
| | | | 退出机制 | 10% |
| | | | "一案两评"是否获得批复 | 9% |
| 社会资本方基本情况 (20%) | 社会资本方遴选方式 | 12% | | |
| | 社会资本方行业地位 | 11% | | |
| | 社会资本方综合实力 | 14% | | |
| | 资产负债率 | 12% | | |
| | 财务稳定性 | 13% | | |
| | 建设能力 | 10% | | |
| | 运营能力 | 14% | | |
| | 社会资本方资信评级状况 | 14% | | |
| 风险及增信情况 (9%) | 政策风险 | 21% | | |
| | 法律合同风险 | 21% | | |
| | 市场风险 | 20% | | |
| | 建设风险 | 18% | | |
| | 运营风险 | 20% | | |
| 其他 (3%) | 环保效益良好 | 45% | | |
| | 具有可持续性 | 55% | | |

注：实际应用中可根据地区差异和项目特点、不同阶段，适当增加一些个性指标，也可适当删减一些指标或调整指标权重。

（四）部分指标解释

1. 一级指标选取解释

（1）经济社会发展状况。根据世界银行的统计数据，可以看出不同地区的 PPP 项目发展存在明显差异。这种差异的形成很大程度上是受各地区经济社会发展状况的影响，尤其是对于发展中国家而言，经济发展越快，PPP 项目发展情况越优。因此，选取经济社会发展状况指标来衡量地区的宏观经济环境是否利于本地发展 PPP 项目。

（2）所处行业发展状况。项目预期现金流稳定是 PPP 项目得以顺利持续经营的重要保障。选取契合国家发展战略、具有成长前景的行业实施 PPP 模式，可以较好地保证 PPP 参与各方的利益。

（3）政府方及国有出资人代表基本情况。国内政府方及国有出资人代表在 PPP 项目的实施过程中占主导力量，其行为很大程度上影响 PPP 模式未来的经营发展。目前，国内地方政府方及国有出资人代表问题诸多，信用体系不健全、管理制度和人员不合规等。通过该指标筛选合格的政府方及国有出资人代表可以提高 PPP 项目的落地率与可持续性。

（4）项目质量。一个成功的项目，质量管理是重中之重。PPP 项目区别于一般的投资项目，不仅局限于工程质量，还包括项目的前期工作进展。目前国内出台了相关评价标准，如"一案两评"等，要优先选取高标准质量的项目开展 PPP 模式。

（5）社会资本方基本情况。社会资本方是 PPP 项目的核心因素，其在 PPP 项目中承担着建造、管理和运营等多种责任。综合考量社会资本方的资产、财务、业务等能力，选择最优的社会资本方参与 PPP 项目，更有利于实现政府和社会资本合作的目的。

（6）风险及增信情况。PPP 项目投资期限长，投入金额大，风险较高。主要包括政策风险、法律合同风险、市场风险、建设风险、运营风险等。综合考量项目各类风险的程度，对于判断 PPP 项目的可行性具有重要意义。

2. 部分二三级指标选取解释

（1）投资环境。投资环境是伴随 PPP 项目整个过程的各种周围境况和条件的总和。概括地说，包括影响 PPP 项目的自然要素、社会要素、经济要素、政治要素和法律要素等。对地方政府及社会来说，投资环境是不可完全控制的因素，必须努力认清其所处的环境，并努力适应环境，利用环境提供的有利条件，回避不利因素。

（2）政府决策民主化程度。地方政府在进行 PPP 项目决策过程中，行使重大决策权力运用的过程和结果应在民主的监督之下，专业问询机制，即决策制定征询专家、学者、智囊团等意见；通过所获得的意见进行决断。

（3）规范的独立法人。地方政府方面可执行如下的行政法人功能：①其所执行的公共任务是国家或地方政府有义务确保其实行的；②其业务执行有专业化需求或要强化成本效益和经营绩效；③其所执行的任务不适合用传统的行政机关或民间组织处理；④涉及公权力行使程度较低。国有出资人代表具有独立法人资格即国有企业拥有一定实力且具有独立的法人资格。

（4）政策/规划符合性。项目是否符合地方政策，以及规范性，是否有据可依。包括地方经济和区域发展与需要、国家和地方出台的相关政策，中长期规划及专项规划、资源规划布局、社会与市场需求、现状及问题、所在地的内外部条件及项目本身等多个方面。

（5）地方投资者投资热度。该地区资金年平均流入量，企业增长数量、规模的增加等。

（6）金融市场活跃度。地区金融机构（如银行、投资公司）的数量，金融工具发行及流通数量，地区企业的发债能力及现存企业债券数量，等等。

（7）金融供给侧改革力度。金融机构加大直接融资的程度，严格的风控，简化的资金审批流程，以此解决实体企业融资难、融资贵等问题。有助于社会资本以更低的成本融资，提高 PPP 项目的收益率，有利于地方 PPP 项目长久发展。

（五）指标分级

以社会资本方招标为节点，将评价体系分为两部分，指标分为两个级别。

1. 招标前

社会资本方未知，总分按 80 分计。评价得分大于等于 50 分的项目，认定可以融资；评价得分大于等于 65 分的项目，认定可以优先融资。

评价指标：社会经济发展状况、所处行业发展状况、政府方及国有出资人代表基本情况、项目质量、风险及增信情况、其他。

2. 招标后

社会资本方已确定，总分按 100 分计。评价得分大于等于 60 分的项目，认定可以融资；评价得分大于等于 80 分的项目，认定可以优先融资。

评价指标：社会经济发展状况、所处行业发展状况、政府方及国有出资人代表基本情况、项目质量、社会资本方基本情况、风险及增信情况、其他。

# 第四节　PPP 项目可融资性评价的局限性

## 一、可融资性评价的技术局限

（一）评价范围是否合理

在 PPP 评价中，需求分析很少出现在政策文本中，无论是中央还是地方政策文本。这导致公众最需求的项目可能没有经过审批，而符合政府利益或政府政绩的项目却占据了资源，在一定程度上就产生了评价范文不合理的问题。

（二）评价指标的设置是否科学

评价指标的科学性直接关系到 PPP 可融资评价最终的质量。一要遵循目的性原则，指标的设置要紧紧围绕提升评价质量这一目标，并且多方位、多角度地反映整体的评价水平。二要遵循系统性的原则，指标的设置要和评价具有很强的相关性、层次性和整体性，不能盲目进行选择。三要遵循可操作性的原则，既要做到概念明确、定义清楚，又能够方便采集数据和收集情况，考虑实际性。

（三）是否能够真实地反映某个 PPP 项目的公共利益性

在 PPP 项目准备或前期评价中，政策文本很少提到公共利益评价问题，政府与社会资本处理 PPP 项目就像是政府与私人部门的交易，而不是包含了公众或第三方审计主体保护公众利益。由于 PPP 项目经常涉及公众的切身利益，因此将公众纳入 PPP 项目的决策讨论与协商中，制定具体公共利益评价策略才能更好地保障公众利益，实现公共利益与社会资本的共赢。

## 二、可融资性评价的人为因素

可融资性评价的人为因素有：评价机构、评审机构的能力、专业性能否准确把握可融资性评价这项工作；以及政府决策部门，对可融资性评价结果能否准确认识，能否有效利用可融资性评价结果，做出正确合理的决定。尤为重要的是，在以下几个问题中地方政府官员和可融资性评价机构能否合理把握：PPP 模式的鉴别标准、程序上的识别、具体项目的特点、绩效付费的标准、明股实债的识别、固定回报的识别和不适宜做 PPP 的项目的判断。

# 第五章 PPP项目融资案例分析

## 第一节 某特色小镇PPP项目可融资性评价

### 一、项目介绍

河北某地位于渤海之滨，历史文化悠久，规划建设渔业小镇，主要的建设内容为"一带、二镇、三片区"。

一带：水上画廊景观带。

二镇：渔业小镇和乐水小镇。

三片区：北部休闲度假区、中部产业培育区、南部运动体验区。

计划分两期建设，目前一期项目已经建成投入运营，二期项目根据经济社会发展情况另行确定。其中一期项目建设内容为：

一是生态湿地旅游工程：包括生态栈道、垂钓、摸鱼基地、湿地博物馆、鱼产品加工展示基地、水环境整治、渤海风情灯光秀工程。

二是渤海文化水镇工程：游客中心1200平方米、生态停车场18000平方米、非遗博物馆2000平方米、渔文化博物馆2000平方米、花儿文化演绎剧场5000平方米、非遗文化作坊街区20000平方米、冬捕渔俗文化广场5000平方米、花儿婚俗基地2000平方米、农耕博物馆2000平方米、休闲农业庄园（田园综合体）20000平方米、花儿温泉酒店40000平方米、养生度假社区400000平方米、养老健康中心10000平方米。

三是户外休闲运动区工程：国际房车营地20000平方米、星空营地8000平方米、自驾车营地30000平方米、汽车影院5000平方米、管理服务中心1000平方米、生态停车场20000平方米。

四是其他配套工程：旅游公厕、生态绿化改善、旅游标识系统、智慧旅游系统。

项目总投资 50 亿元，其中：一期项目投资约 21 亿元；二期项目投资约 29 亿元。一期项目总工期三年，从 2017 年 9 月至 2020 年 9 月；二期项目实施期根据经济社会发展情况另行确定。

一期项目运营期间，可实现年平均营业收入 18024 万元，年可行性财政补贴 2000 万元。项目年均总成本费用 17078 万元，年平均利润总额 4964 万元，年平均净利润 2327 万元。项目财务内部收益率税前为 9.8%，税后为 4.9%，税后投资回收期 10.6 年。

一期项目采用政府和社会资本合作模式实施，采取公开招标方式遴选社会资本方。项目投资由中标某知名特色小镇投资运营企业筹集，自有资金不低于 20%，其他资金通过金融机构筹集。合作模式为 BOT。项目合作期限 18 年，其中建设期 3 年、运营期 15 年。允许社会资本方在正常运营两年后通过公开上市、股权转让、股权回购、资产证券化等合法形式退出。

**二、可融资性分析**

（一）前置否决事项

（1）项目已入库。

（2）地方债务率 60%，未超过 100%。

（3）每一年度全部 PPP 项目需要从预算中安排的支出责任，占一般公共预算支出比例约 7%，未超过 10%。

（4）最近三年地方政府及下属平台公司未出现过债务违约。

（二）经济社会发展状况（权重 10%，满分 10 分）

由表 5 - 1 可知，一级指标"经济社会发展状况"得分 6.28 分。

表 5 - 1　经济社会发展状况指标权重及分值情况

| 二级指标 | 权重（%） | 分值 | 三级指标 | 权重（%） | 分值 |
|---|---|---|---|---|---|
| 常住人口规模（万人） | 8 | 50 | | | |
| 人口结构 | 7 | 70 | | | |
| GDP 增速 | 7 | 80 | | | |

| 二级指标 | 权重（%） | 分值 | 三级指标 | 权重 | 分值 |
|---|---|---|---|---|---|
| 金融环境 | 23 | 66.8 | 金融市场活跃度 | 34 | 80 |
| | | | 金融供给侧改革力度 | 33 | 60 |
| | | | 金融机构总资产规模 | 33 | 60 |
| 公共事业投资占固定资产投资比重 | 7 | 30 | | | |
| 地方投资者投资热度 | 7 | 65 | | | |
| 投资环境 | 8 | 70 | | | |
| 民营经济发展状况 | 7 | 80 | | | |
| PPP 项目推进情况 | 14 | 35 | 已签约 PPP 规模 | 15 | 50 |
| | | | PPP 项目落地率 | 50 | 20 |
| | | | PPP 项目落地率/PPP 项目签约率 | 35 | 50 |
| 地方发展规划 | 6 | 80 | | | |
| 国家对该地区的战略定位及政策 | 6 | 90 | | | |

（三）所处行业发展状况（权重6%，满分6分）

特色小镇主要指聚焦特色产业和新兴产业，集聚发展要素，不同于行政建制镇和产业园区的创新创业平台。发展美丽特色小镇是推进供给侧结构性改革的重要平台，是深入推进新型城镇化的重要抓手，有利于推动经济转型升级和发展动能转换，有利于促进大中小城市和小城镇协调发展，有利于充分发挥城镇化对新农村建设的辐射带动作用。

1. 国家政策支持

目前我国宏观经济发展已经进入转型期，城镇化水平持续提升。2015 年，李克强总理在《政府工作报告》中指出：要把"大众创业、万众创新"打造成推动中国经济继续前行的"双引擎"之一。在这种大背景下，过去粗放型的区域发展模式难以为继，特色小镇重在引导灵活多样的发展模式，强调"因地制宜"，重视资源集约，在当前的区域竞争中有利于形成核心竞争力。

2016 年 2 月，国务院发布《关于深入推进新型城镇化建设的若干意见》（国发〔2016〕8 号），提出加快培育特色小城镇发展，要求因地制宜、突出特色、创新机制，充分发挥市场主体作用，推动小城镇发展与疏解大城市中心城区功能相结合、与特色产业发展相结合、与服务"三农"相结合。发展具有特色优势的休闲旅游、商贸物流、信息产业、先进制造、民俗文化传承、科技教育等魅力小镇，带动农业现代化和农民就近城镇化。

2016 年 7 月，住建部、国家发改委、财政部联合发布了《关于开展特色小镇培育工作的通知》，目标到 2020 年，培育 1000 个左右各具特色、富有活力的休闲旅游、商贸物流、现代制造、教育科技、传统文化、美丽宜居等特色小镇，引领带动全国小城镇建设，不断提高建设水平和发展质量。特色小镇建设在全国范围内正式推开。

2016 年 10 月，国家发改委发布《关于加快美丽特色小（城）镇建设的指导意见》（发改规划〔2016〕2125 号），支持特色小城镇的建设发展。10 月 14 日，住建部公布了第一批中国特色小镇名单，进入这份名单的 127 个小镇成为未来特色小镇领域建设的标杆项目。

2017 年 7 月，住建部网站发布《住房城乡建设部关于保持和彰显特色小镇特色若干问题的通知》（建村〔2017〕144 号）和《住房城乡建设部办公厅关于做好第二批全国特色小镇推荐工作的通知》（建办村函〔2017〕357 号）要求，拟将北京市怀柔区雁栖镇等 276 个镇认定为第二批全国特色小镇。

2. 河北省特色小镇建设

2016 年，河北省委省政府出台《关于建设特色小镇的指导意见》提出，力争通过 3 ~ 5 年的努力，培育建设 100 个产业特色鲜明、人文气息浓厚、生态环境优美、多功能叠加融合、体制机制灵活的特色小镇。

2017 年 3 月，从河北省发改委获悉，经河北省特色小镇规划建设工作联席会议按程序审定，河北省第一批特色小镇创建类和培育类名单正式公布。石家庄市栾城区航空小镇、平山县西柏坡红色旅游小镇、张家口市崇礼区冰雪文化小镇等 30 个特色小镇列入创建类名单。这些特色小镇要将概念性规划细化为实施方案，制定年度建设计划，明确目标任务和投资额度，于 3 月 31 日前由各市统一报河北省特色小镇规划建设工作联席会议办公室备案。按年度计划加快建设进度，加速要素集合、产业聚合、产城人文融合，尽快打造成经济增长新高地、产业升级新载体、城乡统筹新平台。石家庄市正定县艺术小镇、张家口市张北县光伏小镇、秦皇岛市海港区秦皇印象小镇等 52 个特色小镇列入培育类名单。这些特色小镇要抓紧完善相关手续，落实资金，尽早开工建设。

河北省特色小镇规划建设工作联席会议办公室对创建类特色小镇进行年度考核，连续 2 年未完成建设进度的小镇，退出创建名单。创建类特色小镇完成各项建设任务并达标后，即可按程序申请验收，验收合格后正式命名。

住建部公布第二批全国特色小镇名单，河北 8 小镇入选，其中包括：衡水市枣强县大营镇、石家庄市鹿泉区铜冶镇、保定市曲阳县羊平镇、邢台市柏乡县龙华镇、承德市宽城满族自治县化皮溜子镇、邢台市清河县王官庄镇、邯郸市肥乡区天台山镇、保定市徐水区大王店镇。

由表 5-2 可知，一级指标"所处行业发展状况"得分 5.70 分。

表 5-2　所处行业发展状况指标权重及分值情况

| 二级指标 | 权重（%） | 分值 |
|---|---|---|
| 产业政策 | 25 | 100 |
| 项目所处行业景气指数 | 25 | 100 |
| 项目所处行业发展前景 | 25 | 90 |
| 行业总体利润率 | 25 | 90 |

**（四）政府方及国有出资人代表基本情况（权重 25%，满分 25 分）**

由表 5-3 可知，一级指标"政府方及国有出资人代表"得分 18.35 分。

表 5-3　政府方及国有出资人代表基本情况指标权重及分值情况

| 二级指标 | 权重（%） | 分值 | 三级指标 | 权重（%） | 分值 |
|---|---|---|---|---|---|
| 政府决策民主化程度 | 4 | 60 | | | |
| PPP 相关的地方性政策及规章制度的完备性 | 9 | 60 | | | |
| 有推动 PPP 规范发展的举措 | 8 | 60 | | | |
| 具备 PPP 知识和经验 | 10 | 80 | | | |
| 是规范的独立法人 | 8 | 100 | | | |
| 地方财政 | 51 | 74.15 | 地方财政收入 | 17 | 60 |
| | | | 地方财政收支缺口 | 17 | 80 |
| | | | 地方财政一般公共预算支出 | 17 | 80 |
| | | | 负债率 = 年末政府债务余额/GDP | 16 | 80 |
| | | | 债务率 = 年末政府债务余额/政府综合财政实力 | 16 | 70 |

| 二级指标 | 权重（%） | 分值 | 三级指标 | 权重（%） | 分值 |
|---|---|---|---|---|---|
| 地方财政 | 51 | 74.15 | 偿债率＝当年债务还本付息总额/政府综合财政实力 | 17 | 75 |
| 国有资本出资人代表的信用评级 | 10 | 70 | | | |

（五）项目质量（权重27%，满分27分）

由表5-4可知，一级指标"项目质量"得分23.67分。

表5-4 项目质量指标权重及分值情况

| 二级指标 | 权重（%） | 分值 | 三级指标 | 权重（%） | 分值 |
|---|---|---|---|---|---|
| 政策/规划符合性 | 15 | 95 | | | |
| 项目前期工作进展状况 | 40 | 95.10 | 可研是否获得批复（审批/核准/备案） | 25 | 100 |
| | | | 国土、规划、环评等前期手续是否完备 | 26 | 100 |
| | | | 资本金 FIRR | 24 | 90 |
| | | | 融资方式 | 25 | 90 |
| "一案两评"编制及批复情况 | 45 | 78.60 | 运作模式 | 9 | 100 |
| | | | 合作期限（年） | 9 | 80 |
| | | | 回报机制 | 9 | 90 |
| | | | 资本金比例 | 12 | 80 |
| | | | 现金流稳定性 | 14 | 90 |
| | | | 投资回报率（年化利润率） | 9 | 90 |
| | | | 融资专章/方案/条款是否合理 | 9 | 0 |
| | | | 风险分担的合理性 | 10 | 70 |
| | | | 退出机制 | 10 | 80 |
| | | | "一案两评"是否获得批复 | 9 | 100 |

（六）社会资本方基本情况（权重20%，满分20分）

由表5-5可知，一级指标"社会资本方基本情况"得分17.34分。

#### 表5-5 社会资本方基本情况指标权重及分值情况

| 二级指标 | 权重（%） | 分值 |
|---|---|---|
| 社会资本方遴选方式 | 12 | 100 |
| 社会资本方行业地位 | 11 | 90 |
| 社会资本方综合实力 | 14 | 90 |
| 资产负债率 | 12 | 80 |
| 财务稳定性 | 13 | 80 |
| 建设管理能力 | 10 | 70 |
| 运营能力 | 14 | 90 |
| 社会资本方资信评级状况 | 14 | 90 |

注：根据项目实际情况，把"建设能力"改为"建设管理能力"，突出运营能力。

（七）风险及增信情况（权重9%，满分9分）

由表5-6可知，一级指标"风险及增信情况"得分7.03分。

#### 表5-6 风险及增信情况指标权重及分值情况

| 二级指标 | 权重（%） | 分值 | 三级指标 | 权重（%） | 分值 |
|---|---|---|---|---|---|
| 政策风险 | 18 | 90 | | | |
| 法律合同风险 | 18 | 90 | | | |
| 市场风险 | 18 | 80 | | | |
| 建设风险 | 15 | 70 | | | |
| 运营风险 | 18 | 80 | | | |
| 增信措施 | 8 | 37 | 国家示范项目 | 21 | 0 |
| | | | 国家项目库 | 22 | 0 |
| | | | 省级示范项目 | 20 | 0 |
| | | | 省级项目库 | 20 | 100 |
| | | | 获得母公司担保 | 17 | 100 |
| 风险管控预案及力量 | 5 | 70 | | | |

（八）其他（权重3%，满分3分）

由表5 - 7 可知，一级指标"其他"得分2.34分。

表5 - 7　其他指标权重及分值情况

| 二级指标 | 权重（％） | 分值 |
| --- | --- | --- |
| 创新指数 | 10 | 70 |
| 社会效益良好 | 30 | 80 |
| 环保效益良好 | 30 | 70 |
| 具有可持续性 | 30 | 75 |

综上所述，该项目可融资性评价得分80.72分，可优先融资。

### 三、点评

渔业小镇具有紧靠世界名城北京、地处京津冀都市圈，坐拥京津巨大的城市居民休闲市场和吸引国内外游客的便利之道；具有人文历史、街区风貌、精致品质空间和特色商贸产业等特色资源和题材得天独厚的区位条件和特色鲜明的旅游题材，这两大显著特征为小镇发展旅游提供了独有的竞争优势，旅游发展将不断增强小镇经济的生命力。

渔业小镇唱出渔家新曲，不是偶然的神来之笔，而是多方的合力之作。首先，这是绿色生态观深入人心的体现。中共十八大以来，"绿水青山就是金山银山"成为共识，作为渤海之滨的小镇，坚持围绕生态做文章，采取更加严格的环保措施，使得小镇的海水更清、蓝天更蓝，才有了寂静的渔村到风情小镇的蝶变。其次，这是政府与社会资本、当地渔民互动的典范。小镇要寻求转型之路，政府谋对策、找出路，社会资本方搞养殖，政府惠渔、通电、修路，如此齐心协力，自然能闯出一片天。最后，这是政策利好的叠加。渔业小镇不仅卖海鲜还卖旅游，这与京津冀协同发展不无关系，与河北大力发展旅游产业不无关系。渔业小镇北依京津，风景有可看之处，就不愁客源不来。河北省推动全域旅游，通过旅发大会撬动旅游产业发展，旅游发展的新思维、新观念深入人心，小镇也就有了发展旅游的眼界、胸怀和思路。

# 第二节　某医院 PPP 项目可融资性预评价

## 一、项目概况

华中地区某地级市妇幼保健院是一家集妇幼保健、医疗、教学、科研于一体的三级甲等专科医院。医院现占地面积 8 亩，有在职员工 800 人，拥有正高职称 30 人、副高职称 100 余人。设编制床位 400 张，实际开放 280 张。

随着城市经济发展，市妇幼保健院现址已无法满足医院日常经营的需求。为全面改善本市及周边地区妇女儿童的就医条件，该院拟异地建设新院区，分为门急诊、住院部、医技三个部分。项目建设内容包含医技楼、门诊楼、住院楼及相关配套设施等，其中住院部楼共有 20 层，预计 2021 年投入使用。

项目投资额约 70000 万元，拟采用政府和社会资本合作模式实施，资金来源为中央预算资金和 PPP 融资模式。招标人为市卫生和计划生育委员会。本项目拟通过市公共资源交易中心采取公开招标方式遴选社会资本方，允许联合体投标。项目资本金比例不少于项目总投资的 30%，项目公司注册资本金与项目资本金大小相等，其中××国投（AA 级）作为政府方出资代表出资约 6300 万元（含中央预算内投资配套资金约 3000 万元），占 SPV 公司注册资本金 30%；中标社会资本方出资约 14700 万元，占注册资本金 70%；允许资本金融资，但应符合"财办金〔2017〕92 号""国资发财管〔2017〕192 号"文等相关文件要求；其余资金由中标社会资本方通过金融机构筹集。合作模式为 BOT。项目合作期限暂定 25 年，其中建设期 3 年、运营期 22 年。允许社会资本方在正常运营两年后通过公开上市、股权转让、股权回购、资产证券化等合法形式退出。

考虑到医院日常营运管理的特殊性和专业性要求，SPV 公司不参与诊疗活动及孕前培训、孕中指导、产后恢复及健康养生等相关保健培训活动，日常运营管理均由市妇幼保健院负责。SPV 公司的运营范围主要是新院区医技楼、门诊楼、住院楼的运行维保及相关配套设施（包括停车场、商店等）的经营管理。

市妇幼保健院新院和老院的营业收入作为支付投资回报的主要资金来源，如果当年市妇幼保健院新院和老院营业收入（含政府财政或专项补贴收入）不能覆盖当年投资回报时，由市财政可行性缺口补助。

## 二、可融资性分析

（一）前置否决事项

（1）项目已入库。

（2）地方债务率70%，未超过100%。

（3）每一年全部PPP项目需要从预算中安排的支出责任，占一般公共预算支出比例约5.5%，未超过10%。

（4）最近三年地方政府及下属平台公司未出现过债务违约。

（二）经济社会发展状况（权重10%，满分10分）

由表5-8可知，一级指标"经济社会发展状况"得分7.20分。

表5-8 经济社会发展状况指标权重及分值情况

| 二级指标 | 权重（%） | 分值 | 三级指标 | 权重（%） | 分值 |
|---|---|---|---|---|---|
| 常住人口规模（万人） | 8 | 80 | | | |
| 人口结构 | 7 | 70 | | | |
| GDP增速 | 7 | 80 | | | |
| 金融环境 | 23 | 73.40 | 金融市场活跃度 | 34 | 80 |
| | | | 金融供给侧改革力度 | 33 | 70 |
| | | | 金融机构总资产规模 | 33 | 70 |
| 公共事业投资占固定资产投资比重 | 7 | 40 | | | |
| 地方投资者投资热度 | 7 | 80 | | | |
| 投资环境 | 8 | 80 | | | |
| 民营经济发展状况 | 7 | 80 | | | |
| PPP项目推进情况 | 14 | 54.5 | 已签约PPP规模 | 15 | 80 |
| | | | PPP项目落地率 | 50 | 50 |
| | | | PPP项目落地率/PPP项目签约率 | 35 | 50 |
| 地方发展规划 | 6 | 80 | | | |
| 国家对该地区的战略定位及政策 | 6 | 90 | | | |

（三）所处行业发展状况（权重6%，满分6分）

妇女儿童健康是人类持续发展的前提和基础，妇女儿童健康指标不仅是国际上公认最基础的健康指标，更是衡量社会经济发展和人类发展的重要综合性指标[1]。

近年来，在各级政府的大力支持下，我国妇幼保健工作取得了较大进展，孕妇死亡率、婴儿死亡率、新生儿死亡率和5岁以下儿童死亡率均实现了显著下降。妇幼保健工作的发展离不开妇幼保健机构的努力，截至2016年，我国妇幼医院总数已达3063家[2]，但是，目前我国妇幼保健机构仍处于供不应求的阶段。特别是儿科医师缺口巨大，人才的缺乏也在一定程度上限制了医疗机构数量的增长。与此同时，我国妇幼保健医疗机构面临重要发展机遇。国家"十二五"规划将妇幼儿童主要健康指标列入经济和社会发展规划，对全面加强妇幼卫生工作提出了明确要求。2011年国务院正式印发了《中国妇女发展纲要（2011～2020年)》《中国儿童发展纲要（2011～2020年)》，为未来10年妇女儿童健康发展描绘了蓝图，也为妇幼卫生事业发展提供了强有力的政策保障。深化医疗体制改革使得我国妇幼卫生事业迎来了全面加强的重要时期。在良好的外部环境下，未来几年我国妇女与儿童对医疗卫生的需求将更加强劲，为妇幼医院的投资带来更多机会。

由上5-9表可知，一级指标"所处行业发展状况"得分5.85分。

表5-9 所处行业发展状况指标权重及分值情况

| 二级指标 | 权重（%） | 分值 |
|---|---|---|
| 产业政策 | 25 | 100 |
| 项目所处行业景气指数 | 25 | 100 |
| 项目所处行业发展前景 | 25 | 100 |
| 行业总体利润率 | 25 | 90 |

① 李笑. 复旦大学附属妇产科医院品牌营销策略分析 [J]. 现代医院, 2015, 15 (5): 101-103.

② 2016年我国卫生和计划生育事业发展统计公报 [EB/OL]. 国家卫生计生委规划与信息司网站, http://www.nhfpc.gov.cn/guihuaxxs/s10748/201708/d82fa7141696407abb4ef764f3edf095.shtml? from = group message&isappinstalled = 1.

（四）政府方及国有出资人代表基本情况（权重 25%，满分 25 分）

由表 5-10 可知，一级指标"政府方及国有出资人代表基本情况"得分 18.80 分。

表 5-10　政府方及国有出资人代表基本情况指标权重及分值情况

| 二级指标 | 权重（%） | 分值 | 三级指标 | 权重（%） | 分值 |
|---|---|---|---|---|---|
| 政府决策民主化程度 | 4 | 80 | | | |
| PPP 相关的地方性政策及规章制度的完备性 | 9 | 80 | | | |
| 有推动 PPP 规范发展的举措 | 8 | 80 | | | |
| 具备 PPP 知识和经验 | 10 | 80 | | | |
| 是规范的独立法人 | 8 | 80 | | | |
| 地方财政 | 51 | 72.55 | 地方财政收入 | 17 | 70 |
| | | | 地方财政收支缺口 | 17 | 70 |
| | | | 地方财政一般公共预算支出 | 17 | 80 |
| | | | 负债率＝年末政府债务余额/GDP | 16 | 70 |
| | | | 债务率＝年末政府债务余额/政府综合财政实力 | 16 | 70 |
| | | | 偿债率＝当年债务还本付息总额/政府综合财政实力 | 17 | 75 |
| 国有资本出资人代表的信用评级 | 10 | 70 | | | |

（五）项目质量（权重 27%，满分 27 分）

目前，该项目的融资方案还很粗糙，一案两评尚未报批。不妨先假定融资方案比较合理，一案两评可以获得批复。

由表 5-11 可知，一级指标"项目质量"得分 21.60 分。

表 5-11　项目质量指标权重及分值情况

| 二级指标 | 权重（%） | 分值 | 三级指标 | 权重（%） | 分值 |
|---|---|---|---|---|---|
| 政策/规划符合性 | 15 | 70 | | | |

| 二级指标 | 权重（%） | 分值 | 三级指标 | 权重（%） | 分值 |
|---|---|---|---|---|---|
| 项目前期工作进展状况 | 40 | 80.40 | 可研是否获得批复（审批/核准/备案） | 25 | 100 |
| | | | 国土、规划、环评等前期手续是否完备 | 26 | 100 |
| | | | 资本金 FIRR | 24 | 60 |
| | | | 融资方式 | 25 | 60 |
| "一案两评"编制及批复情况 | 45 | 65.60 | 运作模式 | 9 | 90 |
| | | | 合作期限（年） | 9 | 80 |
| | | | 回报机制 | 9 | 80 |
| | | | 资本金比例 | 12 | 80 |
| | | | 现金流稳定性 | 14 | 90 |
| | | | 投资回报率（年化利润率） | 9 | 90 |
| | | | 融资专章/方案/条款是否合理 | 9 | 80 |
| | | | 风险分担的合理性 | 10 | 70 |
| | | | 退出机制 | 10 | 70 |
| | | | "一案两评"是否获得批复 | 9 | 100 |

（六）社会资本方基本情况（权重20%，满分20分）

由于项目尚未开展社会资本方招标工作，一级指标"社会资本方基本情况"得分0分。

表5-12 社会资本方基本情况指标权重及分值情况

| 二级指标 | 权重（%） | 分值 |
|---|---|---|
| 社会资本方遴选方式 | 12 | 0 |
| 社会资本方行业地位 | 11 | 0 |
| 社会资本方综合实力 | 14 | 0 |
| 资产负债率 | 12 | 0 |
| 财务稳定性 | 13 | 0 |
| 建设能力/建设管理能力 | 10 | 0 |
| 运营能力 | 14 | 0 |
| 社会资本方资信评级状况 | 14 | 0 |

注：根据项目实际情况，把"建设能力"改为"建设能力/建设管理能力"，突出运营能力。

（七）风险及增信情况（权重9%，满分9分）

由表5-13可知，一级指标"风险及增信情况"得分6.53分。

表5-13　风险及增信情况指标权重及分值情况

| 二级指标 | 权重（%） | 分值 | 三级指标 | 权重（%） | 分值 |
|---|---|---|---|---|---|
| 政策风险 | 18 | 80 | | | |
| 法律合同风险 | 18 | 80 | | | |
| 市场风险 | 18 | 80 | | | |
| 建设风险 | 15 | 90 | | | |
| 运营风险 | 18 | 60 | | | |
| 增信措施 | 8 | 20 | 国家示范项目 | 21 | 0 |
| | | | 国家项目库 | 22 | 0 |
| | | | 省级示范项目 | 20 | 0 |
| | | | 省级项目库 | 20 | 100 |
| | | | 获得母公司担保 | 17 | 0 |
| 风险管控预案及力量 | 5 | 70 | | | |

（八）其他（权重3%，满分3分）

由表5-14可知，一级指标"其他"得分2.28分。

表5-14　其他指标权重及分值情况

| 二级指标 | 权重（%） | 分值 |
|---|---|---|
| 创新指数 | 10 | 65 |
| 社会效益良好 | 30 | 80 |
| 环保效益良好 | 30 | 60 |
| 具有可持续性 | 30 | 80 |

综上所述，该项目可融资性评价得分62.27分，可作为备选项目。

三、点评

从本项目本身的质量来看，医院等级高，具有一定垄断性，预期现金流稳定，应该算是不错的项目。这样的项目如何才能高效完成项目融资？[①]

一是抓住项目融资这个核心。PPP 是一种以项目经营现金流为主，而不是传统的以企业资产负债表为主的融资模式。现有金融管制和风险管理政策需要通过创新完善才能适应这种新的变革[②]。

二是以市场为主。PPP 模式的核心是利益共享，风险共担。在 PPP 风险分配管理架构中，设计、融资、建设、运营的风险主要由社会资本承担，因此 PPP 融资主要以市场为主，政府要从以投融资为主转向以绩效结果付费为主，以及在金融市场出现极端情况时发挥阶段性的项目增信支撑作用。

三是全生命周期系统工程。在项目建成投产前，项目公司的股本和债权融资是重点，多元、多样化融资可以降低融资成本和风险；项目进入运营产出阶段后，经营现金流的管理是关键，资产合理转换和流动是重点，定价调价机制和政府信用与支付能力是风险管理的关键。

四是创新与规范并重。首先，创新是关键。PPP 改革是一项综合性改革，没有金融创新的支持，它就会事倍功半，甚至半身不遂。其次，只有规范才可持续。没有统一的顶层设计、完整的市场规则和标准体系、公开透明的信息披露和严格的政府监管，PPP 市场就会虎头蛇尾、昙花一现。当前，更要把金融风险防范和服务实体经济放在第一位[③]。

## 第三节　PPP 项目可融资性评价方法的展望

现有的 PPP 项目可融资性评价方法存在以下问题：

首先，在招标之前的可融资性预评价阶段，PPP 项目内部因素和外界诸多因素互相作用产生了错综复杂的影响，以及项目自身具有的时间和空间上的延伸性，决定了其所面临的融资风险要远远多于普通基础设施和公共服务项目。PPP 项目融资风险具有极大的随机性、模糊性和不可预测性。

其次，在招标后的可融资性评价阶段，现有的打分评价方法过分依赖于专家的经验判断，对评价过程中的定性概念很难做出清楚的解释，而且存在一个关键

---

① 财政部 PPP 中心主任焦小平：PPP 融资四要点［EB/OL］. http：//finance. sina. com. cn/money/bank/yhpl/2017 – 04 – 17/doc – ifyeimqc4322518. shtml.

②③ 焦小平. 深化 PPP 改革必须创新规范并重［J］. 中国金融，2017（8）：38 – 39.

的问题，即忽略了评价过程中在不同专家之间可能存在的巨大认知差异的情形，持少数意见专家的声音在打分评价结果中体现不足，被评价结果平均甚至忽略。而在一个信息系统中，任何信息都是有价值的，简单的绝大多数原则得出的结论是不准确的。

今后可尝试采用一种基于云模型的 PPP 项目可融资性评价方法。针对 PPP 项目可融资性因素错综复杂，同时具备随机性、模糊性和不可预测性的特征，引入可实现定性与定量评价间相互转化的云模型理论，设计一种基于云模型的 PPP 项目可融资性评价方法，采用通过观察评价云图云厚度及云滴离散性来循环进行信息反馈和改进式打分的方法，可解决上述问题。

云模型是由李德毅等提出的一种新型不确定性推理技术，是由特定结构算法构成的不确定性知识定性定量转换数学模型，其理论基础是概率论和模糊数学。传统模糊集理论的根基是集合论，而云模型的基础则是概率测度和模糊集。模糊集理论的着眼点是模糊性，而云模型在模糊性的基础上整合了随机性，可以同时影射定性概念和定量数据，并且云模型可以被拓展到多维空间。[①]

云模型是一种可用于解决定性描述与定量评价之间不确定的转化模型，在工程决策分析领域应用较为广泛。PPP 项目可融资性评价影响因素多、指标体系复杂，评价语言既有定性描述，又有定量数值，并且评价难度高。因此，通过建立综合评价云模型，反映评价的模糊性和随机性，从而提高 PPP 项目可融资性评价结果的准确性。

PPP 项目可融资性指标的评价值和权重往往是定性指标，具有一定的随机性和模糊性，各专家很难就评价指标的重要性程度给出一个具体的数值，只能根据自己的工程经验做区间值估计[②]，故可以采用定性语言来描述可融资性评价结论。确定可融资性指标权重是可融资性评价尤为重要的一步，通常采用 4～7 级语义来衡量权重的重要度。考虑到 PPP 项目可融资性的复杂性，可采用 6～7 级语义来表示可融资性指标的权重集。由于信息的不确定性，专家很难给出确切的权重数值，故应允许其做出模糊评价，以减轻决策压力。此举的优点是兼顾了评价的模糊性和随机性，能够更恰当地反映专家的认知情况，使决策结论更科学可靠。

———————————

①　尹航，李远富，赵冬梅. 基于云模型的 PPP 项目风险分担方案决策方法 ［J］. 科技管理研究，2016（15）.

②　袁宏川，游佳成，贺骏. 基于云模型的水利 PPP 项目投资风险评价 ［J］. 水电能源科学，2017，35（8）.

# 第六章　PPP 项目融资存在的问题及政策环境

## 第一节　PPP 项目融资存在的问题

PPP 在我国的发展经历了一个较漫长的过程，从最开始为吸引外资而被引入到后来的缺乏完善顶层设计而面临发展困境，再到目前经济新常态下通过建章立制逐步适应我国国情，PPP 完成了各个阶段的形态转变。2016 年 12 月，中央经济工作会议再次提出"要确保'三去一降一补'获实质进展"，并明确指出"推动政府和社会资本合作（PPP）取得更大实效"，"切实做好化解地方政府性债务风险工作，建立健全规范的地方政府举债融资体制，控制地方融资平台债务过快增长"。PPP 在地方债务治理方面被寄予厚望，通过将市场机制引入基础设施、公共服务领域，充分整合发挥各方优势，有利于缓释地方政府财政风险、平滑政府债务。虽然在近几年的实施运用中 PPP 带来了良好的效应，但是在目前地方债务急剧增加的背景下，PPP 自身发展依然面临一系列困境与难题，比如 PPP 配套立法不健全、金融工具及市场不完善、融资渠道不顺畅等。当前，民营社会资本不愿介入的状况，已成为掣肘 PPP 未来发展的关键因素，因此，深入剖析 PPP 实践中的项目融资困境显得尤为必要。下面从政策环境、参与主体、项目本身三个方面来分析其存在的主要问题。

### 一、政策环境

（一）PPP 项目融资配套政策法规不完善

1. 缺乏国家法律法规层面的支持

当前我国缺乏国家层面针对 PPP 模式的相关法律法规支持，法律体系很不健全，还未形成国家层面统一的法律体制，目前我国出台的相关制度规范大多以地方性法规为主。从 2013 年开始，财政部、发改委等中央部委出台了大量的政策文件，然而并没有建立专门针对 PPP 模式的国家法律体系，法律层次较低，无法满足 PPP 模式的项目运营需求。从各部委出台的一些政策规范来看，多以"指导意见"和"工作通知"的形式出现，这些规范制度缺乏相对权威性和通用性，对 PPP 模式仅能起到指导、规范的作用，并不能产生法律的强制约束力，这在 PPP 模式具体推广和运行过程中产生的法律效应大打折扣，直接影响了 PPP 模式的运行效果。除此之外，已出台的政策文件只是宏观层面对 PPP 模式整个流程宽泛地提出总体要求和政策指引，并不能为 PPP 运行中的各个环节提供详细、精准、有效的操作规范，这大大增加了 PPP 模式运营的风险。

2. 法律法规之间存在冲突

政府和社会资本合作涉及面广，涉及宪法、商法、经济法、刑法等多种相关法律领域，不同法律文件之间存在冲突，相关法律与法规的一致性问题及中央法规与地方法规的一致性问题都制约了 PPP 模式的良好发展。

目前，在所有相关 PPP 项目的法律制度中，仅有两部具有通用性和权威性，主要为《中华人民共和国招标投标法》（以下简称《招标投标法》）和《中华人民共和国政府采购法》（以下简称《政府采购法》），不过这两部法律制度在一定程度上存在着冲突。首先，在法律适用范围上，《政府采购法》规定政府招标货物服务优先适用于本法，而《招标投标法》规定政府招标工程优先使用本法，对于招标投标以外的采购活动优先使用《政府采购法》，这必然会导致项目招标采购的混乱。其次，在项目推进过程中，我国相关项目招标投标法规中还提到，如果一些经营投资者获得了认证资质，并且拥有自行生产的能力，那么就不需要进行招标，可以直接与项目公司签订施工合同。而《政府采购法》规定社会资本方需进行两次招标。最后，在项目招标方式上，《政府采购法》允许使用公开性招标、邀约招标办、竞争性谈判、单一来源采购及询价等一系列采购方式。而《招标投标法》只允许使用公开招标及邀约招标这两种采购方式。

（二）PPP 项目存在参与门槛

1. 市场准入障碍

市场准入障碍主要表现在两个方面：一方面，城市基础设施行业发展主要受政府因素的影响，自身发展存在诸多不足和缺陷，尤其是在基础设施建设的资金来源方面，主要以政府财政投资为主，而且财政投资主要集中在水利、道路交通等基础设施方面。政府财政投资成为城市基础设施建设的主要资金源泉，对于社会资金则采取了相对较为严格的限制，市场准入门槛较高。尤其是随着城市化速度的不断加快，轨道交通建设规模日益扩大情况下，大型央企在基建项目投资方面所展现出来的优势更为明显，社会资本无法与之进行有效竞争。PPP 模式允许向社会资本开放基础设施领域，并鼓励其参与建设经营，但多数情况下需要满足一些基本条件，尤其是在市场准入方面，大多情况下只有与政府进行长期合作的企业或者单位才可能获得这些准入资质，市场准入障碍还是比较明显的。

另一方面，地方保护主义在一定程度上成为了制约社会资本参与 PPP 项目的重要障碍。个别地方政府过于注重企业性质，而非企业的建设经营能力，在招标过程中只考虑本地企业和大型国企。个别地方政府利用不必要的规模、资质要求和繁冗的备案手续限制外地企业投标参与 PPP 项目。

2. 审批程序复杂

PPP 项目的实施相对复杂，其审批流程较为烦琐。PPP 项目涉及的部分和单位较多，企业要想参与其中首先需要与不同部分之间进行沟通交流，获得相应的许可。但是，由于我国政府审批流程复杂，机构众多，整体工作效率低下，社会组织或者企业想要顺利完成审批获得许可是相对比较困难的。此外，PPP 项目涉及的部门较多，政府部门不同其审批监管要求也就不同，社会资本想要在短期内获得审批参与项目当中是尤为困难的。

## 二、参与主体

### (一) 政府方

1. 政府信用体系建设不健全

当前政府部门对于契约精神认识不足，地方政府信用体系建设不健全，地方政府存在短视行为，诱发事前道德风险行为和事后违约行为，引起信用风险。例如，一些地方政府为了推动当地经济的发展，带动相关项目的运行，吸引社会资金的融入，做出了一些无法兑现的承诺，这就会引起政府信用风险的发生，对其信用体系建设非常不利。为了加快 PPP 项目落地，可能会隐藏一些 PPP 项目不利的信息，如为了确保项目落实，虚增项目内容及消费需求量；为了加快项目进度，放松项目监督管理；在项目运营之后，无法按照原有合同履行相关义务，不能及时支付相关经营收益，影响社会资本收益等。

同时，PPP 模式时间跨度大，长期投资涉及多届政府，尤其是地方政府换届后新一届领导班子会对重大政策进行调整。相较于 PPP 的生命期，较短的地方政府主要领导任期，增大政策变动风险，比如换届之后新上任政府领导对原有项目的否认，或者改变原有的优惠政策，制定较为严格的执行方案，提高监管门槛或者准则，不履行上任政府的相关合作协议等，这些由于新旧政府之间推诿责任现象时有发生，损害了社会资本的权益。虽然各地出台了地方诚信体系建设指导意见，但这些规章制度对地方政府约束力并不强。

2. 政府过度重视 PPP 融资功能

PPP 的首要功能即以特许经营等方式开展市场化融资，加大重点领域有效投资，引进私人方的技术和管理来提高公共产品和服务的供给效率，但政府盲目利用 PPP 的项目融资功能满足自身"稳增长"的需求，忽略应该承担的责任而仅仅针对自身财政压力与投资方向，导致政府自身责任履行不到位，没有担负起应尽的责任和义务，进而造成公共利益的损害，不利于 PPP 项目的顺利实施。

政府"重融资、轻管理"会导致项目选择上的懒惰与盲目。很多地方政府没有严格地做好项目的前期工作，主要表现在：项目识别阶段，在 PPP 项目筛选方面存在不足，没有进行科学的评估；项目准备阶段，准备不够充分，方案不够详细，尤其是在政府补贴方面没有核算清晰，没有开展科学评估，同时对经营年限没有经过系统测算，很多都拉长为二三十年。此外，政府过度看重融资将可能导致政府性债务风险隐患。部分政府将 PPP 作为引用民间资金解决政府性债务危机的方式，事实上，如果只考虑融资模式而忽略 PPP 模式的本质，那么就无法有效发挥项目的最终作用，融资效率就会降低。此外，如果忽略 PPP 项目的融资效率，不在项目上面下功夫，做好项目的实际运行工作，提高项目收入，那么就会给项目带来风险，从而造成政府债务危机的发生。因此，地方政府在做好融资规范化的同时，要加强项目监督管理，以融资为基础，以项目实施管理为核心，以提高经营效益，实现政府与社会的共同发展为目的。

3. 政府监管力度把握不准

（1）监管主体混乱。之所以产生 PPP 项目，主要是因为我国市场竞争还不充分，市场竞争没有进入完全阶段，很多社会资本无法通过市场竞争机制参与到公共服务行业当中，而通过这种模式能够有效弥补市场竞争不充分的缺陷。不过由于目前这种机制还不成熟，尤其是在监管方面还存在诸多问题，很多参与公共服务的社会资本没有得到有效监管，最终造成项目运营混乱、经营效率不高等问题的发生。从监管机构来看，我国还没有统一的 PPP 监管机构，多个部委承担着

PPP 的相关监管责任，各相关监管职权也被分散在不同的监管机构。政府的监管责任分散会导致各种问题的发生，这种分散性的监管方式容易滋生腐败现象，对社会发展是非常不利的。此外，还有一些部门为了自身利益，在监管方面过于严格，由此造成违法乱纪事件的发生，人为增加了社会资本的经济活动成本。

（2）监管法律冲突。在 PPP 模式的监管立法过程中主要由财政部和国家发改委主导推动。但是在具体工作落实过程中，由于部门不同，彼此的出发点和利益点不同，其中国家发改委将这种模式看作是国家经济发展，基础设施建设的重要措施，所以国家发改委强调自己在该模式中应该起主导作用。而财政部则将这种模式看做提高地方经济发展、降低财政负担和债务的重要措施，尤其是在融资方面具有重要意义，因此财政部同样坚持以自我为主导开展项目建设。由于两个部门的出发点不同，因此在 PPP 模式具体运行过程中采取的方式和手段不同，在监管方面的差异也比较大，这对 PPP 项目的顺利运行是非常不利的。

（二）社会资本方

1. 参与 PPP 意愿不强

在 PPP 整个运作过程中，社会资本与政府的博弈是绕不开的问题。根本原因是社会资本与政府双方的利益诉求有较大差异，社会资本的目的是获取利益，而政府更注重社会公益性目标，二者的差异导致双方需要进行博弈，由此往往陷入"两难"困境。社会资本的参与意愿不强，还存在如下两点原因：一方面，社会资本参与主体对地方政府政策一贯性及配套支持措施存在顾虑；另一方面，地方政府对自身职能角色认知存在偏差，经常出现以自我为主体而忽略社会资本的情况，导致经营决策过程中社会资本参与度不够。

PPP 核心理念是"利益共享、风险共担"的契约精神，是将公私双方利益与社会公共利益紧密相连，而非简单的零和博弈与市场买卖关系。只有确保政府与社会资本的主体地位平等，遵循契约精神，PPP 方能寄意高远。

2. 社会资本缺乏有效保障

（1）缺乏制度保障。尽管我国为了政企分离开展了深化国企改革，通过股份制等方式来实现国企的独立运行，避免国企对政府的过度依赖，但是，在目前状况下，国企、事业单位在运行过程中依然受到特殊的照顾，拥有相对的权利。在这种环境影响下，容易产生寻租行为，这对市场发展而言是不利的，危害了市场的正常运行。例如，在城市基础设施行业中，由于长期以来的政府因素影响，行业壁垒尚未打破，很多基础项目投资都来源于政府财政，社会资本很少参与其

中。某数据公司统计显示，在 2017 年 6 月底前，我国的 PPP 项目总融资达
5.5675 万亿元，其中国企及相关事业单位融资额占总融资额的 52% 左右，总资
金达到 2.915 万亿元，是 PPP 项目最重要的构成部分。根据相关数据统计现实，
2018 年前半年，我国最主要的八大国企参与的 PPP 项目共有 429 个，总资金达
15400 亿元，其中包括中国中铁、中国铁建、中国电建、中国化学、中国建筑
等，进一步证实了国企在 PPP 项目中的绝对优势，也反映了我国市场竞争机制中
存在的问题。这些问题集中表现在社会资本无法有效参与到公共项目建设当中，
国企的垄断性较强，绝大部分 PPP 项目都被国企占有，社会资本参与率低等。

（2）缺乏融资保障。相对于国有企业，社会资本在参与 PPP 项目时面临融
资困局，没有健全的融资保障。首先，社会资本在融资方面没有国企具有优势，
融资受各种因素的限制，自身融资成本高，融资较为困难。而且，社会资本没有
有效的融资保障，面临更大的违约或破产风险，存在无法偿付的可能性，造成
PPP 项目中国有企业对社会资本的挤出效应。其次，PPP 项目资产流动性差。社
会资本参与面临较大的流动性风险。PPP 项目多为基础设施建设项目，期限长，
经营现金流少，不易实现资产证券化，导致社会资本参与 PPP 项目时存在资金套
牢、难以退出的顾虑。

3. 合谋行为

由于信息不对称，监管不到位，地方政府在 PPP 项目进行过程中会存在与社
会资本的合谋行为。一是在项目采购阶段，PPP 项目多是公共服务领域，具有一
定的垄断特征，必然会吸引以利润最大化为目标的社会资本。在特许经营模式
下，社会资本的经营权是由政府赋予的，这就使得政府存在潜在的权力寻租空
间。项目设计时，地方政府与社会资本协商回报形式，以 PPP 之名，无 PPP 之
实，为社会资本设计固定回报和回购政策。项目招标时，地方政府和社会资本先
行商量采购方式，以满足该社会资本的中标明的。二是在 PPP 项目执行阶段，政
府变相给与社会资本财政支付和财政补贴，无法将一些经营管理不善、成本控制
不当的项目排除在外。同时，对于使用者付费的 PPP 项目会存在地方政府与社会
资本合谋提高收费，最终损害居民利益。

（三）公共部门

在政府和社会资本的合作的模式下，一些地方政府人员并没有改变自身的工
作方式，依然沿用传统管理模式，不学习最新知识和技能，也不对管理方式进行
适当更新，这就导致在具体工作中出现诸多失误，甚至发生了一些腐败问题；此

外，在两种不同组织的合作过程中，会出现国企亏损的状况。因为，受到我国市场经济自身制度的影响，在公私合作运行中，会存在一些因公肥私的情况，无形中会损害到社会公众的利益。在 PPP 模式当中，政府也会从自身利益出发，规避自我风险和责任，朝着有利于自我发展的方向出发，而在这个过程中就会造成政府责任的匮乏，对公共利益而言是不利的。

（四）金融机构

1. 参与积极性不高

PPP 项目具有工程项目规模大、持续时间长的特性，这就使得项目本身对资金的需求量大，在融资方面以中长期融资为主。不过对于金融机构而言，由于本身追求的是短期利益，长期贷款承担的风险相对较大，尤其是在市场利率自由化不断加剧的过程中，金融机构更愿意开展中短期借贷，而对于融资周期较长的 PPP 项目而言则缺乏积极性。同时，PPP 项目在增信方面存在不足，很多商业银行由于受不良贷款的影响，对一些增信不足的项目审核较为严厉，目的是避免不良贷款的发生，以此规避银行风险。同样，对于 PPP 项目而言，银行对其借贷程序、审核标准和担保要求比较严格，目前很多 PPP 项目难以满足条件，所以，很难获得商业银行的贷款。这就导致 PPP 项目在融资方面存在诸多问题，很多时候无法有效解决融资问题。

2. 专业化机构和专业人才缺乏

PPP 项目涉及的部门机构较多，需要通过多方面的共同努力才能完成，尤其是在融资方面，运用的主要为特许经营模式，涵盖法律、金融、财务等多方面的内容，对人才的要求较高。首先，在 PPP 项目的相关政策设定方面，需要参与主体设定专业化、科学化、规范化的交易模式，而且能够为项目的正常实施提供政策以及技术方面的扶持；其次，PPP 项目对融资需求较大，需要有专业融资团队为其进行专业化指导服务。目前，我国 PPP 模式还没有得到充分利用，尤其是在一些发展较为缓慢的城市或地区，这种模式没有得到充分认可，无法为 PPP 项目的运行提供必要条件，这些因素也导致 PPP 项目的诸多问题产生。同时，作为国家新推出的运作模式，PPP 项目还面临着人才匮乏的情况，没有专业机构、人才来有效推动该项目的顺利实施。在市场化的推动下，PPP 项目的数量不断增加，各行各业的人才也开始流入到这一项目当中，不过很多人才缺乏专业培训和指导，缺乏经验，在 PPP 项目的具体运行中暴露出经验不足和相关知识匮乏的问题，导致 PPP 中介服务市场鱼龙混杂、乱象丛生。

3. 缺乏独立客观的第三方评估机构

目前，在我国，PPP项目运行过程中表现出以下三个方面的特征：其一，与项目有关的部门较多，规章制度较为烦琐，审批流程复杂；其二，项目涉及内容较多，涉及行业广泛，需要多种行业共同参与；其三，项目运行实施比较复杂多变，没有前车之鉴。这些特点就需要各个参与方能够对该模式进行深入了解，把握其特点，并制定出行之有效的策略。而三方专业机构在其中所发挥的作用是不可忽视的，如信用评级机构。自2016年底国家发改委、中国证监会联合印发"2698号文"以来，PPP资产证券化广受关注。信用评级是PPP项目资产证券化的关键环节，为发行人、投资人以及监管机构提供有效引导，主要作用如下：

（1）信用评级对发行人具有重要指导意义。通过评级能够让发行人对信用风险进行合理把控，尤其是在PPP资产证券化的过程中，信用评级的状况往往决定了发行人未来所能够获得的收益情况，从而对自我风险有更为全面的了解，以便对PPP项目进行更加完善的设计，从而规避风险，确保未来收益与投资相匹配。

（2）能够为投资人进行投资提供决策。资产证券化是一种金融衍生品，其自身结构比较复杂，在信息纰漏方面往往存在诸多不足和缺陷，与普通金融产品相比，投资者无法有效地对其进行评估，而通过信用评级机构，能够对资产证券化产品进行有效评估，并为市场提供相对专业、科学的评估结果，以帮助投资者对PPP资产证券化进行有效评估，从而做出合理的投资决策。

（3）能够为监管机构提供依据。由于PPP项目资产证券化比较独特，非专业部门一般很难对其信用风险进行有效监管，而通过专业评估机构则能够对其信用等级进行评估，对其存在的风险和问题及时揭露，能够帮助监管部门进行有效监管，避免系统风险的发生。

### 三、项目本身

（一）项目合同不完善

PPP项目合同的合作双方主要是政府相关部门以及社会资本，通过合同确立双方合作过程中的权利、义务，该合同也是整个PPP项目得以顺利进行的基础。部分地方政府在与社会资本签订的PPP项目合同不够完全，存在诸多问题：一是没有明确的项目质量考核标准，比如涉及提供公共服务的项目；二是缺乏对项目预期的合理评估，对合同在各种状态下的情况没有充分考虑；三是部分项目条款不合理，尤其现行的招标法禁止对标书上的条款条件等做出实质修改和评标完成后的谈判协商。由于 PPP 项目合同具有不完全性和长期性，因此在项目具体实施过程中难免会遇到"再谈判"的情况。根据相关数据统计，美国等西方资本主义国家在 20 世纪 80 年代到 21 世纪前十年的 PPP 项目投资中，有超过 50% 的项目出现过"再谈判"现象。虽然，在双方合同签订前，对合作内容已经进行了充分考虑和补充，但是百密必有一疏，十全十美的合同是很少存在的，在项目实施过程中对合同内容进行不断补充和完善也是情理之中的事情。不过，我国还没有制定"再谈判"的规则制度，尽管"再谈判"容易导致机会主义的产生，但是我们也要看到 PPP 项目在签约时就可能存在不公平性，缺乏"再谈判"规则容易导致项目因缺乏可操作性而难以推进。

（二）价格形成机制不合理

随着我国改革开放的不断深化，尤其是在国际改革不断深化的过程中，我国的 PPP 项目取得了一定的成效，在打破政府垄断方面发挥了重要作用。当然，这种成效还是比较轻微的，与西方国家相比还存在诸多不足，尤其是在价格机制方面，存在许多不合理之处。PPP 项目与其他项目不同，主要是以公共基础设施项目为主，这些基础设施项目具有相对垄断性、非竞争性特点，无法通过市场机制进行合理竞价，而是在政府以及市场共同作用下所形成的价格，在定价过程中通常采用的是成本法和回报率法，这两种方法比较原始，具有一定的局限性。特别是在合作过程中，政府在定价方面并没有给出相对合理的区间范围或者底线，而是让社会资本自行进行定价，这个价格往往是企业根据自身情况以及行业状况而计算出来的，缺乏一定科学性。

（三）风险分担与利益分配机制不完善

PPP 项目风险防范和利益回报机制是社会资本方参与政企合作项目最为关心的因素，特别是在目前我国多地政府债台高筑的大背景下，许多已实施和待推广的 PPP 项目亟须社会资本的参与。在实践中，政府部门还会根据项目的实际收益情况与公益性特性向特许经营公司收取一定的费用或给予一定补偿，这就对政府部门平衡好社会资本趋利性和项目公益性两者之间的关系提出极高要求。然而，在实践过程中，由于公共部门的专业能力、谈判能力和项目收益水平的差异，很难合理、适当地分配风险，使得项目风险分担机制设计不够明确，从而导致合作双方互相推诿责任，转移风险到对方。另外，风险应对管理方案的不完善，也造成风险控制难以达到最优化。

对于 PPP 项目而言，由于其属于公共基础服务项目，因此项目具有投资规模大、回报利润低、回报时间长等特点，这些特点决定了 PPP 项目对于社会资本方来说具有较大的风险。

多数 PPP 项目中，政府财政支付是社会资本方投资回报的主要源泉，一旦在合作过程中政府出现违约现象，企业就无法获得对应的资金补给，就会对企业发展带来巨大风险。在对风险防范方面，很多制度规范中都提到了 PPP 项目中合作双方要对风险进行共同承担，不过在具体风险承担比例和责任划分方面却没有相对较为详细的说明。不过，由于长期受官本位思想的影响，在 PPP 项目的具体合作过程中，政府依然处于强势地位，社会资本的弱势地位依然较为明显。

在我国出台的 PPP 项目合作意见征询稿当中曾经提到，要尽量确保 PPP 项目收益维持在一定的范围之内，要避免高额利润对社会造成的不利影响，也要保障基本的收益率，保证社会资本参与 PPP 项目获得一定收益，鼓励其参与公共服务领域建设。然而项目收益高低的标准难以量化，并未有明确的文件法规规定。尤其是在项目运行过程中，企业的社会责任往往被政府部门放大，从而影响到了企业的切身利益，甚至违背了市场的运行规律，这种做法显然是不利于经济健康运行的。

（四）项目实施不规范

除了上述提到的政府对融资功能过度重视外，PPP 项目执行阶段的不规范行为也会造成政府债务问题。2014 年我国发布了《政府购买服务管理办法（暂行）》规定，在该规定中对政府购买社会服务的相关内容进行了阐述，其中提到，政府要进一步加大对社会公共服务的购买力度，并且对可以进行购买的服务内容进行了列举说明，凡是其中内容都可以进行购买，不过有些内容比较模糊，没有具体说明，这就导致在具体购买过程中出现诸多不当行为，购买行为比较混乱。在该行为活动不断泛化的过程中，对 PPP 模式产生了一定影响，不利于 PPP 项目的有效实施，也会对地方债务产生不利影响。此外，在互联网金融快速发展的过程中，部分地方政府利用网络融资平台与一些公司进行合作，购买相应的服务，通过这种模式能够达到预期融资目的，而且还能够避免相应的监管，在这种模式的影响下，政府的债务会比预期的多，最终会形成表面上属于股份，实际上成为地方政府的债务，会增加地方政府的债务风险。

（五）退出机制不完善

PPP 模式为社会资本参与基础设施投资提供了可能，而在该项目当中，退出机制同样比较重要，是确保整个项目的主要构成部分之一。退出渠道不丰富、资本投资周期与项目周期不匹配是 PPP 发展中社会资本表现冷淡的主要原因之一。在当前，PPP 模式在运行过程中的准入制度建设相对比较完善，但是在社会资本退出方面存在诸多不足，缺乏健全的规则制度和保障机制；与此同时，在 PPP 项目在资产证券化的过程中，社会资本还无法在合适阶段进行自行退出，这就会制约社会资本的积极参与。

虽然有上述种种问题的存在，但由于未来 PPP 依然是非常重要的公共产品供给方式，社会资本参与基建投资的 PPP 模式，一方面能够保持基建投资稳定增长，另一方面又能够降低地方举债压力，从中长期看，仍是化解目前地方政府债务风险的重要手段，预计合规优质的 PPP 项目仍然将是政府主要推行的方向之一。未来一段时期，重质量、防风险、在规范中稳步发展，将成为 PPP 转型的方向，PPP 将由过去爆发增长向规范化发展、质量型发展的方向转变。第一，PPP 要回归公共服务创新供给机制的本源。监管部门规范 PPP 项目的运作，就是要防止 PPP 异化为新的融资平台，遏制隐性债务风险增量。因此，要认识到当前规范项目库管理对推动 PPP 可持续发展是具有重要意义的，监管部门有职责及时纠正 PPP 泛化滥用现象，进一步推进 PPP 规范发展，着力推动 PPP 回归公共服务创新供给机制的本源。第二，要加强规范管理、防控风险的工作要求。要按照财政部"抓规范、促发展、严监管、防风险"的原则，抓好入库项目清理，严格项目入库，确保 PPP 工作高点起步、规范运作。建立健全专人负责、持续跟踪、动态调整的常态化管理机制，及时将条件不符合、操作不规范、信息不完善的项目清理出库，不断提高项目管理库信息质量和管理水平。第三，PPP 要更多支持地方经济和社会发展补短板。近年来，财政部在公共服务领域推进 PPP 工作，着力提升公共服务供给质量和效率，为稳增长、促改革、惠民生发挥了积极作用。预计在清理整改之后，将会继续把 PPP 作为地方经济社会转型发展的重要抓手，同时，重点在乡村振兴、脱贫攻坚、医疗养老、文化旅游和污染防治等短板领域，继续有效推广实施 PPP，吸引更多社会资本进入地方发展重点领域和薄弱环节。

# 第二节　PPP项目发展的政策环境

## 一、PPP政策汇总

### (一) 中央层面政策文件

表6-1　中央层面PPP相关政策文件

| 发文时间 | 文件名称 | 发文字号 |
|---|---|---|
| 2016.07.05 | 中共中央、国务院关于深化投融资体制改革的意见 | 中发〔2016〕18号 |
| 2016.12.27 | 中共中央办公厅国务院办公厅印发《关于创新政府配置资源方式的指导意见》 | 中办发〔2016〕15号 |

### (二) 国务院层面政策文件

表6-2　国务院层面PPP相关政策文件

| 发文时间 | 文件名称 | 发文字号 |
|---|---|---|
| 2010.05.13 | 国务院关于鼓励和引导民间投资健康发展的若干意见 | 国发〔2010〕13号 |
| 2013.09.06 | 国务院关于加强城市基础设施建设的意见 | 国发〔2013〕36号 |
| 2013.09.26 | 国务院办公厅关于政府向社会力量购买服务的指导意见 | 国办发〔2013〕96号 |
| 2014.05.09 | 国务院关于进一步促进资本市场健康发展的若干意见 | 国发〔2014〕17号 |
| 2014.09.21 | 国务院关于加强地方政府性债务管理的意见 | 国发〔2014〕43号 |
| 2014.10.08 | 国务院关于深化预算管理制度改革的决定 | 国发〔2014〕45号 |
| 2014.11.16 | 国务院关于创新重点领域投融资机制鼓励社会投资的指导意见 | 国发〔2014〕60号 |
| 2014.12.30 | 国务院办公厅关于进一步做好盘活财政存量资金工作的通知 | 国办发〔2014〕70号 |
| 2015.05.19 | 国务院办公厅转发财政部、发展改革委、人民银行关于在公共服务领域推广政府和社会资本合作模式指导意见的通知 | 国办发〔2015〕42号 |
| 2016.02.06 | 国务院关于深入推进新型城镇化建设的若干意见 | 国发〔2016〕8号 |

续表

| 发文时间 | 文件名称 | 发文字号 |
|---|---|---|
| 2016.07.04 | 国务院办公厅关于进一步做好民间投资有关工作的通知 | 国办发明电〔2016〕12 号 |
| 2016.11.04 | 国务院办公厅关于印发地方政府性债务风险应急处置预案的通知 | 国办函〔2016〕88 号 |
| 2017.01.20 | 国务院办公厅关于创新管理　优化服务　培育壮大经济发展新动能　加快新旧动能接续转换的意见 | 国办发〔2017〕4 号 |
| 2017.02.17 | 国务院办公厅关于创新农村基础设施投融资体制机制的指导意见 | 国办发〔2017〕17 号 |
| 2017.03.07 | 国务院办公厅关于进一步激发社会领域投资活力的意见 | 国办发〔2017〕21 号 |
| 2017.09.01 | 国务院办公厅关于进一步激发民间有效投资活力促进经济持续健康发展的指导意见 | 国办发〔2017〕79 号 |

## （三）财政部层面政策文件

**表 6 - 3　财政部层面 PPP 相关政策文件**

| 发文时间 | 文件名称 | 发文字号 |
|---|---|---|
| 2014.04.14 | 财政部关于推进和完善服务项目政府采购有关问题的通知 | 财库〔2014〕37 号 |
| 2014.09.23 | 关于推广运用政府和社会资本合作模式有关问题的通知 | 财金〔2014〕76 号 |
| 2014.10.23 | 关于印发《地方政府存量债务纳入预算管理清理甄别办法》的通知 | 财预〔2014〕351 号 |
| 2014.11.29 | 财政部关于印发政府和社会资本合作模式操作指南（试行）的通知 | 财金〔2014〕113 号 |
| 2014.12.30 | 关于规范政府和社会资本合作合同管理工作的通知 | 财金〔2014〕156 号 |
| 2014.12.31 | 关于印发《政府和社会资本合作项目政府采购管理办法》的通知 | 财库〔2014〕215 号 |
| 2015.02.17 | 财政部《关于推进地方盘活财政存量资金有关事项的通知》 | 财预〔2015〕15 号 |
| 2015.04.07 | 财政部关于印发《政府和社会资本合作项目财政承受能力论证指引》的通知 | 财金〔2015〕21 号 |
| 2015.04.09 | 财政部、环境保护部关于推进水污染防治领域政府和社会资本合作的实施意见 | 财建〔2015〕90 号 |

续表

| 发文时间 | 文件名称 | 发文字号 |
|---|---|---|
| 2015.04.20 | 财政部、交通运输部关于在收费公路领域推广运用政府和社会资本合作模式的实施意见 | 财建〔2015〕111 号 |
| 2015.04.21 | 财政部、国土资源部、住建部、中国人民银行、国家税务总局、银监会《关于运用政府和社会资本合作模式推进公共租赁住房投资建设和运营管理》的通知 | 财综〔2015〕15 号 |
| 2015.12.08 | 财政部关于实施政府和社会资本合作项目以奖代补政策的通知 | 财金〔2015〕158 号 |
| 2015.12.18 | 财政部关于规范政府和社会资本合作（PPP）综合信息平台运行的通知 | 财金〔2015〕166 号 |
| 2015.12.18 | 财政部关于印发《PPP 物有所值评价指引（试行）》的通知 | 财金〔2015〕167 号 |
| 2015.12.21 | 财政部关于对地方政府债务实行限额管理的实施意见 | 财预〔2015〕225 号 |
| 2015.12.25 | 财政部关于财政资金注资政府投资基金支持产业发展的指导意见 | 财建〔2015〕1062 号 |
| 2016.05.28 | 财政部、国家发展改革委关于进一步做好政府和社会资本合作（PPP）有关工作的通知 | 财金〔2016〕32 号 |
| 2016.09.24 | 财政部关于印发《政府和社会资本合作项目财政管理暂行办法》的通知 | 财金〔2016〕92 号 |
| 2016.10.11 | 财政部关于在公共服务领域深入推进政府和社会资本合作工作的通知 | 财金〔2016〕90 号 |
| 2016.12.30 | 关于印发《财政部政府和社会资本合作（PPP）专家库管理办法》的通知 | 财金〔2016〕144 号 |
| 2017.01.23 | 关于印发《政府和社会资本合作（PPP）综合信息平台信息公开管理暂行办法》的通知 | 财金〔2017〕1 号 |
| 2017.03.22 | 关于印发政府和社会资本合作 PPP 咨询机构库管理暂行办法的通知 | 财金〔2017〕8 号 |
| 2017.04.06 | 关于进一步规范地方政府举债融资行为的通知 | 财预〔2017〕50 号 |
| 2017.05.28 | 关于坚决制止地方以政府购买服务名义违法违规融资的通知 | 财预〔2017〕87 号 |
| 2017.06.02 | 关于试点发展项目收益与融资自求平衡的地方政府专项债券品种的通知 | 财预〔2017〕89 号 |

续表

| 发文时间 | 文件名称 | 发文字号 |
|---|---|---|
| 2017.06.07 | 关于规范开展政府和社会资本合作项目资产证券化有关事宜的通知 | 财金〔2017〕55 号 |
| 2017.07.14 | 关于组织开展第四批政府和社会资本合作示范项目申报筛选工作的通知 | 财金〔2017〕76 号 |
| 2017.11.10 | 关于规范政府和社会资本合作（PPP）综合信息平台项目库管理的通知 | 财办金〔2017〕92 号 |
| 2018.03.28 | 关于规范金融企业对地方政府和国有企业投融资行为有关问题的通知 | 财金〔2018〕23 号 |

## （四）国家发改委层面政策文件

**表6-4 国家发改委层面 PPP 相关政策文件**

| 发文时间 | 文件名称 | 发文字号 |
|---|---|---|
| 2010.11.20 | 国家发展改革委办公厅关于进一步规范地方政府投融资平台公司发行债券行为有关问题的通知 | 发改办财金〔2010〕2881 号 |
| 2012.06.01 | 国家发展改革委、财政部关于安排政府性资金对民间投资主体同等对待的通知 | 发改投资〔2012〕1580 号 |
| 2012.06.27 | 国家发展改革委关于印发利用价格杠杆鼓励和引导民间投资发展的实施意见的通知 | 发改价格〔2012〕1906 号 |
| 2014.12.02 | 国家发展改革委关于开展政府和社会资本合作的指导意见 | 发改投资〔2014〕2724 号 |
| 2015.03.10 | 国家发展改革委、国家开发银行关于推进开发性金融支持政府和社会资本合作有关工作的通知 | 发改投资〔2015〕445 号 |
| 2015.03.17 | 国家发展改革委、财政部、水利部关于鼓励和引导社会资本参与重大水利工程建设运营的实施意见 | 发改农经〔2015〕488 号 |
| 2015.04.21 | 国家发展改革委、财政部关于运用政府投资支持社会投资项目的通知 | 发改投资〔2015〕823 号 |
| 2015.05.25 | 国家发展改革委办公厅关于充分发挥企业债券融资功能支持重点项目建设促进经济平稳较快发展的通知 | 发改办财金〔2015〕1327 号 |
| 2016.08.10 | 国家发展改革委关于切实做好传统基础设施领域政府和社会资本合作有关工作的通知 | 发改投资〔2016〕1744 号 |

续表

| 发文时间 | 文件名称 | 发文字号 |
|---|---|---|
| 2016. 10. 24 | 国家发展改革委关于印发《传统基础设施领域实施政府和社会资本合作项目工作导则》的通知 | 发改投资〔2016〕2231 号 |
| 2016. 12. 21 | 国家发展改革委、中国证监会关于推进传统基础设施领域政府和社会资本合作（PPP）项目资产证券化相关工作的通知 | 发改投资〔2016〕2698 号 |
| 2017. 02. 20 | 关于进一步做好重大市政工程领域政府和社会资本合作（PPP）创新工作的通知 | 发改投资〔2017〕328 号 |
| 2017. 04. 25 | 国家发展改革委办公厅关于印发《政府和社会资本合作（PPP）项目专项债券发行指引》的通知 | 发改办财金〔2017〕730 号 |
| 2017. 11. 28 | 国家发展改革委关于鼓励民间资本参与政府和社会资本合作（PPP）项目的指导意见 | 发改投资〔2017〕2059 号 |

## （五）其他部委层面政策文件

### 表 6 - 5　其他部委层面 PPP 相关政策文件

| 发文时间 | 文件名称 | 发文字号 |
|---|---|---|
| 2015. 02. 03 | 关于鼓励民间资本参与养老服务业发展的实施意见 | 民发〔2015〕33 号 |
| 2015. 05. 04 | 交通运输部关于深化交通运输基础设施投融资改革的指导意见 | 交财审发〔2015〕67 号 |
| 2015. 12. 10 | 住建部、国家开发银行关于推进开发性金融支持海绵城市建设的通知 | 建城〔2015〕208 号 |
| 2016. 03. 31 | 国家能源局关于在能源领域积极推广政府和社会资本合作模式的通知 | 国能法改〔2016〕96 号 |
| 2017. 02. 17 | 深圳证券交易所关于推进传统基础设施领域政府和社会资本合作（PPP）项目资产证券化业务的通知 | 深证会〔2017〕46 号 |
| 2017. 02. 17 | 上海证券交易所关于推进传统基础设施领域政府和社会资本合作（PPP）项目资产证券化业务的通知 | — |
| 2017. 05. 04 | 中国保监会关于保险资金投资政府和社会资本合作项目有关事项的通知 | 保监发〔2017〕41 号 |
| 2017. 07. 21 | 上海证券交易所关于进一步推进政府和社会资本合作（PPP）项目资产证券化业务的通知 | 上证函〔2017〕783 号 |

续表

| 发文时间 | 文件名称 | 发文字号 |
|---|---|---|
| 2017.10.19 | 深圳证券交易所政府和社会资本合作（PPP）项目资产支持证券挂牌条件确认指南 | 深证会〔2017〕340号 |
| 2017.10.19 | 深圳证券交易所政府和社会资本合作（PPP）项目资产支持证券信息披露指南 | 深证会〔2017〕340号 |
| 2017.11.22 | 交通运输部办公厅关于印发《收费公路政府和社会资本合作操作指南》的通知 | 交办财审〔2017〕173号 |

（六）地方政府层面政策文件

表 6-6　地方政府层面 PPP 相关政策文件

| 发文时间 | 文件名称 | 发布部门 |
|---|---|---|
| 2014.12.12 | 江苏省关于推进政府与社会资本合作（PPP）模式有关问题的通知 | 江苏省财政厅 |
| 2014.12.17 | 河北省人民政府关于推广政府和社会资本合作（PPP）模式的实施意见 | 河北省人民政府办公厅 |
| 2014.12.22 | 四川省财政厅关于支持推进政府与社会资本合作有关政策的通知 | 四川省财政厅 |
| 2015.06.24 | 贵州省政府办公厅关于推广政府和社会资本合作模式的实施意见 | 贵州省人民政府办公厅 |
| 2015.08.21 | 山东省人民政府办公厅转发省财政厅省发展改革委、人民银行济南分行关于在公共服务领域推广政府和社会资本合作模式的指导意见的通知 | 山东省人民政府办公厅 |
| 2015.11.03 | 北京市人民政府办公厅关于在公共服务领域推广政府和社会资本合作模式的实施意见 | 北京市人民政府办公厅 |
| 2017.11.29 | 成都市人民政府关于进一步推进政府和社会资本合作（PPP）的实施意见 | 成都市人民政府 |
| 2018.07.20 | 四川省省级财政支持政府与社会资本合作（PPP）综合补助资金管理办法（草案)》 | 四川省财政厅 |

· 170 ·

### 二、重要文件解读

(一) "国发〔2014〕43 号" 文解读

1. 规范的地方政府融资机制

按照新《预算法》和"国发〔2014〕43 号"文的规定,地方政府债务融资机制的调整仅限于政府借款、PPP(政府和社会资本合作)和规范或有债务。

(1) 政府借款。政府债务只能由政府及其部门借款,不得通过企事业单位等贷款,主体限于省级政府,省政府不举债,市、县可由省级借款。

政府债务资金的使用仅用于公益性资本支出和适度还债,不用于经常性支出;对于债务规模的控制,由财政部计算,经国务院确定,人大最终批准;政府债务实施预算管理,即分门别类进行管理。

(2) PPP。"国发〔2014〕43 号"文规定,政府将鼓励社会资本通过特许经营等方式投资和经营城市基础设施等公用事业,如城市基础设施等。政府通过事先开放收入协议的规则,如特许经营、合理定价和财政补贴,有长期稳定的收入。政府不承担投资者或特殊目的公司的债务偿还责任。

社会资本单独或联合政府设立特殊目的公司为公司建设和经营合作项目,投资者或 SPV 可以使用银行贷款、公司债券、项目收益债券、资产证券化等市场。注重举债方式,承担债务责任。

(3) 规范性或债务性。"国发〔2014〕43 号"文规定,融资平台公司的政府融资职能应当剥离,融资平台公司不得新增政府债务。地方政府新发债务必须严格限制在依法保证的范围内,并按照担保合同承担相应的责任。

2. 完善的政府性债务范畴

根据《预算法》和"国发〔2014〕43 号"文,我们没有考虑现有政府债务存量的处置。结合标准的政府债务融资机制,政府债务的未来标准如下:

必须特别注意的是,"国发〔2014〕43 号"文明确实规定了 PPP 运作所形成的债务,特别是与政府和政府联合设立特殊目的公司的债务,不是政府债务或政府或债务。但它被纳入政府的债务融资机制,有必要依靠财政补贴,而政府补贴和社会资本合作项目的支出应纳入相应的政府预算管理。因此,PPP 运作所造成的债务和政府有一定的关系,这是投资者需要关注的一点。

（二）"国发〔2014〕60号"文解读

1. TOT模式广被看好

"国发〔2014〕60号"文特别说明推进市政基础设施投资运营市场化，改革市政基础设施建设运营模式，积极推动社会资本参与市政基础设施建设运营，强化县城地区基础设施创建以及优化市政基础设施价格制度。鼓励政府可采用委托经营或转让—经营—转让等方式，将已经建成的市政基础设施项目转交给社会资本运营管理。

2. 盘活民间资本

"国发〔2014〕60号"文提出进一步鼓励社会投资特别是民间投资，盘活存量、用好增量，调结构、补短板，服务国家生产力布局，促进重点领域建设，增加公共产品有效供给；要求国务院各有关部门要严格按照分工，抓紧制定相关配套措施，加快重点领域建设。根据"国发〔2014〕60号"文，生态环境、农业、水利工程、市政基础设施、交通、能源设施、信息和民用空间基础设施、社会事业七大方面的社会资本参与投融资机制改革、价格改革将获支持。

3. 借力民间资本创新投融资模式

"国发〔2014〕60号"文与化解地方政府债务风险紧密联系，鼓励采用创新投资运营机制、拓宽投融资渠道等方式，实现稳增长、促发展。通过推进融资方式、改变政府和企业的合作模式，来鼓励民间资本的引入。通过完善政府和公司之间的合作方式，降低成本，既降低了投资成本，又降低了政府的监督成本，同时提高了项目的质量，实现了政府与企业间的双赢。通过创新投融资机制，民营资本可以参与到这些项目的建设中。政府通过投资补贴、资金注入、担保补贴、贷款贴现等方式，支持社会资本参与重点领域建设。政府利用少量的资金撬动了大量的私人资金，为社会提供了相关的服务和最大的限制。为了减少政府支出和使用少量资金来驱动大型项目，不仅提供相关服务，而且还将政府债务的增加最小化，并帮助解决地方政府债务的风险。

（三）"财库〔2014〕214号"文和"财库〔2014〕215号"文解读

为了深化政府采购制度改革，满足政府采购服务的需求，推进政府和社会资本合作（PPP）模式，财政部发布了两个通知：财政部关于印发《政府采购竞争性磋商采购方式管理暂行办法》的通知（财库〔2014〕214号，以下简称《磋商办法》）和财政部关于印发《政府和社会资本合作项目政府采购管理办法》的通知（财库〔2014〕215号）（以下简称《PPP办法》）。

1. 制定《磋商办法》和《PPP 办法》的背景

这两个文件的制定主要符合两个方面的需要：一方面，为了进一步贯彻十八届四中全会精神，我们必须坚持立法先行，依法采购。本届政府提出了推进政府采购服务、推进 PPP 模式等重大改革任务。相关采购活动在采购需求、采购模式、合同管理、绩效验收、绩效考核等方面具有一定的特殊性。要在现行政府采购法律框架下进行创新、有针对性的制度安排，引导和规范具体工作，确保采购工作顺利、高效进行。另一方面，政府购买服务，推动 PPP 模式，并具有很强的公众和公共利益。采购活动应充分发挥支持产业发展、鼓励科技创新、节约资源、保护环境等政府采购政策作用，促进经济社会效益的实现。因此，相关采购活动的法律适用和运作规则需要明确界定。

2. 竞争咨询采购模式的核心内容

《政府采购法》规定的政府采购办法包括招标采购、招标投标、竞争性谈判、单源采购、询价、政府采购监督管理部门确定的其他采购方式。国务院的规定：竞争咨询采购模式是财政部依法采购的第一种采购方式。核心内容是"先明确采购需求，后竞争报价"两阶段采购模式，倡导"物有所值"的价值目标。竞争性磋商和竞争性谈判中的两种采购方式在流程设计和具体规则上都有联系和不同：在"明确采购需求"阶段，这两种采购方式对于采购程序、供应商来源、协商或谈判公告需要的需求基本一致。在竞争性报价阶段，竞争性协商采用类似于公开招标的"综合评分法"，这与竞争性谈判中的"最低成交价"不同。这样设计的目的是在完全明确的需求基础上实现合理的报价和公平交易，避免可能导致竞争性谈判最低价格的恶性竞争，并将政府采购制度的作用集中在价值目标上，实现"质量、价格、效率"的统一。

3. 竞争咨询的适用范围

《磋商办法》提供了五种适用情况：

（1）政府购买服务项目。

（2）复杂的技术或特殊性质，无法确定详细的规格或具体要求。

（3）由于事先无法确定艺术品购买、专利、专有技术或服务的时间和数量，不能预先计算价格总额。

（4）科研项目缺乏市场竞争和转型项目需要支持。

（5）是根据招标投标法及其实施条例，招标投标的工程建设项目。

其中，前三种情况主要适用于购买者在确定采购需求或合同条款方面的困难，以及与供应商沟通和谈判的需要；第四种情况主要适用于采购中不到三家的有效供应商，科研项目和需要科技创新的项目；第五种情况业主应适用于政府采购工程项目，在国家相关法律条款、专业性管理制度允许的范围内进行操作，主要参照 2013 年 10 月 28 日财政部发布的《政府采购非招标采购方式管理办法》（财政部令第 74 号）。综合来看，竞争咨询采购最易于操作，适用范围最广，尤其适用于复杂性设备、PPP 项目、科技创新项目等服务采购。

4. PPP 项目选择社会资本方时应遵循用政府采购法律制度

通常情况下，在 PPP 项目购买者选择供应商时，PPP 方法独具优势，在 PPP 合作伙伴参与到政府采购过程中，重点要考虑以下三个问题：

（1）PPP 属于一种新型的、特殊性较强的采购活动，在提供公共服务过程中，政府逐渐由"生产者"转变为"供应者"。在《政府采购法》第七条第二款中，对政府采购服务进行了界定，是指政府采购标的物，但货物、工程等不包括在内。从这一角度出发，PPP 属于典型的政府采购。从国际范围来看，许多欧美国家、知名国际组织等，都会参照政府采购规则来选择 PPP 合作伙伴，除此以外，工程特许经营、授予服务等也隶属于政府采购，自然要接受政府采购监管。所以，PPP 项目合作伙伴以积极的姿态参与政府采购管理，有助于政府采购制度的完善，与国际规则相匹配，符合世界各国政府采购协议（GPA）的定义。

（2）《政府采购法》规定了招标采购、竞价谈判、询价单源等采购方式，与此同时，监管机构要自觉接受政府部门的监管，创新采购模式。这些法律条款适用性强，使得 PPP 项目采购有章可循、有据可依，更好地维护社会公平正义，以透明、良性竞争来提升各项资源的价值目标，增强 PPP 项目采购的可行性与实效性。

（3）在政府采购法律的监督与约束下，在购买过程中会优先选择节能型、环保型产品，对中小企业的发展提供有力支持。选择 PPP 合作伙伴的整个过程都要接受政府采购管理，能有效提升 PPP 项目的社会效益。

（四）"国办发〔2015〕42 号"文解读

1. 在宏观上的价值和意义

（1）加快转变政府职能。尽快让各类境内外社会资本、社会组织和中介机构在 PPP 实施中唱主角，让政府回归到监督者、合作者的角色，简政放权，无须对微观事务进行干涉，将更多的时间与精力用于对市场进行监管、制定发展战略等。对于深化国家大力推进的投融资体制改革、推进国家治理现代化都是有很大促进作用的。同时要求地方政府推进立法、完善制度、规范流程、加强监管，对于地方政府的规范化管理也有很大促进作用。

（2）激发经济活力和创造力。以 PPP 为切入点，吸引更多社会资本的加入，使公共服务项目摆脱政府的约束，能创造性地使用各种合作模式，赋予更多中小企业进入公共服务领域的机会，使得社会资本的应用范围得以拓宽，为中小型企业的发展提供有利条件，为经济建设注入活力，创造更多新的经济增长点，为国家整体经济结构的转型提供空间和时间。

（3）完善财政投入和管理方式。在 PPP 模式下，政府为了对公共服务表示支持，会提供一定数额的运营补贴，参照纯净评估结果来确定补贴数额。因此，政府部门要根据实际情况建立并完善公共财政和预算管理制度、财政中长期规划和地方政府资产负债表，既能量入为出，保证地方财政的健康可持续发展，又能平衡当代人和后代人之间的公共资金投入，减轻现阶段的压力，杜绝以及化解地方性债务风险。

（4）增加公共产品和服务的供给。"国办发〔2015〕42 号"文进一步扩宽了社会资本可以参与的公共服务范围，打破了原有的很多束缚和限制，拓展到了水利建设、农林牧业、环保、医疗卫生、教育、养老服务等方面，服务领域的拓宽，意味着服务供给数量的增加，某种程度上国民经济的大部分行业和领域都可以开放给社会资本参与，而且各类限制正逐步减少，我们正面临着一个前所未有的全民创业创新经济的新时代。

（5）加快发展资本市场，拓宽多元融资渠道。如此大范围的公共服务领域的市场开放，在引入更多社会资本的同时，也必然会加大资金的供应要求，需要积极开发资本市场等多元融资渠道，服务于 PPP 的发展。

2. 在制度建设层面的价值和意义

（1）明确项目实施的管理框架。PPP 项目的实施要求地方政府以发展的目光对现行制度、规范体系等进行审视，在项目建设的不同生命周期内，有针对性地进行管理，增强操作规范的针对性，使项目筹备、采购、移交等流程趋于规范。PPP 主管部门还应制定出行之有效的合同规范，为各个领域拟定科学的合同样本，在提高谈判效率的同时，增强合同的规范性与约束性。同时，也要从方法与流程等方面，对如何选择合作伙伴予以指导，避免国家、社会利益受到损害，维护社会资本的权益。

（2）健全地方财政管理制度。借助 PPP 项目的物有所值评价和财政承受能力论证工作，把握公共服务成本财政管理、会计制度中存在的问题，有针对性地进行调整，使之趋于完善。在具体操作中，要根据制品补贴、政府付费、使用者付费等环节的实际情况，构建起科学合理的支付机制，依据国家性会计制度对项目涉及的所有内容进行核算，确保核算结果的准确性，并将其纳入地方财政规划当中，向本级人大或常委会报告。

（3）建立多层次监管体系。从现阶段情况看，政府部门与社会资本的合作是公共服务发展的主流趋势，无论是社会资本，还是行业主管部门，都可以成为合作的发起者，但在项目的具体实施过程中，行业主管部门却要承担起主要的监管职责，例如，制定出科学的技术标准，根据当地经济发展情况进行定价等。最关键的是，行业主管部门要构建起全方位、立体化综合评价机制，将质量监管活动贯穿于项目的整个生命周期，使事后整改转变为事前防范、事中监督，最大限度地提升产品质量与服务能力。

（4）完善公共服务价格调整机制。立足于当前经济建设情况，对公共服务价格进行综合性测评，一定要从各个侧面了解项目运行情况，结合绩效评估结果来确定产品与服务价格，确保定价、调价的科学性和规范性。

3. 政府和社会资本合作在执行层面的价值和意义

（1）化解地方债务风险，推动融资平台公司转型。经过年初的审计和清查，地方政府债务规模已经非常庞大，通过积极利用 TOT、ROT 等方式，巧妙地帮助地方政府规避债务风险，以政府与社会资本合作项目来取代平台公司存量公共服务项目，逐渐降低政府性债务的占比。在这种模式下，平台公司自主性得以增强，推动平台公司转型，实现市场化经营。

（2）规范择优选择项目合作伙伴和社会资本。在选择合作伙伴过程中，地方政府要勇于承担责任，在深入解读相关法律条款、政策方针的基础上，在众多企业中做出正确选择。在具体操作过程中，要从经济资本、征集状况、技术等级、管理能力等方面对有合作意向的企业时行综合测评，根据测评结果来选择合作伙伴。同时，要利用好政府信息平台，将采购信息及时进行公示，充分体现出社会公平公正。

（3）合理确定合作双方的权利与义务。确定合作伙伴之后，政府与社会资本双方都要严格遵守契约精神，本着协商共赢的态度，从绩效考评、临时退出、接管安排、效益分配等方面入手，厘清职责、明确义务，确保社会资本能够获得合理回报。

（4）保障公共服务持续有效供应。政府与社会资本要遵循互利互惠、共同发展的原则，在项目的各个生命周期内，依据合同条款对项目质量进行监督。在突发状况面前，不能回避，要努力进行协调，使问题得到有效解决。如果情况特殊，可以考虑变更合同内容、修改合同期限，但不得影响到公共服务质量与持续性。

（5）完善财税支持政策。当前，公共服务体系建设已被纳入国家发展战略规划当中，为了推广政府与社会资本合作模式，国家相继出台了一系列税收优惠政策，这些优惠政策如果能及时落地，将会有更多社会资本对公共服务项目产生兴趣。为此，地方政府要承担部分损失，在金融机构的支持下共同设立基金，对财税优惠政策提供辅助。

（6）做好金融服务。金融机构要肩负起社会责任，牢固树立服务意识，在准确把握政府与社会资本合作模式特征的基础上，拓宽业务范围，改革服务方式，对合作项目的顺利实施提供融资支持。尤其是开发性金融机构，要在发扬传统优势的同时，对商业性金融机构、项目运营主体进行引领，帮助它们拓宽融资渠道，根据项目进展情况在多种市场化融资方式中做出合理选择。同时，也要对项目公司进行扶持，鼓励其通过发行项目收益债券、资产支持票据等多种方式进行融资。此外，社保资金、保险资金等也要遵循市场化发展原则，以适宜的方式对合作项目予以支持。

（五）"国办函〔2016〕88 号"文解读

此文件的颁发，将会对债券市场、地方政府融资产生深远影响，集中体现在以下三个方面：

1. 地方政府债务责任主体进一步明朗，地方政府性债务约束力得以增强

该文件反复强调，地方政府债务只是一个存量概念，地方政府要以高度负责的态度对其债务承担责任，中央政府不履行救济原则。同时，文件也强调了问责机制。风险事件发生后，相关人员将被追究责任。在当前期限内借债都潜藏着较高的风险，在完全规避风险之前，所有负责人员都不能获得重用或提拔的机会。该文件旗帜鲜明地表明，只有增强地方政府对其债务的责任，才能使各级政府的债务融资行为得以规范，彻底消除博弈行为，以严格的债务约束力来换取硬资产。

2. 提高了政府融资平台信用风险，城投债或存在估值调整和分化压力

该文件帮助地方政府厘清了债务偿还责任，要负责偿还所有地方政府债券，

但不包括债务与股票。多年以来，我国相关立法规定，地方政府要对债务或股票承担民事责任，对债务数额做出了明确规定，股票由地方政府保存，地方政府保留对债务人的追索权。该文件公布后，伴随着信贷风险分化压力的增加，估值调整、分化压力随之提高。造成这一现象的原因，是政府融资平台业务以土地开发、基础设施建设两种类型为主，所有收入都源自于返还土地出让金和政府支付。对于到期债务来说，其收益与偿还更多地依赖于地方政府融资。政府为城市投资公司出具的担保函、承诺书、支持函等不规范，明显影响了赔偿的效果。

3. 地方性债务风险应急处理机制趋于完善，地方政府债务融资行为得以规范，成为地方政府融资平台转型的新契机

当前，我国经济建设已步入"新常态"，各个领域的建设都取得了令人欣慰的成绩，然而地方政府债务不断膨胀，许多地区的债务率早已突破警戒线，地方政府对融资平台产生了较强的依赖性，超额举债已经达到上限，负责率超过150%已不足为奇。在如此严峻的形势下，所有地方政府都要树立危机意识，在最短时间内构建起行之有效的债务风险应急机制。这一举措将发挥出深远意义，象征着我国地方政府融资管理能力的提升，为地方政府融资平台的转型提供动力源，债务融资行为也会得到有效约束与规范，业务结构的优化、盈利能力的提升都将成为可能。

（六）"财金〔2017〕1号"文解读

《政府和社会资本合作信息平台（PPP）综合信息平台公共管理暂行办法》（财金〔2017〕1号）的及时出台，意味着PPP改革引起了党和国家的高度重视，将其上升到体制机制层面，是加快PPP项目落地速度的有力支撑。因此，在财政部的积极引领下，集中多方力量，出台了该文件，要求进一步加强和规范政府公共工作政府和社会资本合作（PPP）项目信息，以促进PPP项目的参与者的完整性，并确保公众的知情权。提升PPP市场公平竞争、完善发展提供的一个指导文件，现对文件主要内容做解读。

1. 出台目的

该文件出台目的是促进市场公平、合理竞争、规范和可持续发展，加大规范与监督力度，对PPP项目所有参与方的行为进行约束，提高项目的透明度，促进项目良性发展。文件规定PPP项目信息要公开，在一定程度上会减少伪PPP项目的数量，利于提高PPP项目全生命周期项目质量，同时也对咨询机构提出了更加严格的要求，确保咨询服务质量上升到新层次，为项目合作各方提供的一个高

效透明的运作规范。

2. 信息公开内容方面

进一步明确政府部门、实施机构、社会资本等机构在项目识别、准备、采购、执行、移交环节的信息公开职责和具体工作流程，贴合实际，操作性强。办法要求增强责任意识，将实施方案、已经通过审核的评价报告、政府债务承受能力、项目可研报告、立项相关批复文件、政府授权文件、采购阶段文件、项目公司成立相关文件、项目移交阶段文件等予以信息公开，基本覆盖 PPP 项目全过程文件，便于政策精准落地，这对政府和社会资本都能起到监督和规范的作用，避免了政府在 PPP 项目前期为了快而走过场的情况，同时客观上也要求社会资本和咨询机构工作上更加认真严谨，这样将利于提高 PPP 项目前期论证环节的论证文件质量，为 PPP 项目全生命周期的顺利实施奠定了基础。

3. 信息公开方式方面

该文件明确指出公开方式包括及时公开和适时公开，对信息公开方式和程序做了细致规定。例如，项目概况、项目合作范围、合作期限、运作方式、采购社会资本方选择、两个评价评审情况、本项目以及年度全部已实施和拟实施的 PPP 项目财政支出责任数额及年度资金预算计划、各个年度所有 PPP 项目在预算中及支出额度中的占比情况、实施方案批复文件、采购中标结果、PPP 合同核心条款等一般性内容实行即时公开；针对 PPP 项目中涵盖大量可能涉及政府信息和商业机密的过程信息，如交易结构（含投融资结构、回报机制、相关配套安排）、项目产出说明和绩效标准、风险分配框架、合同体系、监管体系、两个评价批复、可研报告批复、采购文件、确认谈判工作组成员名单、已签署的 PPP 项目合同等内容实行适时公开，并对相关信息披露的内容及时间节点在正文及附录 1 中 PPP 项目信息公开要求中进行了合理设置和详细规定。

4. 监督管理方面

财政部对全国 PPP 项目的信息披露进行了评估和监督，并在各级进行监督，确保 PPP 项目的信息真实、完整、准确、及时地记录。PPP 项目的信息提供者未按照规定提供信息或有其他不正当情况的，财政部可以责令其限期改正；没有任何正当理由拒不改正的，财政部门可将该项目从项目库中清退。被清退的项目自清退之日起一年内不得重新加入 PPP 综合信息平台。该文件还规定，财政部门工作人员在 PPP 项目信息公开监督管理中存在滥用职权、玩忽职守、徇私舞弊等违法行为，追究相应责任。结合《公务员法》《行政监察法》《金融违法处罚处罚条例》，将犯罪行为送交司法机关处理。这在一定程度上会减少少数人违法、违规操作的情况发生，促进 PPP 项目健康发展。同时，该文件强调发挥公众的监督作用，使 PPP 项目操作的关键环节信息向社会公布并作为合法证据信息保存。PPP 项目信息面向社会公开，使得监督工作不仅能依靠政府部门监管人员的政策水平和业务能力，还可以借助社会更多专业人员的技术能力发现问题和提出质疑，对 PPP 项目实施过程监管，从以部门监管为主逐步向制度监管及社会监督过渡。

（七）"财预〔2017〕50 号"文解读

1. 城市投资债务定价的影响分析

在当前形势下，城市投融资面临着调整压力，融资平台在转型过程中，收紧压力仍未得以缓解。信用价差较低，城市投资债务大于工业债务，城市投资贸易差额回到 2015 年 7 月的水平。然而，目前的融资环境、政府信用预期、制度需求等与 2015 年 7 月相比是不同的。从这些角度看，城市投资债务的调整在短期内无法结束，极有可能会不断加剧。但可以预见的是，并不会对地方政府、平台企业造成较大的影响，再加上项目在建设过程中已经得到了一定的资金保障，政策调整不会对其构成威胁，如果估值调整将不断持续，哪怕企业并非国家持股，影响程度也不会太大。

2. 地方政府融资的影响

能帮助地方政府、融资平台厘清双方的债务关系，降低风险指数。对地方政府的举债额度加以规定，这是规避债务风险的有力手段。同时，也会对地方政府融资产生一定的制约作用。

3. 规范 PPP 融资，降低 PPP 对基础设施的拉动作用

从 2017 年 8 月 16 日开始，各部委开始调查地方政府债务风险和 PPP 变相的融资行为，PPP 启动了项目大幅减持。目前，PPP 融资的监管和调查将继续放缓 PPP 项目的推出节奏。根据 PPP 登陆的时间，2017 年下半年项目落地的峰值可能过去，而该文件的出台将降低 PPP 对基础设施的拉动作用。

（八）"财预〔2017〕87 号"文解读

该文件对"限期整改""负面清单"做出了详细规定，为政府提高采购服务管理能力夯实了基础。调整的对象是政府购买服务。文件的目的是规范《政府采购法》规定的"服务"购买行为。该文件规定的政府采购服务是狭义上的"服务"，不同于广义的政府与社会资本合作模式（PPP 模式）中的"公共物品和公

共服务"。

1. 落实政府购买服务项目所需资金来源

通常情况下，政府要为购买服务项目支付一定额度的资金，这部分资金已经包含在年度财政预算当中。因此，政府要在预算允许的范围内做出采购决定，落实资金来源。此外，地方财政部门在拟定中期财政计划时，要将政府采购服务纳入其中，保证项目资金流的稳定性，使合作伙伴的合法权益得以维护。

2. 该文件对已标准化的 PPP 项目没有影响

该文件规定，政府采购服务需要严格遵守规定范围，不同于 PPP 标准操作模式。首先，政府购买服务的狭义与政府支付的 PPP 之间存在本质区别。其次，从项目合作时间来看，政府采购服务与政府支付 PPP 预算之间存在着明显差异。此外，政府采购服务模式的功能不同于 PPP 模式。

因此，该文件禁止政府购买非标服务，PPP 不应与政府支付的支付机制相混淆。也就是说，该文件有着一定的适用性，所有使用政府有偿退回机制的 PPP 项目不在该文件的监管范围之内。

（九）"财办金〔2017〕92 号"文解读

1. 项目实施方案成为 PPP 项目必要条件并明确其各方责任

政府方发起项目由政府授权的实施机构编制实施方案，社会资本方发起项目由社会资本方编制实施方案，实施方案交由财政部开展物有所值评价和财政承受能力论证。

对实施方案内容提出详细要求。在编制项目实施方案之前，一定要从不同角度对项目进行分析，对各种评价材料、可行性报告、建议书等进行审查，为识别与规避风险做好准备。实施方案涉及面要广，不仅要介绍项目的基本情况，还要对风险分配、监管体系、运作模式等进行说明。

明确项目"两报告一方案"编制流程。首先由项目发起方编制实施方案，然后由项目实施机构牵头，选择综合实力较强的第三方专业机构，或是聘请领域内资质较深的专家编制物有所值评价报告，并交由财政部门会同行业主管部门审核，审核未通过的重新调整内容并再次审核。在此基础上，由财政部门出具承受能力论证报告。

2. 确定 PPP 项目政府收入和支出明细

PPP 项目政府收入贯穿于项目的整个生命周期，在国家法律条款与合同允许的范围之内，依托于转让资产权与经营权、收益分成、股息、保险赔付、违约赔偿、财政专项补贴等，都成为政府部门的合法收入。同样，PPP 项目支出涉及面也比较广，包括风险损失、股权投资、配套建设成本、运营补贴、财政专项支出等。

明确项目执行过程中政府的监控工作，促进项目达成绩效目标。行业主管部门也要承担起相应的责任，与财政部门一起在项目建设过程中，对成本进行合理监测。项目投入使用后，则要对项目绩效情况进行动态化管理，并且采取措施促进实现绩效目标，根据绩效评价结果安排财政支出；社会资本方违反 PPP 项目合同约定，导致项目运行恶化，政府有权利终止其建设权与运营权，在项目运营步入正轨或终止提供服务之前，产生的后果由违约方单独承担或由各责任方分担。

加强 PPP 项目涉及的国有资产管理，防止国有资产流失。依法评价项目涉及的特许经营权、国有资产股权等国有资产并合理折价入股、授予或转让；确定项目公司资产权属，涉及项目公司资产抵押、质押、担保等权益应当公示。

3. 严格防止政府借 PPP 项目名义举债

项目公共服务的基本属性不容改变；在项目建设之前，依据相关法律条款、政策方针对其进行严格审查；在项目具体实施过程中，不得进行"建设—移交"；政府不得以各种名义股权回购。

建立财政部门 PPP 项目库，做好 PPP 项目全生命周期信息公开工作。各级财政部门应依托 PPP 综合信息平台，建立 PPP 项目库；在项目筹备、采购、建设等不同时期内，都应该通过政务网、宣传栏等方式，将与项目相关的内容进行公示，如采购信息、采购文件、建设期限、移交期限等，但一定不能泄露国家秘密、商业机密；在项目正式投入使用前，要向社会公示绩效评估结果、项目成本等内容；财政部门也要做好信息公开工作，包括项目在财政预算中的占比、项目目录、加盖本级人大印章的财政预算、各项资金分配情况等。

加强财政部门的项目全程监督责任。财政部安排的监察专员要以强烈的责任心面对此项任务，在摸清项目基本情况的基础上，加大监管力度，以科学的方法对项目物有所值评价报告、政府财政承受能力、项目实施方案、绩效评估等进行审查，不得有丝毫纰漏和疏忽。

（十）"国资发财管〔2017〕192 号"文解读

国资委发布该文件，目的是加强央企 PPP 风险管控。

1. 战略指导、集团控制

需要更为集中的 PPP 业务的企业，应准备 PPP 业务的专项计划，并负责集团总部（包括上市公司的总部在内）的 PPP 业务的统一审批。提出 PPP 业务应注重公司发展战略，拒绝野蛮增长。

2. 标准准入条件，重视项目运作

显然，投资回报率不应低于企业相同或相近期限的债务融资成本。严禁开展不具有经济属性的项目；结合企业的发展需要，不断提高 PPP 项目的专业经营管理能力；通过合资合作，引进专业管理机构等措施，确保项目安全高效运行。企业将引导企业从全生命周期考虑项目的可行性，提高企业对项目运作的重要性，从而提高 PPP 项目的运行质量，降低单边投资行为。

3. 清除"三不"

一不：纳入中央公司风险管理范畴的公司，按 PPP 项目的净投资原则，不能超过上年净资产的 50%，不得开展推高资产负债率的 PPP 业务。

二不：在过去两年中，资产负债率超过 85% 或连续亏损的子公司不允许单独投资 PPP 项目。

三不：加强对非投资金融子企业的控制，严格执行国家有关监管政策，不参与只为项目提供融资的项目，不参与建设或经营。

4. 优化股权结构，增加信贷融资

鼓励通过资金管理、保险资金、基本养老保险基金等参与投资，增加资金投入。同时，通过引入"股权实债"股权基金或购买劣质股，风险不应由其他各方承担。

5. 标准会计核算

针对实际运营情况和项目可研预期差距较大、合作方付款逾期等，要及时足额计提减值准备，防范资产价值不实。从会计和财务层面，严格控制项目风险。

6. 终身决策的实施

各级管理人员违反文件要求，未履行或者未能正确履行投资管理职责，造成国有资产流失等严重不良后果的，应当认真调查。负责 PPP 业务重大决策的终身责任追究制度的实施。

（十一）"财金〔2018〕54 号"文解读

2018 年 4 月，财政部下发《关于进一步加强政府和社会资本合作（PPP）示范项目规范管理的通知》（财金〔2018〕54 号），针对 PPP 项目核查清理结果发布，又进一步对 PPP 市场规范缩紧。

1. 公布三类清理处置结果

该文件内容显示，在财政部三个批次共计 752 个国家级 PPP 示范项目中，173 个项目存在一定程度的问题，占比达到 23%，数据结果不容乐观。针对这173 个项目，根据问题的不同分成了三类进行处理。

（1）调出示范名单并退库。对于不再继续应用 PPP 模式实施的项目，调出示范项目名单，并从全国 PPP 综合信息平台项目库中清退出去。例如包头市立体交通综合枢纽及旅游公路等 30 个项目。

（2）调出示范名单不退库。对于还没有完成社会资本方采购，以及项目实施过程中发生重大变化的项目，调出示范项目名单，但仍保留在项目库，可继续运用 PPP 模式实施建设。例如，北京市丰台区河西第三水厂等 54 个项目。

（3）限期整改。对于运作模式不规范、采购程序不严谨、签约主体存在瑕疵的 89 个项目，要求在 2018 年 6 月底前完成整改。逾期仍不符合要求的，调出示范项目名单或清退出项目库。这预示着，除了该文件中明确规定直接被调出示范名单的项目以外，可能进一步增加调出示范名单的项目数量。

2. 明确两种退库处置方式

该文件明确规定了示范项目退库后的两类处置方式。

（1）重新采用 PPP 模式入库。对于采购程序尚未启动的项目，经过调整完善，计划再次应用 PPP 模式建设的，根据规定程序重新办理入库。

（2）终止实施 PPP 模式或者采用其他方式继续推进。

针对那些无法继续应用 PPP 模式建设的，不得再以 PPP 模式实施，或者可以采用其他合法合规的方式实施。对于已进入采购程序或实施已落地的项目，则建议根据核查了解到的问题针对性进行整改，以求合法合规；规定不能再采用PPP 模式建设的，应根据法律法规和合同规定，借由沟通协商或法律救济途径给予解决，真正地维护各参与方的合法利益。

3. 提出 12 个"不得"要求

该文件针对项目前期、采购、签约、履约等各实施阶段的提出 12 个"不得"，具有很好的实践启示作用。

（1）项目前期工作。针对实践中有一些项目存在前期手续不完备就实施项目，还有一些项目后期的财政支出远超过一般公共预算支出 10% 的红线等不合法不合规的现象，"财金〔2018〕54 号"文明确提出：不得突破 10% 红线新上项目；不得出现"先上车、后补票"、专家意见缺失或造假、测算依据不统一、数据口径不一致、仅测算单个项目支出责任等现象。

（2）项目采购程序。针对项目采购环节的操作不规范，"财金〔2018〕54号"文明确：不得设置明显不合理的准入门槛或所有制歧视条款；不得未经采购程序直接指定第三方代持社会资本方股份。

（3）项目签约主体。在某些省市，政府融资平台公司和地方国有企业仍旧扮演着"政府职能工具"的角色，承担着部分政府职能，导致政府和企业之间权利责任的混乱。针对这一问题，"财金〔2018〕54号"文明确"坚持政企分开的原则"，规定：国有企业或地方政府融资平台公司不得代表政府方签署PPP项目合同；地方政府融资平台公司不得作为社会资本方。

（4）项目合同内容。"财金〔2018〕54号"文强调社会资本方应承担项目投资、建设、运营、商业风险，规定：合同中不得约定由政府方或其指定主体回购社会资本投资本金，不得弱化或免除社会资本的投资建设运营责任，不得向社会资本承诺最低投资回报或提供收益差额补足，不得约定将项目运营责任返包给政府方出资代表承担或另行指定社会资本方以外的第三方承担。

（5）项目履约。"财金〔2018〕54号"文进一步规定社会资本方的投融资义务，指出：不得以债务性资金充当项目资本金；政府方不得为社会资本或项目公司提供任何形式的担保。

4. 清理整顿规范

（1）PPP政策趋严，引以为戒。这次针对PPP项目的清理处置，是财政部首次严格惩处不规范的PPP示范项目。虽然"财金〔2018〕54号"文是针对PPP示范项目进行规范，但鉴于PPP示范项目的标杆带动作用，其出台有助于政府方和社会资本方纠正不规范，推动PPP模式的规范发展，从而严控地方政府债务风险，同时还能有效保障社会资本方的合法权益。

（2）审慎处置不规范实施项目。"财金〔2018〕54号"文针对不规范实施项目提出整改，对于退库项目还要面临社会资本方与政府方协商解约、补偿或者诉讼/仲裁等问题。本次清理整顿无疑将对PPP项目参与方带来一系列的法律问题，需要予以充分关注。

（3）打开项目投资的新思路。虽然PPP项目经历了爆发式增长，但随着一系列PPP监管政策的接连出台，PPP模式面临着或多或少的问题。某些地方政府由于PPP模式烦琐的程序、较长的周期、潜在地方债务等因素，将PPP模式列入"黑名单"，社会资本方继续投资PPP项目困难重重。这次清理不仅是挑战同时也带来了机遇，PPP 项目投资模式有望获得更大的发展空间。

（十二）"成府发〔2017〕25 号"文解读

在现今 PPP 项目落地率较低，政府、社会资本对众多政策"审美疲劳"的背景下，成都市人民政府发布的《成都市人民政府关于进一步推进政府和社会资本合作（PPP）的实施意见》（成府发〔2017〕25 号）（以下简称《实施意见》），可谓是一创新之举，其中，关于"提高 PPP 项目可融资性""创新综合金融支持"的阐述是最大亮点。

1. 提高 PPP 项目可融资性

对于 PPP 项目落地率、融资难的问题，《实施意见》第三条"积极推进 PPP 模式"第（四）点"提高 PPP 项目可融资性"规定："为切实提高 PPP 项目可融资性，提高项目落地率和融资交割率，项目实施机构应在实施方案中编制可融资性专章，PPP 服务中心应对实施方案进行可融资性评审。鼓励 PPP 项目实施机构，在采购咨询机构时选择具备投融资专长的咨询机构；潜在社会资本应聘请专业 PPP 融资咨询机构，提供融资咨询、财务咨询服务，开展具体 PPP 项目的投融资分析，为 PPP 项目的签约落地和融资交割创造条件。"

（1）PPP 项目可融资性评估的要求。

1）"项目实施机构应在实施方案中编制可融资性专章"，目的是解决 PPP 项目识别、准备阶段存在的两个"误解"：一是有些地方政府认为 PPP 项目融资完全是社会资本的事，与政府无关，因此在推出项目时，在委托 PPP 咨询机构编制"两评一案"时，很少考虑社会资本方（尤其是作为金融资本）的诉求，也不了解金融机构对项目融资的核心要点和增信要求，因此给出的条件、提出的要求与项目融资背道而驰；二是目前制度没有要求 PPP 咨询机构负责 PPP 项目的全流程工作，PPP 咨询机构也不需对项目融资负责，因此多数咨询机构从意识上就并不重视，即使实施方案合法合规，但并无详细和具有可执行性的融资方案，项目普遍可融资性较差。此外，目前尚没有对咨询机构出具的实施方案是否能够落地、能够融资进行考核和制约的措施，意味着咨询公司的咨询费收入并不会受项目是否落地、是否融资成功的影响，因此咨询机构也难有动力去聘请懂融资的金融人才，或跟其他金融机构合作，完善 PPP 项目实施方案的可融资性分析。最终解决 PPP 项目可融资性差这一核心问题。

2）"鼓励 PPP 项目实施机构，在采购咨询机构时选择具备投融资专长的咨询机构"。这是针对目前多数 PPP 咨询机构投融资专业性普遍不足提出的针对性要求。PPP 模式集财务、法律、金融、税务、工程、产业于一身，且参与主体众多，结构复杂；PPP 项目融资涉及银行、保险、信托、证券等各类机构和贷款、发债、基金、资产证券化、融资租赁等各类产品，对 PPP 咨询机构专业性要求极高。

PPP 模式推进几年来，有个别地方政府尤其是经济欠发达地区急于抓住 PPP 发展经济，只要社会资本方提出的要求一律答应，这就造成第三方咨询中介机构不独立，有时候咨询公司进场时政府和社会资本已经谈定了合作方案，咨询只能是形式和流程。另外，由于 PPP 咨询业务没有门槛，本轮 PPP 热潮催生了很多从事本领域的咨询公司，有的是改行转战来此，有的是干脆新设一个公司开张接活。鉴于此，提出两点建议：第一，财政部或者国家发改委牵头，应尽快设立 PPP 咨询机构进入门槛，陆续公布若干家合格的咨询公司，并遵循公平公开公正原则，及时淘汰剔除不合格的咨询机构；第二，不同的咨询公司做出来的"两评一案"内容差异较大，甚至同一个咨询公司不同的研究人员做出来的内容也会存在很大差别，所以在方案的最终评价问题上，原则上建议评审专家必须从财政部或者国家发改委专家库成员中选择，专家库成员需要对评价方案评价尽责，承担相应责任，对不尽责的专家库成员定期进行出库及谴责。

（2）PPP 项目可融资性评估的分类和作用。PPP 项目的可融资性是可以凭借一定的专业性和对融资市场的了解，根据一定的要素进行预测、分析和评估的。

对于政府来讲，PPP 模式本身具有一定的融资功能，无视 PPP 融资功能的观点无异于掩耳盗铃。从这个意义上讲，PPP 项目中政府招到的社会资本（工程/运营资本和金融资本），可以看成是政府的融资机构；同理，社会资本中的工程/运营资本，找到的愿意合作的金融资本（无论是股权融资还是债权融资机构），又可以看成是工程/运营资本的融资机构。因此，PPP 项目的可融资性，类似于理论界探讨的物有所值评价应分为"招标前评价"和"中标后评价"两种评价一样，我们认为，应该分为"招标前的（政府方）可融资性评估"和"投标前的（社会资本方）可融资性评估"两种。招标前的可融资性评估，主要是政府方作为评估主体，对项目的基本情况、政府财力、实施方案中对投融资有影响的内容，是否有利于招到社会资本、是否有利于项目融资进行评估；投标前的可融资性评估，主要是潜在社会资本作为评估主体，对自身参与该项目对融资的优劣势进行分析，对可以与政府方一起为项目提供融资的，对融资有影响的条件和因素进行评估。

不仅政府方要做可融资性分析，社会资本方更要做可融资性评估。由于社会资本千差万别，不同的社会资本参与 PPP 项目，可融资性差异非常大。社会资本应该知己知彼，充分了解政府与合作金融机构的各自诉求，依据可融资性评估结果，审慎做出是否投资的决定。

评估的作用是为决策判断提供依据，因此评估应该在做出决策之前，也就是政府做出批准"两评一案"、采用 PPP 模式之前，以及潜在社会资本做出参与投标之前。当然，社会资本中标后，也可以再进行可融资性评估。但这个时候，更多的情况是需要融资咨询机构出具融资方案，帮助其融资。因此本书不展开探讨中标后的可融资性评估。

《实施意见》针对上述两类评估，都提供了针对性的要求。对于"招标前的（政府方）可融资性评估"，规定"项目实施机构应在实施方案中编制可融资性专章，PPP 服务中心应对实施方案进行可融资性评审"；对于"投标前的（社会资本方）可融资性评估"，提出潜在社会资本应聘请专业 PPP 融资咨询机构，开展具体 PPP 项目的投融资分析，可谓找准了穴位，一针见效。

（3）PPP 项目可融资性评估的定位。可融资性评估，是对 PPP 项目可融资性评估内容和结果（可以体现在实施方案的"可融资性专章"，也可单独出具可融资性评估报告）进行评审的过程。可融资性评估应该定位为项目识别和准备阶段的一个环节。在现有政策下，暂不宜将可融资性评估独立出来，可以与实施方案评审过程合并实施。可融资性评估得出的结论，主要用于政府决策部门为是否需要调整"两评一案"，应该选取怎样的社会资本（或要求社会资本提供怎样的增信）以提高项目的融资性，怎样提高 PPP 项目对社会资本（尤其是金融资本）的吸引力等决策提供参考依据，甚至还可以为这个项目是否应该上马、是否应该采取 PPP 模式的选择提供支持。

（4）PPP 项目可融资性评估的局限性。可融资性评估的也存在局限性，主要体现在以下两个方面：一是可融资性评估的技术局限，即评估范围是否合理、评估指标设置是否科学，是否能真实反映某 PPP 项目的可融资性。二是可融资性评估的人为因素，即评估机构、评审机构的能力、专业性能否准确把握可融资性评估这项工作；政府决策部门，对可融资性评估结果能否准确认识，能否有效利用可融资性评估结果，做出正确合理的决定。由于可融资性评估是个完全创新的工作，截至目前，未有各省份甚至国家层面有关可融资性评估的理论与实践成果。因此，上述可融资性评估的局限性，只能在实际操作中不断克服和优化，使 PPP

可融资性评估工作更加合理和完善。

2. 创新综合金融支持

《实施意见》第三条"积极推进 PPP 模式"第（三）点"创新综合金融支持"规定："鼓励金融机构开展收费权质押、应收账款质押、特许经营权收益权质押等担保融资业务，为 PPP 项目提供融资支持；鼓励开发性金融机构发挥中长期贷款优势参与 PPP 项目；支持 PPP 项目社会资本、项目公司采用企业债券、公司债券、中期票据、项目收益债券等债务融资工具方式募集建设资金；鼓励保险资金按照市场化原则参与 PPP 项目；鼓励金融机构提供融资顾问、财务顾问等服务，提前介入并帮助各级政府做好 PPP 项目策划、融资方案设计、融资风险控制、项目可融资性评估等工作。"

这条规定主要从金融工具的角度，为 PPP 项目融资提供了解决方案。一是中国人民银行在 2017 年 10 月 25 日新修订了《应收账款质押登记管理办法》，扩大了应收账款质押的基础资产行业范围、期限的背景下，鼓励金融机构开展收费权质押、应收账款质押、特许经营权收益权质押等担保融资业务，实现 PPP 项目的"有限追索融资"；二是就 PPP 基础设施和公共服务的公益性特征和期限长的特点，鼓励具有公益性的开发性金融机构发挥贷款期限长的优势，支持 PPP 项目；三是在国家发改委近些年先后推出战略新兴产业、地下管廊、养老、停车场、双创、绿色六大专项债券、项目收益债、PPP 项目专项债等金融政策的背景下，鼓励社会资本发行企业债，鼓励项目公司发行项目收益债，把政策工具用足；四是在保监会 2016 年、2017 年先后推出《保险资金间接投资基础设施项目管理办法》《关于保险资金投资政府和社会资本合作项目有关事项的通知》的利好下，鼓励保险资金按照市场化原则参与 PPP 项目；五是针对 PPP 项目前期工作金融专业性不足、金融机构介入较晚、待融资的项目可融资性较差的现状，提出"鼓励金融机构提供融资顾问、财务顾问等服务，提前介入并帮助各级政府做好 PPP 项目策划、融资方案设计、融资风险控制、项目可融资性评估等工作"的要求，可以说找到了症结所在，牵住了牛鼻子。

# 第七章　提高 PPP 项目融资能力的途径探讨

## 第一节　完善相关法律体系

### 一、尽快推动 PPP 的立法进程

尽管 PPP 模式已经在我国进行了广泛的推广实施，但是在法律层面却没有有效的制度保障，多数规章制度均以地方为主。由于地方法规的等级和权威性较低，而且各种法规之间存在一定的冲突，因此对项目的具体实施起不到应有的保障作用。目前，我国 PPP 融资发展最亟须解决的难题在于多头管理背景下的部委协调规制与规范 PPP 发展的高阶位法典的失位。一方面，PPP 与我国现有法律法规以及项目审批制度之间存在一定的冲突，有关部委为 PPP 颁发的规范性文件不足以解决此类矛盾，因此急需由国务院出台 PPP 高阶位法以及配套法规制度来作为中国 PPP 的基础性法律、法规支撑。另一方面，在 PPP 多头管理、监管混乱的背景下，如何强化统筹协调各部门职责，加强政策沟通和信息交流，同样亟待落实解决。因此，亟须政策制度与立法先行，抓住历史机遇期，为 PPP 融资提供顶层设计保障。推进立法工作要从以下三个方面入手：

（1）建立完善的立法机构，设立专门 PPP 立法机构负责法律制度的制定和推行。当前，负责 PPP 项目的两个主要部门为财政部、国家发改委，基于两者之间的争议，可以构建以国务院为主的立法机构，由国务院带头开展 PPP 项目有关的立法工作。

（2）在具体立法方面，要学习和借鉴国内外先进经验，结合我国国情，加快完善和推动 PPP 的立法和规范进程，提高立法层次，尽快推进 PPP 法制建设，

成立专门的《政府和社会资本合作模式法》等法律制度；使现有法律体系能覆盖到 PPP 模式，起到相关约束作用，满足 PPP 模式的快速推广发展的需要。对于 PPP 项目相关的执行部分，要明确其各自的职责和义务，避免工作的冲突，确保执行效率，与此同时，还要对相关利益群体之间的利益进行明确，规定对应的权利、义务。

（3）在国家法律制度制定过程中，还要综合考虑地方制定的各种 PPP 制度规则，做到统筹兼顾，通过国家立法来确保和推动地方立法的有效落实，形成完善法律体系，推动 PPP 模式的全面实施。此外，要进一步提高财政部、国家发改委对 PPP 模式认知上的统一性，避免两者之间的矛盾，要对两部门的冲突之处进行化解，避免立法上的冲突和矛盾，有效提高 PPP 模式的运行效率，做到统筹协调，进一步理顺 PPP 与政府特许经营的关系。

### 二、从立法上规范 PPP 模式的监管机构

在 PPP 模式的法律制度建设和该模式的具体运行方面，我国还没有专业的机构进行负责。就目前而言，该模式的立法、运行主要由最早发起该模式的国家发改委以及财政部负责，但是由于这两个部门的职责和功能不同，因此在立法以及推广过程中制定的制度规则也就有所分离，甚至一些地方出现了冲突，尤其是在监管方面存在重复，无法明确监管职责。当两个部门之间出现冲突，无法有效满足 PPP 模式的有效运行时，就无法担负其立法和监管的责任。

所以在立法方面，要成立一个相对独立的部门，并由该部门建立完善的监督管理机构，由该机构对 PPP 项目的实施进行监管。在具体实施过程中，还可以将财政部、国家发改委两个部门在运行中的监管职责进行划分，明确各自的监管权限和责任，或者将监管权移交给两者中的一个。在两个部门当中，财政部在财税政策、补贴等方面的作用更为明显，与 PPP 模式的相关内容更为密切，所以，可以考虑由财政部担负起监管的职责，建立独立的监管部分对 PPP 模式的运行进行监督管理。

### 三、加强防范财政风险的法律制度建设

规避财政风险，提高财政风险防范能力需要以相关法律制度建设为基础。在具体建设方面，需要从以下四个方面入手：

（一）明确界定和规范 PPP 项目财政风险防范的法律法规

在当前实行的 PPP 项目法规当中提到，政府在 PPP 项目当中的投入比例不能超过总公共预算的 10%，地方政府可以根据自身情况进行适当调整。这种单一的规范相对比较薄弱，无法有效解决实际问题，应当在法律制度中对政府具体的投资项目和投资比例进行规范，要明确哪些项目是不能超出对应比例的，哪些项目是可以超出限额的，而且对于超出部分又该怎么设定等，这些都是法律制度中建设中需要不断完善的地方。

（二）建立全面科学的财政风险监管技术和方法

在项目确立初期，要对项目进行科学有效的论证，确保项目后期能够有效运行。要建立完善的评估模型，采取定量分析与定性分析相结合的分析模式，提高财政风险评估效率，确保项目投资能够达到预期效果，实现自身价值。例如，在采购阶段，通过评估体系选择优秀供应商，满足项目建设的物质需求；在运行阶段，通过监管模型，提高监管准确度，降低监管风险，确保项目的有效运行，避免财政风险的发生。

（三）建立 PPP 模式财政风险监管的管理制度

要想避免财政风险的发生，做好监督管理是非常有必要的，而且完善的监管制度也是规避财政风险的有效保障，所以在 PPP 项目运行过程中，要建立完善的监管体系。在监管方面主要可以从五个方面入手：①对前期可行性方面进行有效监督管理，对采购物资方面进行融资监管、运行监管、项目验收监管。可行性是项目运行的前提和基础，也是确保项目最终实施效率的重要基础和保障，只有确定科学、合理的投资项目，才能确保项目的最终完成，所以做好可行性分析监管是非常重要的。②采购监管主要是对项目采购物资进行监管，这是确保项目实施质量的重要保障，只有确定采购合规，才能为项目运行打下坚实基础。③融资监管主要是对融资过程以及融资方式进行监督管理，以确保融资的安全性、合法性，避免财政风险的发生。④运行监管主要是对项目的运行过程进行全程监管，确保运行的顺利实施。⑤项目验收监管也就是终结监管，主要是对完成后的项目进行合规性验收，是整个项目的最终环节也是关键环节。只有保障每个环节监管落实到位，才能确保项目的顺利实施。

（四）明确 PPP 项目风险政府分担细则

由于 PPP 项目具有投资大、周期长等特点，其面临的风险较大，因此，在具体项目的实施过程中应该明确政府职责，对政府应当承担的风险进行细分。

### 四、谨慎实施扶持政策

在 PPP 项目推行过程中，还要谨慎使用扶持政策，因为一些地方政府为了有效吸引融资，促成 PPP 项目的顺利运行，在税收、土地等方面给予了社会资本参与方许多优惠政策。PPP 项目是一个长期的合作过程，这样的短期政策可能有一定的效果，但从长远来看未必有利于 PPP 项目的稳定发展。譬如地方政府在短期内对社会资本给予优惠的税收政策，改善其参加 PPP 项目的现金流，但随着时间的推移，税收优惠的结束导致社会资本后续实际的现金流出现较大变化，就可能造成项目实际收益的估计值会出现偏差。并且过多的优惠政策不利于 PPP 融资模式的长远发展，PPP 融资参与方会更多地将目光放在项目外部的条件上，从而分散社会资本对 PPP 项目可融资性的判断。

因此，PPP 融资应有别于以往的基础设施建设模式。坚持以市场为主体，发挥市场导向作用。通过提供更优质的 PPP 项目来吸引社会资本，地方政府既可以减轻财税负担，又能为市场创造更多的良好投资机会。

## 第二节　促进金融体制机制改革

PPP 项目经营周期长，融资金额规模巨大。项目运行离不开资金的有效支持，而在资金来源方面，融资是一种有效的途径和方式，因此加强金融体制改革，做好金融服务工作尤为重要。要不断健全和优化该项目的融资体系建设，发挥金融机构在 PPP 项目中引导促进的作用，从而进一步推进 PPP 项目市场化、完善资金保障机制的建设。

### 一、提高金融服务能力

进一步加强我国金融行业的综合服务能力，使金融服务机构具有相对完善的功能，能够满足市场融资、租赁、贷款、投资等方面的业务需求，不断健全融资担保机制，使金融服务机构更为成熟、合理。此外，还要不断创新产品类型，要根据市场发展需求设计制定不同的金融项目，满足市场多元化发展，尤其是在 PPP 项目的推广过程中，要为该项目发展制定专项金融产品，满足其发展需求。

### 二、拓宽资本供给渠道

金融机构可以直接参与社会资本的投资，或者间接参与社会资本的投资。一般来说，银行业的金融机构都是作为资金提供者参与 PPP 项目的。如果直接参与社会资本投资，金融机构也可以作为合作伙伴，与政府和项目公司签订三方协议，并在协议范围内参与 PPP 项目的投资和运营。如果金融机构间接参与提供资金，金融机构将通过融资、提供贷款和提供咨询服务参与 PPP 项目。因此，金融机构可以通过 PPP 模式的融资，直接或间接提供必要的融资支持。

### 三、促进资产证券化的实施

PPP 项目建设和运营周期很长，在 PPP 项目投资需求方面，社会资本也是有一定限制的，其需求也会随着市场的变化而不断改变，在整个发展过程中投资力度也会不断减弱甚至退出，而资产证券化是确保社会资本能够顺利退出的重要方式。对于投资公司而言，可以通过投资方式参与到 PPP 项目建设当中，并且将资产转化为证券实现对外发行，以此获得相应收益，最终退出市场，如投资信托基金等产品。

### 四、推进地方投融资平台转型

资产划拨是一种有效的宏观调控措施，这种措施主要由国资委负责实施，通过这种方式可以实现融资平台的优化升级，提高自身经营能力。此外，还可以对原有融资平台项目进行转化，使其成为 PPP 项目的内容，这样能够带动社会资本的广泛参与，推动地方融资平台的有效转型，建立相对完善的融资机制，有效参与 PPP 项目的股权经营等活动。

### 五、商业银行支持

商业银行作为金融机构参与方中最重要的一环，在 PPP 项目的发起、建设和运营中都扮演着十分重要的角色。此次要着重强调商业银行支持的关键性。

（一）提供资金托管服务

从上文分析中我们能够看出 PPP 项目自身的特点决定了其对资金需求较大，而其周期长、收益小的特点也制约了商业银行的广泛参与。针对这种状况要增强商业银行的参与度，转变其服务模式，例如，可以利用资金托管等方式参与到

PPP 项目当中，以满足地方经济的发展需求，在项目资金管理方面，可以开展资金流监管、代发工程款等多样化的服务。

（二）提供融资及信用担保服务

在对 PPP 项目融资过程中，商业银行要准确把握项目的性质，对项目进行全面分析，做好风险评估，建立严谨的审核管理服务体系，在确保资金安全的基础上参与到 PPP 项目当中。除了提供基础性融资服务以外，还可以为项目提供信用担保，比如资产证明、项目担保等。此外，商业银行可以在产品方面进行适当创新，设计利于自身发展的相关项目产品，满足自身发展需求。

（三）提供综合金融服务

在 PPP 项目融资过程中，不仅会利用银行所提供的专项金融产品，还会开展多元化的融资模式，这个时候商业银行就可以通过多元化渠道参与到项目融资当中，比如与保险公司、投资银行等机构进行合作，通过资金注入实现对项目的有效支持。

（四）提供顾问咨询服务

PPP 项目涉及的内容、部门较多，项目的运行需要大量高素质人才参与，涉及金融、法律、建筑等多方面知识。而银行作为重要的金融机构，自身具有专业化的金融服务人才，可以为项目的实施提供相关金融咨询服务，确保项目的有效实施。

（五）提供风险管理服务

银行参与 PPP 项目应时刻关注项目政府招标、采购等环节，对于项目是否通过可融资性评价进行评审，在流程上监督 PPP 项目的运作，充分考虑后期政府违约、社会资本经营、后期现金流回收等问题。

PPP 项目进入运营期后，银行应当更多关注项目公司所产生的现金流是否能覆盖贷款本息，剥离社会资本针对 PPP 项目成立的项目公司与母公司的担保和连带责任，使社会资本实现真正意义上的风险隔离。

根据银行对 PPP 项目授信政策的分析，很多银行为了保险起见，往往将资金贷给具有较强实力的国有企业或大型企业，对于一些实力较强的民营企业则很少考虑。银行应当关注施工能力较强、行业经验丰富的社会资本，这部分社会资本能够规避项目风险的发生，降低违约风险。

总之，在 PPP 项目推行过程中，商业银行要根据自身特点和项目特点，制定严谨科学的参与体系，加大对项目的监管力度，全程参与其中，做好应急方案，避免系统风险的发生。

### 六、拓宽 PPP 项目融资渠道

由于 PPP 项目本身具有周期长、行业领域宽、资产流动性相对匮乏等特点，因此亟待引入多类不同风险不同期限的金融工具，综合 PPP 项目的时间维度和参与主体类型，打通相关渠道，为 PPP 项目构建多层次融资体系，从而真正构建起不同于传统信贷融资模式的 PPP 创新融资体系。

PPP 项目各参与主体在 PPP 项目的不同阶段，主体的具体情况及融资需求存在差异，所适用的融资方式有所不同，经综合分析，形成图 7 - 2，旨在丰富 PPP 项目的融资渠道，为项目的顺利建设、运营及后续退出保驾护航。

| | 建设期 | 运营期 |
|---|---|---|
| 项目公司 | • 传统信贷融资<br>• 债券融资：公司债券、项目收益债券 | • 传统信贷融资<br>• 债券融资：公司债券、企业债券、绿色债券等<br>• 资产证券化：收益权资产ABS<br>• 股权融资：新三板挂牌、IPO等 |
| 社会资本 | • 传统信贷融资<br>• 债券融资：公司债券等 | • 传统信贷融资<br>• 债券融资：公司债券等<br>• 资产证券化：股权类资产ABS、股东借款债权ABS等 |
| 金融投资机构 | | • 资产证券化：股权类资产ABS、项目公司债权ABS等 |

**图 7 - 1  参与主体在 PPP 项目各阶段中适用的融资方式**

下面以 SPV 项目公司为例，详述其全生命周期内适用的不同融资方式：

在项目建设期内，项目公司往往资质较弱、规模较小，且未产生经营性现金流入。因此，可通过传统信贷和项目收益债等融资方式，获得期限相对较长的资金，与项目周期匹配；同时，可通过发行私募公司债券的方式，筹集相对短期限的流动资金，推动项目顺利开展。

在项目运营期内，项目公司已基本形成资产规模可观、现金流相对稳定的运营模式，可满足公司债券、企业债券等债券融资的发行要求；同时，权属明晰的资产和稳定的现金流入，也成为发行资产证券化产品的有力保障，进而可充分利用 PPP 项目产生的收益，为项目运营筹集资金；在运营期的后期阶段，随着投资者退出需求的提升，可通过对接股权融资渠道，实现投资的退出及资产的保值增值。

以下针对 PPP 各类融资方式（见图 7－2）展开详细阐述。

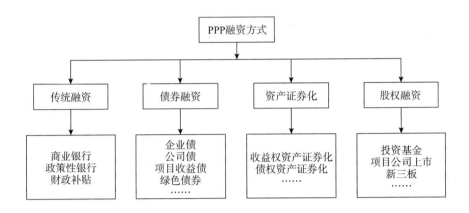

**图 7－2 PPP 融资方式分类**

（一）充分发挥传统融资方式的作用

1. 充分发挥政策性银行与商业银行的中长期融资作用

一方面，通过国开行、亚投行等政策性银行积极参与"一带一路"基础设施相关的互联互通建设，以投融资形式为 PPP 项目提供资金支持。同时，在监管政策允许范围内，政策性银行应适度放宽 PPP 项目的信贷政策，并对不同的 PPP 项目适用差异化信贷政策：第一，增强对信贷资金去向的规划调配，优先满足 PPP 项目的资金需要；第二，对于发展前景好且运营稳定的 PPP 项目，应将贷款期限延长至 30 年，同时适度降低贷款利率；第三，建立绿色通道，简化 PPP 项目贷款审批流程，加快 PPP 项目贷款审批。

另一方面，优选商业银行在 PPP 项目中担当综合化的融资服务咨询机构，通过投资、贷款、银行理财产品、融资租赁等综合金融服务，以银团贷款、委托贷款等方式，拓宽 PPP 项目的融资渠道。

2. 合理借助财政补贴优势

进一步厘清 PPP 的财政扶持思路及 PPP 项目的财政补贴力度和推广范围。对于 PPP 项目，地方政府推动热情高涨，但实际的落地难度较大，导致变相融资、兜底回报、明股实债等"伪 PPP"项目出现，应当进一步规范制度安排，将"伪 PPP"项目排除在补贴范围之外，保证各类专项资金投放到位。当前，PPP

项目补贴规则的制定和实施政出多门，容易导致过度补贴和重复补贴，今后应加强 PPP 项目的信息公开强度，实现财政资金的有效利用。另外，鉴于不同的领域对于 PPP 的适应性存在差异，需要根据具体的项目特点进行分类，用好 PPP 这一工具。

（二）推进债券融资工具的多元化

目前，PPP 项目融资重银行贷款，轻其他金融工具，这难以满足其投资额度大、经营周期长且收益不高的特点，影响社会资本参与的积极性。"国办〔2015〕42 号"文提出，鼓励资本市场与 PPP 全面对接。债券市场作为资本市场的重要组成部分，也应加快与 PPP 对接。相比于银行融资，发行债券可获得更匹配基建项目的低利率和长期限的融资。随着项目的启动，PPP 项目运营主体可通过发行公司债、企业债等多种债券产品实现融资。

对于涉及绿色城镇化、能源清洁高效利用、新能源开发、非常规水资源开发利用、污染防治、生态农林业、低碳产业项目等符合绿色循环低碳条件的 PPP 项目，可选择发行绿色债券。发行者在充分利用绿色债券放宽发行主体要求的政策优势的同时，还可享有优于传统债券的定价优势；基础设施的绿色债券相比国债和公司债的低收益率、波动剧烈的股票市场，对投资者也更具有吸引力。

对于规模不大、资质不强的 PPP 项目运营主体企业而言，则可借助项目收益债的发行，为在建或拟建 PPP 项目融得资金，应对项目实施过程中的资金短缺困境。此外，永续债具备期限长、规模大、成本可控、降低资产负债率等优势，可以为基础设施提供长期建设资金，有效预防债务风险，可作为 PPP 项目债券融资创新的途径之一。同时，鼓励地方政府对于 PPP 项目通过债券发行融资给予合理利息补贴，或鼓励担保机构、地方资信程度较好的企业为债券提供担保，能有效降低 PPP 项目的实际融资成本。

（三）积极推动 PPP 资产证券化

截至 2016 年 9 月末，PPP 项目落地率仅为 26%，而在总值 12.46 万亿元的 PPP 项目中，处于执行阶段的项目仅为 1.56 万亿元，占比为 12.52%，项目数量占比仅为 9.08%。在此背景下，2016 年 12 月 26 日，国家发改委联合证监会发布了《关于推进传统基础设施领域政府和社会资本合作（PPP）项目资产证券化相关工作的通知》（以下简称《通知》）。《通知》明确了重点推动资产证券化的 PPP 项目范围及鼓励符合国家发展战略的 PPP 项目进行证券化，开辟 PPP 绿色审批通道，提高审核效率。资产证券化作为能够独立于主体信用的金融工具，与

PPP 项目融资的特征高度契合，是 PPP 模式发展的重要方向。同时，资产证券化倒逼 PPP 项目规范发展，资本市场的敏锐、谨慎、理性，有助于推动市场审慎判断和评估 PPP 项目框架体系及风险分担管理机制，提升 PPP 项目整体质量。另外，资产证券化方式还为 PPP 项目提供一条可行的融资和退出渠道，通过证券化盘活存量资产，加快投资回收，鼓励、吸引社会资本参与 PPP 项目。

目前，PPP 项目资产证券化仍处于摸石头过河的探索初期，需要从以下四个方面入手，争取实质性进展：一是融资理念。这一融资理念是指以"资产支持"体现项目融资理念，在政府融资和企业融资之外，让项目融资的理念真正落地。资产证券化的前提是有来自基础资产的稳定现金流，成为可独立于主体信用的融资工具，引导资源流向优质 PPP 项目。二是制度保障。PPP 行业和资产证券化基本法律制度的落实应该与具体运营规则和中介方管理制度相配套。三是拓宽 PPP 项目资产证券化交易平台和资金融通渠道。应择优在一批具备稳定现金流、处于运营阶段的 PPP 项目中实现高位启动，期待以点带面、从少数试水到逐步常态化的发展态势，逐步进入固收交易平台、大宗交易平台等，尽快树立 PPP 证券化的示范效应和品牌效应。同时，引入养老基金、社保基金等中长期投资者，延长资产证券化的存续期，同时要关注专业运行上的培育与发展，摆脱"重建设、轻运营"的传统 PPP 发展模式，确保 PPP 项目运营的稳定性及持续性。四是风险管理。风险管理的重点应更多地放在对 PPP 项目基础资产成长性的考察上，重点关注项目未来现金流，重视对基础性资产的考察，包括项目的财务报表、权属清晰度、履约能力及 PPP 原始交易结构等。

（四）丰富股权融资工具

1. 实现项目公司上市融资

PPP 项目公司可通过自身资源整合或并购拟上市公司等优质市场资源，实现主板上市、新三板上市、定向增发，从而提供更广阔的融资渠道，依托市场化经营获得稳定收入与充足现金流，建立良性健康的资金循环体系。项目公司能够通过资本市场实现资金的有效募集，凭借虚拟与实体经济的联动效应提高自身的发展，降低企业发展对银行的过度依赖和金融风险，提高区域经济建设与发展能力。

2. 发挥 PPP 基金的杠杆作用

通过产业基金等表外融资方式筹集资金，投资基金方式首先可以将金融机构资金引入项目建设，缓解社会资本所承担的资金压力，使优质社会资本更积极地参与到 PPP 项目中；其次，可以解除部分资金使用限制，更好地满足项目资本金出资需求；最后，可以增加退出机制的灵活性。允许在项目执行阶段转让基金份额，也可以在项目移交完成并从项目公司得到回报后退出项目。例如，河南兰考县投融资企业 PPP 股权合作。该合作由邮储银行基金作为控股股东、省豫资公司与兰考县政府作为参股股东，以基金形式构建 30 亿元规模的兰考县投融资企业 PPP 股权合作新模式。这一模式在维持政府现有债务水平以及融资平台信用的条件下，充分利用社会资本投资，将资金用于公共基础设施建设领域。①

## 第三节　鼓励社会资本参与

PPP 项目通常来说具有较大的规模，并且合作的时间较为久远，在进行项目开发的过程中，综合性金融方面相关机构的辅助是不可或缺的，应当加强该方面融资制度的构建，合理促进金融机构发挥推动意义，构建规范化、科学化的 PPP 项目资金管理体系。

### 一、积极开展 PPP 项目推介工作

对我国 PPP 项目建设进行总结可知，国家发改委于 2015 年 5 月首次提出了构建国家 PPP 项目库。随着该项目库的构建，我国该方面的法律体系也在不断完善，该方面项目活动也不断涌现，这就使得我国众多的民营企业有更多的机会参与到 PPP 项目中，对于推动该项目的更好发展具有积极意义。同时，我国的 PPP 项目库相对来说是比较注重民营企业参与和推介方面事项的，这就使得其能够更好地发挥自身的民间资本创新和市场导向方面的价值。

### 二、盘活存量资产

我国政府经过不断努力，当前已经在基础设施方面具备了较多的存量资产，并且这些资产相对来说具有较高的价值。因为存量资产 PPP 项目具有较为有利的条件，不会牵扯到征地拆迁以及选择、规划等方面的内容，同时能够更好地应对民营企业资金欠缺的问题，所以其在民间资本的吸收方面具有更大的优势，能够

---

① 胡恒松、孙久文. 基于 PPP 项目构建多层次融资体系 [J]. 甘肃社会科学, 2018 (1).

更好地为我国基础建设提供力量。增强民营企业的吸引力，推动其更好地运用 PPP 模式进行资产的存量盘活，同时根据相对应的情况合理地进行存量项目的选用，并对当前运用该模式进行存量的项目给予相应的激励，这就将我国政府在将民间资本引向基础设施层面的针对性体现得淋漓尽致。

### 三、加大 PPP 向民营资本的开放

公共领域中 PPP 项目民营资本开放的水平和力度是十分重要的，我国政府应当扩大民营资本的开放范围，除了国家明确规定的领域和行业之外，应对民营资本采取开放的态度，且应合理拓宽民营资本的范围，鼓励并构建条件使得其能够作为主要的社会资本全面进入到市政工程、水利、能源、林业、城镇的全面开发与管理、卫生、养老等层面的 PPP 项目中，推动产品或者服务供给的有效提升。

### 四、加强制度保障建设

认真贯彻落实国家该方面的制度，使得民营资本能够更加全面地参与到该方面的项目中。在进行该项目开展方案制定时，应当对社会资本的状况进行全面衡量，建立规范化的衡量标准，如针对于其财务状况、管理水平、专业技术能力和资质等进行科学的衡量，为外资企业、民营企业和国有企业等营造公平、公正的参与环境。

### 五、降低民营资本参与门槛

在进行该方面项目采购时，相关的机构或者人员应当对采购的具体情况和形势进行分析，并构建科学化、标准化的采购体系和标准，不可在具体的采购文件中进行歧视或者差别条款的设立，并且坚决避免故意提高财务门槛，或者采用与具体项目不符合的条件将相关的民营企业排除在外，也不得通过央地合作、战略合作协议等形式规避政府采购流程而指定合作对象作为社会资本方。对于那些 PPP 项目采购中，民营资本作为主导并引导相关的联合体共同参与进来的企业，或者单纯性民营资本参与进来的企业，在采购评审时可依法给予加分或减价的鼓励。

# 第四节　提高 PPP 项目完善度

良好的 PPP 项目设计，建立规范化、科学化的利益分配体系，合理的风险共同承担制度是社会资本和地方政府高效合作的三个关键因素。由于开展 PPP 项目涉及许多方面，项目的周期长，潜在风险大，因此 PPP 融资模式风险和利益的分配必须要有科学合理的制度及流程约束。在设计项目时，应该首先从 PPP 项目的识别、招标、施工、操作、退出等完整生命周期考虑。然后对项目合作模式、风险和收入分配、融资、商业模式、退出机制、"再谈判"机制等方面做出合理安排，以此来增强社会资本投资信心，提高 PPP 项目的吸引力。对于如何制定政策使 PPP 项目更加科学和规范，地方政府可以参考其他高质量 PPP 融资项目的具体模式，也可以聘请专业的 PPP 中介机构提供专业的指导和服务。

## 一、完善退出机制

退出机制是 PPP 项目得以顺利进行的重要保证，建立健全规范的退出机制能够更好地解决社会资本的后顾之忧，使得其更主动积极地参与到 PPP 项目中。我们能够根据 PPP 项目的含义对其进行全面的分析，可以得知该种模式比较注重社会资本与地方政府的长久合作，但是我们也能够分析出来，该种合作并不仅仅局限于社会资本单方面。要想构建科学化、规范化的市场机制，就需要政府做好准入门槛的制定，尽量拓宽准入门槛，同时建立自由宽松的退出机制，确保社会资本能够及时退出。主要包括以下三种方式：

（一）项目移交

项目合作期满，项目移交可以采取资产移交、股权转让等退出方式。在项目合作期限结束或者项目合同提前终止后，项目公司将全部项目设施及相关权益以合同约定的条件和程序移交给政府或者政府指定的其他机构从而退出项目。

1. 资产移交

BOT 模式是该退出模式的典型模式，同时也包含了其多种变形模式，如 BLT 模式、BT 模式、BOOT 模式等。该模式中，一般来说其项目公司是不具备资产所有权的，也就是说，其不用考虑具体的资产所有方面事项，通常在相关的社会资本层面得到一定利润或者取得了相对应的投入资本之后，就能够免费实施资产的移交。不过就具体的 PPP 项目来看，在该模式中相关的项目公司如果对该模式进行了全面的运作，并且完成了模式的整个过程，那么就能够解散或者注销了，不再参与到项目中，其资产会被政府接收。PPP 项目的资产移交通常是在项目经营期限届满之后无偿移交，根据规定，税法对无偿移交行为视同销售，应该征收增值税。因此，对于项目资产属于项目公司所有，采用资产移交方式，项目移交的税负相对较重。若合作期间内，项目资产权属归政府方所有，项目公司仅有使用权、经营权，那么，合作期满的资产移交不涉及权属变更，对税负的承担亦无影响。

2. 股权转让

通常来说，我们可以将股权转让划分为两种情况，首先是普通转让，其次是约定转让。约定转让一般是在该 PPP 项目相关的参与者之间不能恰当地沟通与协作，无法取得相同意见的状况下发生，我们也将该种现象称为政府临时接管，或者政府回购。

通过股权转让的开展，能够推动项目公司更好地进行自身股份的转移，同时也能够促进项目公司与其他第三方开展相对应的合作与转让，其优势在于能够在具体的过程中根据相关情况及时退出，不受经营期限的限制。通过对 PPP 项目原则进行分析和探究可知，很多项目公司会在合同中标明禁止提前退出，规避中途实施股权转让的行为，更好地对社会资本进行管理和约束，使得该项目具有了更大的不确定性。

从具体的实践方面来看，社会资本方的退出也是股权转让的一种形式。PPP项目属于典型的以社会公众为服务对象的项目。因此，若合作期满，项目公司向政府方无偿转让项目公司股权，按照现行税法规定，无须缴纳增值税。可见，相对于资产移交方式，股权转让方式的税收负担较为经济合理。

（二）公开上市

该种形式相对来说具有较高的回报率。在该种退出形式中，相关的项目公司会通过股票发行的方式进行资金的取得，会针对社会不确定的公众进行股票发行，然后在取得相对应资金之后，进行相关的合作，从而实现投资者的资金获得。

（三）资产证券化退出

该种退出机制是将 PPP 项目公司的实际资产根据具体的情况注入到相关的机构中，使得其能够达到资产证券化，从而实现退出的一种形式。该种形式的退出往往具有较高的要求，并且需要具有十分稳定的现金流。从当前我国 PPP 项目发展的实际情况来看，资产证券化是其发展的重要趋势，我国政府也出台了相关的法律对其进行了全面的管理和安排。通过资产证券化的开展，能够推动项目退出和融资的更好实施，也能够使得资产转移更加方便，简化其程序，降低其成本，使得各个参与主体的利益能够得到更加全面的维护。

以基建领域为例，中国城市对基础设施的需求不断上升，但是就当前我国的实际情况来看，社会资本并没有大范围参与其中。部分短期基金之所以不乐于参与进来，主要是因为受到了 PPP 项目自身复杂性的困扰，其往往具有业务不明确的特点，并且项目的整体周期耗费时间较长。不过对于那些像桥梁、高速公路、供水、供气等项目来说，通常是能够带来相对比较稳定的现金流的，因此能够从该方面入手，鼓励 PPP 项目恰当地实施资产证券化，将具体的产品进行有效的转化，使得其能够符合上市交易的条件，也能够更好地吸引证券投资基金、养老基金等机构实施更加全面的投资。PPP 项目有政府信用支撑，基础设施领域的 PPP 项目为资产证券化提供了大量优质标的，同时资产证券化也能为项目初始投资者提供更丰富的退出通道，社会资本参与投资的积极性将有所上升。在 PPP 项目资产证券化的过程中，考虑到资本与项目投资周期的匹配程度，还可以在资产证券化过程中引入中长期的资金，比如保险资金、养老金、社保基金等参与 PPP 项目资产证券化产品的投资，实现社会资本投资的退出。

## 二、完善"再谈判"机制

### (一) 再谈判问题

PPP 项目时间跨度大，面临的环境复杂多变，因此往往具有较大的风险。前期签订的合同只能反映当时项目环境和对项目特许经营期内环境的预测，难以涵盖项目全生命周期内的所有问题。因此，当经营环境或因素发生较大变化时，符合一定条件开启再谈判机制，重新测定项目概况，对企业和政府来说都十分重要。

通常项目收益出现较大变化，社会资本才可能发起再谈判，具体来看收益较大变化的产生是具有一定条件的，比如我国该方面的法律体系有所改变、政府没有根据具体的合同或者事先约定进行资金的给予、政府不按照具体的竞争条款行事、市场需求量与预期严重不符等。政府发起再谈判也是有一定条件和原因的，一般是因为具体项目取得了与预期严重不符的收益，如是由收益过高引起的，或者是实际项目运行不符合具体的规定，导致很多民众产生反对意见等。这里所说的收益过高现象产生通常是由于受到政府担保过度或者市场需求严重高于规划而引起的。

（二）引发再谈判的本质原因

对引发再谈判的本质原因进行分析，最主要的原因包括市场需求风险、政府信用问题、政府担保过度等。

市场需求风险主要是由于对市场需求评估不准所造成的，评估过高或者过低都会造成再谈判的发生。其本质原因包括两方面，首先是早期合同设计存在缺陷，其次是对未来预测不精确。此外，参与主体的主观意识也会对合同准确性产生影响，例如，在政府担保的影响下，贷款方没有对项目进行全面分析调查等。

政府信用问题主要指政府没有按照合约要求履行自己的义务，因此导致的信用风险，包括逾期付费、擅自调价等。产生这种情况的主要原因是政府在合作中处于强势地位，政府权限没有得到有效约束。

政府担保过度主要是指政府为了给项目提供更多融资，利用自身优势提供过度担保，以此获得项目发展所需资金，降低政府财政风险，不过由于政府缺乏经验，担保机制不完善，从而造成担保过度现象的发生，这对企业和政府都是不利的。

此外，由于我国关于 PPP 项目的法律制度还不完善，因此在项目实施过程中还面临着法律政策变化而产生的风险，这些风险是由政府引起的，应由其负责。

（三）在合同中设立弹性条款，并明确再谈判机制

详细、全面和客观的可行性研究能够在一定程度上减小项目风险，但是仍然无法避免对于需求预测的不准确，所以在合同设立方面，不能过于模式化，在条款设定方面要有一定的弹性。与此同时，政府要做好风险防范，做好本职工作，避免信用风险的发生，提高政府形象。

在 PPP 项目运行当中，再谈判问题是不可避免的，因此制定完善的再谈判机制尤为重要，对于降低谈判成本、提高谈判效率具有重要意义。在再谈判机制制定过程中，要从触发点、争端解决、谈判程序等方面入手。科学合理的再谈判机制能够规避合同风险，提高风险防范能力，化解合作双方之间的冲突，同时也可以对合作双方的行为起到一定的规范作用。

# 第五节 完善 PPP 项目评估体系

### 一、完善地方政府对 PPP 咨询机构的选取机制

地方政府在选取 PPP 咨询公司时，应选择具备专业投资和金融专业知识的综合咨询机构。由于 PPP 融资模式不是简单的建设和投资行为，它包括金融、法律、金融、税务、工程等多个方面，涉及许多行业和众多的项目参与主体，项目整体结构复杂，因此从事 PPP 的咨询公司需要具备较高的专业水平。PPP 项目执行机构在选取咨询机构的时候应选择具有投资和融资专业知识的专业咨询机构。

### 二、完善社会资本对 PPP 融资咨询机构的聘请机制

不仅地方政府需要高度重视 PPP 项目咨询机构的选取问题，社会资本也需要关注 PPP 融资咨询机构。PPP 项目的社会资本参与方，也应聘请专业的 PPP 融资咨询机构，为项目提供投资咨询、财务分析，以及具体的项目可融资性分析等。对期限长短、项目结构、回报率、风险等问题进行评估，避免因不了解整体项目情况而盲目投资导致融资失败、项目烂尾等情况发生。

### 三、项目实施机构编制可融资性专章

对 PPP 项目的实施过程进行分析，PPP 项目的展开少不了前期制定项目实施方案、可融资评价报告等一系列材料。在项目前期进行相关分析和论证时，所运用的论证方法必须建立在可融资性评价的基础之上；换言之，对 PPP 项目的可融资性研究相关论证资料是接下来项目运用两种评价方法必备的基础性材料。通过可融资性评价后，PPP 后续评价方法开展工作将得到良好保证。

从 PPP 项目的发展现状上看，PPP 项目在识别阶段和准备阶段中有两个共性问题存在：第一个问题是地方政府仍未明确界定自身在项目中所处的位置和作用，简言之，思路仍遵循以往建设经验，以自身作为主导。第二个问题是 PPP 咨询机构不够专业，因为其作为中介机构无须对项目融资负责，因此没有去全面调研 PPP 项目的融资可行性的动力，即全面且负责地开展可融资性评价服务工作。这两个问题是导致 PPP 项目可融资性差的重要原因。

地方政府及咨询机构参与方在不额外新增 PPP 项目整体流程及环节的前提下，在项目实施前的识别和准备阶段中编制 PPP 项目可融资性专章。从地方政府角度和咨询机构参与方角度分别分析项目的可融资性，以此来提高项目可融资性。

### 四、充分利用 PPP 可融资性评价体系

PPP 项目的成功实施对于地方政府、社会资本、项目特征和受益居民都有严格的要求。为解决目前 PPP 乱象，切实提高 PPP 项目落地率，应充分利用 PPP 可融资性评价体系对 PPP 项目进行打分评定，从多方面分析 PPP 项目的可行性和适用性。严格遵守评价体系红线指标，在此基础上根据项目招标前和招标后所要求的通过分数，逐步筛选出符合条件的 PPP 项目。

### 五、完善 PPP 服务中心评审程序

为避免可融资性评价专章在 PPP 项目中成为走过场、走程序的工作。地方政府和社会资本聘用中介咨询机构对项目实施方案进行可融性评估过后，由 PPP 服务中心组织相关的专家对参与主体提供的可融资性评价进行第二次审核，以保障可融资性评估在项目中的严谨性和独立性。

# 第六节 强化 PPP 项目信用建设

## 一、地方政府信用体系建设

（一）建立 PPP 领域政务诚信体系的原则

1. 坚持依法推进

建立健全政府和社会资本合作的相关法律法规是政务诚信体系建设的基础。在实务过程中，要严格依据具体的规范进行项目开展，将法律体系作为基本规范。

2. 坚持科学决策

在 PPP 项目的财政承受能力论证、物有所值评价、实施方案审核、项目招标及合同签订等环节，健全依法决策机制。

3. 坚持信息公开

首先，制定和完善 PPP 领域的法律法规、规章和规范性文件要广泛征求社会意见；其次，严格依法依规开展 PPP 项目的政府采购或招标投标工作；最后，项目执行信息及结果要及时向社会公开，使公众和媒体能够充分及时获取信息，实现项目公众监督甚至第三方监督。

4. 坚持契约精神

PPP 项目合作过程中，政府既有行政监管的一面，也有民事合作的一面，所以要严格分清二者边界。特别是在 PPP 项目开展的政府投标、招标、采购、执行合同等环节中，更应当积极发挥自身的模范带头作用，严格依据具体的规范行事，充分体现契约精神。

5. 坚持失信惩戒

加大对 PPP 项目操作过程中的政府失信行为的惩处和曝光力度。通过综合信息平台对政府的具体行为进行记录和公布，使得各方形成一个全面化的监管局面，建立相对应的约束和管理体系，并构建有错必纠、有责必究的失信惩戒体系。

（二）树立地方政府 PPP 项目连贯性意识

在之前基础设施建设运用的 BT、BOT、TOT 等模式中，提供项目的地方政府在整个项目中拥有很大的决定权，可以随时对项目进行规划和指导。而在 PPP 项目的整体运作过程中，社会资本与政府之间是一种互惠关系，本质上是一种长期的合作而不是雇主与雇工关系，政府需要资金以提供优质项目，社会资本提供资金而获得收益，两方之间的权利义务的对等是目前需要关注的重点问题。就现有情况而言，社会资本参与主体对政府政策和支持措施的一贯性仍有疑虑，以及对地方政府在项目中扮演的角色带有一定的认知偏见，担忧政府会因为任届原因而导致项目参与不一致，上述原因导致社会资本参与 PPP 项目热情不高。通常在这种情况下，政府应该严格按照合同的规定来规范自己的行为，起到自身一贯性的作用，在各任届期间处理眼前利益和长远利益的关系，保持政策的一致性和稳定性，并建立示范效应，消除社会资本的忧虑，吸引更多的社会资本积极参与 PPP 模式。

（三）促进政府与企业双方平等地位

从当前我国该方面的实际情况来看，笔者建议我国政府应推动 PPP 项目在民商法中运行，以便更好地促进企业与政府的地位平等。具体来看，法律体系或者相关政策的变更很多时候会对盈利模式或者收费标准等造成一定的影响，政府应当对该方面的风险进行分析并承担，以便更好地约束自身的行为。

（四）加强 PPP 综合信息平台建设

信息平台建设是项目信息公开的基础和保障，建设 PPP 综合信息平台的目的在于提高 PPP 项目的公开性和透明度，这就需要在内容和开放性上进行提升。现在信息平台项目库中的项目信息内容主要依赖于地方政府的主动上传，建议打通项目信息产生的各个环节，尽可能实现项目信息生成即录入的功能，此外，要明确和细化必要项目信息清单。建议扩大项目信息公开范围，将信息平台项目库中的项目信息尽可能地向企业和社会公众开放，并且与各地方政府公务信息平台、政府采购信息平台打通，实现信息的多终端平台开放和查询，提升综合信息平台监管监督功能的发挥。

（五）严格执行 PPP 项目信息公开制度

关于 PPP 项目信息公开的要求，在 PPP 专项政策法规、政府采购法、招投标法中都有明确的规定。建议发布专项的 PPP 项目信息公开制度，对 PPP 项目的信息公开环节、公开内容、公开时间、公开责任主体等进行明确规定和要求；此外，结合 PPP 综合信息平台建设工作，打造一个统一管理、可分级分区域查询、多终端展示和查询的专业信息公开平台，实现社会投资者及公众对 PPP 项目信息的便捷获取和查询。

（六）加强行政人员 PPP 专业教育

PPP 模式的推进是当前"放管服"改革的有机组成部分和重要体现形式，其能够推动财政杠杆更好地发挥自身的作用，促进社会创新的有效进行，促进社会资本在公平化、公开化的环境中进行良性竞争，推动公共服务的水平得以快速提升。需要政府工作人员转变观念，改变传统模式下政府决策、政府实施、政府管理的做法，通过市场化手段引入社会资本来主导项目规划、决策、投资建设和运营管理，政府作为市场主体与社会资本进行平等合作。要加强领导层的培训教育，让政府领导及部门领导真正掌握 PPP，操作人员推动起来才能达到事半功倍的效果，也能够在相当程度上规避种种不规范及不守信的做法。

（七）建立 PPP 全面诚信监督体系

建立纵向、横向和第三方共存的全面化监管模式。PPP 诚信管理体系是纵向模式，政务诚信监管体系是横向模式，PPP 实施机构要接受财政部门及纪检部门的监督，政府要接受同级人大及其常委会的监督，同时还要积极发挥社会公众监督职能。通过综合信息平台对地方政府 PPP 政务诚信进行全面的监督，并鼓励各个信用机构参与进来，提升社会监督的水平。

## 二、社会资本方信用体系建设

PPP 项目参与过程中，社会资本方要守信自律，严格履行合同约定。

（一）建立 PPP 领域信用记录

做好相关信用平台的构建，推动 PPP 领域信用管理更加科学，并建立社会资本相关的诚信规范，合理对其信用状况进行记录和公布，推动社会资本更加遵守信用规范。

（二）引入第三方信用服务机构

在 PPP 领域引入综合实力强、信用服务经验丰富、社会信誉好的第三方信用服务机构，参与行业信用建设和监管。信用服务机构必须坚持公益原则，避免收费。应当全面参与到主体信用记录建立中，接受政府委托开展对 PPP 项目社会资本方的信用调查和备案工作，编制行业信用监测分析报告，结合信用信息形成行业大数据黑名单，推动行业信用评级市场化。

## 三、建立 PPP 失信联合惩戒机制

基于上述针对地方政府和社会资本方的信息平台和监督体系建设，实时记录 PPP 项目参与各方的诚信状况，并依据具体的失信情况进行分析，要求相关的主体对该方面的内容进行说明并公示，同时还应当对其责令停改，并依照规定追究失信主体责任，予以公开通报批评。

# 参考文献

［1］［瑞士］芭芭拉·韦伯（Barbara Weber），［德］汉斯·威廉·阿尔芬（Hans Wilhelm Alfen）. 基础设施投资策略、项目融资与PPP［M］. 罗桂连，孙世选译. 北京：机械工业出版社，2016.

［2］财政部、国家发展改革委、人民银行关于在公共服务领域推广政府和社会资本合作模式指导意见（国办发〔2015〕42号）［Z］.

［3］财政部关于推广运用政府和社会资本合作模式有关问题的通知（财金〔2014〕76号）［Z］.

［4］国务院关于加强地方政府性债务管理的意见（国办发〔2014〕43号）［Z］.

［5］陈柳钦. 公共基础设施PPP融资模式研究［J］. 南方金融，2011（12）：21 - 24.

［6］程坤. 高校PPP项目可行性评价研究［D］. 武汉理工大学，2015.

［7］邓小鹏，李牧. PPP模式风险分担原则综述及运用［J］. 建设与投资，2008（9）：32 - 34.

［8］邓雄. PPP模式如何吸引外部资金的思考［J］. 新金融，2015（7）：43 - 47.

［9］傅俊元. PPP项目税务实战［M］. 北京：中国财政经济出版社，2018.

［10］高颖，张水波，冯卓. PPP项目运营期间需求量下降情形下的补偿机制研究［J］. 管理工程学报，2015（2）：93 - 102.

［11］关书宾，姜承操，霍志辉. 地方政府融资新模式——PPP模式［J］. 金融市场研究，2015（3）：37 - 48.

［12］郭培义，龙凤娇. PPP模式推进过程中的问题及建议［J］. 建筑经济，2015（8）：11 - 14.

［13］郭上，孟超，孙玮，张茂轩，聂登俊. 关于PPP项目资产证券化的探

讨［J］.经济研究参考，2017（8）：20－25，30.

［14］郭燕芬.公私合作伙伴关系（PPP）事前评估——基于中国和澳大利亚的对比分析［J］.当代经济管理，2017，39（12）：53－61.

［15］何寿奎，傅鸿源.基础设施 PPP 建设模式挑战与对策［J］.生产力研究，2012（8）：65－66.

［16］胡光珍.政府与社会资本合作（PPP）融资模式相关问题分析［J］.中外企业家，2015（30）.

［17］黄腾，柯永建，李湛湛，王守清.中外 PPP 融资模式的政府管理比较分析［J］.项目管理技术，2009（1）：9－13.

［18］纪彦军，雷飞伦.我国 PPP 融资模式及其运作研究［J］.产业与科技论坛，2007（8）：181－183.

［19］贾康，孙洁.公私伙伴关系（PPP）的概念、起源、特征与功能［J］.财政研究，2009（10）：2－10.

［20］焦小平.深化 PPP 改革必须创新规范并重［J］.中国金融，2017（8）：38－39.

［21］柯永建，陈炳泉.基础设施 PPP 项目的风险分担［J］.建设投资，2008（4）：31－35.

［22］孔红枚.PPP 融资模式各阶段风险因素分析［J］.现代商贸工业，2010（11）：206－207.

［23］李晶，王建平，孙宇飞.PPP 模式——一种基础设施建设模式的经验分析［J］.水利发展研究，2012（5）：1－4.

［24］李笑.复旦大学附属妇产科医院品牌营销策略分析［J］.现代医院，2015，15（5）：101－103.

［25］李永强，苏振民.PPP 项目风险分担的博弈分析［J］.基建优化，2005（5）：16－21.

［26］林华.PPP 与资产证券化［M］.北京：中信出版社，2016.

［27］刘志.PPP 融资模式在公共服务领域中的应用和分析［J］.建筑经济，2011（7）：13－18.

［28］吕汉阳，姚丽媛.中国 PPP 经验在“一带一路”中的应用［J］.中国招标，2017（41）：4－6.

［29］毛欢喜.银团贷款受银企青睐［J］.投资北京，2011（5）：50－52.

［30］牛学峰．PPP 项目投融资风险指标体系及模糊综合分析方法研究［D］．重庆大学，2008．

［31］潘璇．PPP 项目融资模式的应用与实践［J］．科技创新与应用，2016（36）：78 - 79．

［32］秦玉秀．PPP 全流程运作实务：核心要点图解与疑难问题剖析［M］．北京：中国法制出版社，2017．

［33］佘渝娟，叶晓甦．英国私人主动融资模式研究［J］．重庆科技学院学报（社会科学版），2010（4）：65 - 67．

［34］石宗英，杨硕淼，李蔚．PPP 项目融资模式的体会与思考［J］．农业发展与金融，2015（4）：31 - 34．

［35］宋波，徐飞．公私合作制（PPP）研究——基于基础设施项目建设运营过程［M］．上海：上海交通大学出版社，2011．

［36］宋永杰．城市基础设施 PPP 项目投融资风险管理研究［D］．广西大学，2013．

［37］孙倩倩，高志刚．PPP 项目的投融资方式分析［J］．上海招商证券，2015（7）．

［38］唐祥来．公共产品供给 PPP 模式研究［J］．中国经济问题，2005（4）：44 - 51．

［39］万冬君，王要武，姚兵．基础设施 PPP 融资模式及其在小城镇的应用研究［J］．土木工程学报，2010（6）：115 - 119．

［40］王灏．PPP：模式的廓清与创新［J］．投资北京，2004（10）：75 - 78．

［41］王晶．基于公共物品提供理论的美国公路投融资体制研究［D］．北京交通大学，2011．

［42］王丽娅．PPP 在国外基础设施投资中的应用及对我国的启示［J］．海南金融，2003（11）：36 - 40．

［43］王耀辉．基础设施建设 BT 投融资运行模式研究［D］．长安大学，2009．

［44］王哲．城市公共基础设施 PPP 项目的融资模式研究［J］．当代经济，2016（13）：20 - 21．

［45］吴卓瑾，乔宝云．构建合理的 PPP 管理框架推进财政和国家治理现代化［J］．中国财政，2014（15）：46 - 49．

［46］伍迪，王守清．PPP 模式在中国的研究发展与趋势［J］．工程管理学报，2014（6）：75 - 80.

［47］姚东旻，刘思旋，李军林．基于行业比较的 PPP 模式探究［J］．山东大学学报（哲学社会科学版），2015（4）：23 - 33.

［48］姚计堂．财务公司贷款及利息计收的相关问题探究［J］．会计之友，2012（23）：125 - 126.

［49］叶建勋，李琼．新型城镇化的 PPP 融资模式［J］．中国金融，2014（12）：59 - 60.

［50］尹旭，陈林．浅析我国 PPP 融资模式的运作困境［J］．吉林金融研究，2015（11）．

［51］玉方坚，李文明．PPP 融资模式特点、作用及推广［J］．区域金融研究，2015（8）：75 - 78.

［52］袁政，刘金栋，周惠亮，周立群．PPP 项目资产证券化模式分析[J]．发展改革理论与实践，2017（9）：19 - 20.

［53］张继峰．PPP 项目融金术：融资结构、模式与工具［M］．北京：法律出版社，2017.

［54］张继峰．PPP 项目融资的几种主要方式［J］．施工企业管理，2016（9）：38 - 41.

［55］张睿骁，万玲．浅谈经济新常态下 PPP 项目融资方式的运用与发展［J］．江西建材，2016（10）：243.

［56］张晓敏，陈通．公共文化设施 PPP 建设运营模式研究［J］．管理现代化，2015，35（1）：118 - 120.

［57］赵江．美国的住房抵押信贷及风险控制［J］．中国金融，2001（3）：48 - 49.

［58］赵鹏．项目收益债券在 PPP 项目中的应用研究［D］．重庆大学，2016.

［59］赵志衍．Z 市现代有轨电车项目 PPP 模式实施方案设计［D］．山东大学，2017.

［60］中国人民银行内江市中心支行课题组，刘建康．PPP 模式介绍及主要问题分析［J］．西南金融，2015（11）：12 - 16.

［61］周东蜜．政府公益项目 PPP 模式风险管理研究［D］．广西大

学，2016.

[62] 周峰，陈静. 新公共管理的政策工具：PPP 的理论分析与实践经验 [J]. 中共合肥市委党校学报，2007（1）：53－55.

[63] 周兰萍. PPP 项目运作实务 [M]. 北京：法律出版社，2016.

[64] 邹昱昙. 浅析我国基础设施建设中 PPP 融资模式应用问题 [J]. 商业时代，2009（24）：79.

[65] Anna Vignoles, Rosalind Levacic, James Walker, Stephen Machin, David Reynolds. The Relationship Between Resource Allocation and Pupil Attainment：A Review [J]. The Department of Education and Employment Research Report 228, 2011.

[66] A. Ng, Martin Loosemore. Risk Allocation in the Private Provision of Public Infrastructure [J]. International Journal of Project Management, 2007（25）：66－76.

[67] Chan D. W. M. , Chan A. P. C. , Lam P. T. I. A Feasibility Study of the Implementation of Public Private Partnership（PPP）in Hong Kong [C]. BEAR Conference, 2006（4）：10－13.

[68] Darrin Grimsey, Meryn K. Lewis. Evaluating the Risks of Public Private Partnerships for Infrastructure Projects [J]. International Jurnal of Project Management, 2002, 20（2）：107－118.

[69] David Hall, Robin de la Motte and Steve Davis. Terminology of Public－private Partnerships [R]. Public Services International Research Unit（PSIRU）Paper, 2003.

[70] Francesca Medda. A Game Theory Approach for the Allocation of Risks in Transport Public Private Partnerships [J]. International Journal of Project Management, 2007（25）：213－218.

[71] Hedley Smyth, Andrew Edkins. Relationship Management in the Management of PFI/PPP Project in the UK [J]. International Journal of Project Management, 2007（20）：232－240.

[72] Jonathan P. Doh, Ravi Ramamurti. Reassessing Risk in Developing Country Infrastructure Long Range Planning [R]. 2003（36）：337－353.

[73] Ke, Yetal. Preferred Risk Allocation in China's Public－private Partnership（PPP）Projects [J]. International Journal of Project Management, 2009（8）：1－11.

[74] K. C. Lyer, Mohammed Sagheer. Hierarchical Structuring of PPP Risks U-

sing Interpretative Structural Modeling [J]. Journal of Construction Engineering & Management, 2009, 136 (2): 151 - 159.

[75] Lucius J. R. Public - private Partnerships: Pitfalls and Possibilities [J]. Public Administration Review, 2014 (1): 50 - 51.

[76] Matthias Ehrlich, Robert L. K. Tiong. Improving the Assessment of Economic Foreign Exchange Exposure in Public - private Partnership Infrastructure Projects [J]. Journal of Infrastructure Systems, 2012, 18 (2) : 57 - 67.

[77] Michae, Spackman. Public - private Partnerships: Lessons from the British Approach [J]. Economic Systems, 2002, 26 (3): 283 - 284.

[78] Mohan M. K. , Aaron M. A. Selecting Sustainable Teams for PPP Projects [J]. Building and Environment, 2008 (43): 999 - 1009.

[79] M. P. Abednego, S. O. Ogunlana. Good Project Governance for Proper Risk Allocation Inpublic - private Partnerships in Indonesia [J]. International Journal of Project Management, 2006 (24): 622 - 634.

[80] Pauline Vaillancourt, Rosenau. Public Private Policy Partnerships [M]. Cambridge, Mass: MITPress, 2000.

[81] Peter Calthorpe, Mervyn Lewis. Evaluating the Risks of Public Private Partnerships for Infrastructure Projects [J]. International Journal of Project Management, 2002 (20) : 107 - 118.

[82] Po - Han Vhen, Robert L. K. Tiong. Analysing the Structure of Public - private Partnership Projects Using Network Theory, ABU NASER CHOWDHURY [J]. Construction Management & Economics, 2011, 29 (1 - 3) .

[83] Xiao - Hua Jin, Guomin Zhang. Modelling Optimal Risk Allocation in PPP Projects Using Artificial Neural Networks [J]. International Journal of Project Management, 2011, 29 (5): 591 - 603.

[84] Yescombe E. R. Public - private Partnership: Principles of Policy and Finance [M]. Butterworth - Heinemann, 2007.

# 附　录

## 附录1　PPP 项目可融资性论证专篇编制指南

### 一、总体说明

（一）为促进 PPP 项目的规范化发展，提高项目的可融资性，PPP 项目应编制可融资性论证专篇。首先，论证专篇应参考国家、地方出台的相关文件及规定，包括相关法律、法规、条例、规章、规范性文件以及其他政策性文件。其次，对于各地方政府需要通过借助社会资本融资来开展的项目，项目单位应当在组织编制 PPP 项目可行性研究报告、项目申请报告前，进行可融资性论证专篇编制，并作为 PPP 项目可行性研究报告、项目申请报告中的独立篇章。

（二）可融资性论证专篇的编制，应当立足地方实际情况，从拟建项目各方主体的利益出发，在合法性、合理性、可行性、可控性和长久性等方面进行重点分析，做到客观公正、方法适用、分析全面、措施可行、结论可信，确保取得实效。

（三）可融资性论证专篇的编制，应当开展可融资性调查、可融资性有利/不利条件的识别和可融资性估计，研究提出不利条件的防范和化解措施，估计措施落实后的预期可融资性，明确提出能作为开展 PPP 项目依据的分析结论。情况简单、不利条件较少的项目可以从简分析，较为重大或较敏感的项目，可编制单独的可融资性论证分析报告。

（四）各地方政府或有关部门，可结合地方经济社会发展的状况，参考本大纲最新提出的可融资性评价指标体系，编制适合本地区 PPP 项目可融资性评价的指标体系、评判标准等。各行业管理部门也可结合行业特点，参照本大纲制定适合本行业的可融资性论证专篇的编制大纲。

## 二、关于可融资性调查

可融资性调查是前期的基础工作，可融性调查的成果不仅是论证专篇的重要组成部分，同时也是可融资性有利/不利条件识别、可融性估计判断以及制定不利条件防范和化解措施的基础。

（一）调查内容

应根据拟建项目的实际情况，结合建设方案，运用适当方法，深入开展可融性调查。

1. 项目合法性

包括与国家和当地经济社会发展规划、行业规划、产业政策、标准规范的符合性，与土地利用总体规划、城乡规划的符合性，分析项目达到合法性要求还需依法取得的相关前置审批文件等。

2. 项目所在地区经济社会发展状况

包括地区常住人口规模、人口结构及增长率、金融环境、地区 GDP 总量、GDP 增速、CPI 等影响因素。

3. 项目所处行业发展状况

包括行业总产值占全国 GDP 比例、产业政策、项目所处行业竞争状况、项目所处行业景气指数、项目所处行业集中度、项目所处行业发展前景、行业总体利润率、所在行政区域（县级（含）及以上）该行业总产值、所在行政区域（县级（含）以上）该行业总产值占其 GDP 比例等影响因素。

4. 政府方及国有出资人代表基本情况

包括政府决策民主化程度、PPP 相关的地方性政策及规章制度的完备性、推动 PPP 规范发展的举措、地方政府审批效率、具备 PPP 知识和经验、规范的独立法人、地方政府/实施单位管理人员知识和法制意识、地方政府层级、政府信息公开情况、地方财政、政府对平台公司的支持程度、平台公司资产、国有资本出资人代表的信用评级等。

5. 项目质量

包括项目所处阶段、政策/规划符合性、项目前期工作进展状况、"两评一案"编制及批复情况、SPV 公司实力等。

6. 社会资本方基本情况

包括社会资本方遴选方式、社会资本方行业地位、社会资本方综合实力、自有资产、财务稳定性、资产负债率、不良资产占比、建设能力、运营能力、社会资本方资信评级状况、是否控（参）股金融企业、公司区域市场占有度、融资渠道多样化程度等内容。

7. 风险及增信情况

包括政策风险、宏观经济风险、市场风险、建设风险、运营风险、法律合同风险、增信措施、风险管控预案及力量等。

8. 其他方面容

包括 ESG 投资比率、创新指数、具有可持续性、可复制、可推广性、社会效益良好、环保效益良好、项目操作过程中的廉洁、受到本级（不含）以上政府/机构奖励、地方政府的优惠政策篮子、受到相关部门的处罚或警示、告诫等因素。

（二）调查范围

凡涉及项目相关者的切身利益、影响项目的各类因素，都应纳入调查范围，同时还应当包括对项目建设和运行可能发生的各种状况问题、应对政策和解决方法的调查。

（三）调查的方式和方法

可融性调查的方式有很多种，可以借鉴其他调查报告中所使用的方式。比如全面调查、抽样调查、个案调查和典型调查。调查的方法也很全面，如观察法、访谈法、文献法、问卷法、实验法等。可根据项目的特点及项目所在地的实际情况，选择适用的方式方法进行调查。实际工作中可采取公告公示、实地踏勘、走访群众、召开座谈会、网上调查以及舆情分析等多种方式和方法，以达到广泛调查、充分收集各方意见和诉求的目的。

**三、关于可融资性有利/不利条件的识别**

围绕地方政府财政承受能力，项目公司资质，社会资本诉求以及项目经营方式和现金流等问题对项目融资有利或不利于的条件予以分析和诊断，对项目进行全面、动态、全程识别，如最近三年地方政府或下属平台公司是否出现过债务违约、投资环境、PPP 操作合规性差等前置否决事项、经济社会发展状况、所处行业发展状况等大纲中提到的因素。识别方法一般可选用对照表法、专家调查法、访谈法、实地观察法、案例参照法和项目类比法等。

## 四、关于可融资性估计

### （一）估计内容

可融资性估计，根据地方实际存在的不确定因素对可融资性的影响路径进行估计，依照可融资性评价指标体系（或各地区自行制定的指标体系）中所填列的 70 多个指标因素对 PPP 项目可融资性的贡献程度进行预测和估计。按照项目招标前的一票否决指标和项目招标所用到的体系指标进行分层估计，从中筛选、归纳主要的不利条件和有利条件。估计不利条件对 PPP 项目融资的影响以及有利条件对可融资性的贡献程度。

### （二）估计方法

可融资性估计一般以定性分析与定量分析相结合的方法，逐一对各可融资性影响因素进行多维度分析，估计其发生的概率和影响程度，通过将具体指标量化分析，不可量化指标通过调查法评估并对其打分，分数整理汇总后根据指标体系的相关评分标准来衡量项目是否具有可融资性。

## 五、关于不利条件的防范和化解措施

根据项目可融资性有利/不利条件的识别结果，针对影响较大的不利因素，明确防范、化解目标，提出综合性和专项性的防范、化解措施，落实责任主体、协助单位、防范责任和具体工作内容，最大限度减少不利因素对 PPP 项目可融资性的影响。编制不利条件防范、化解措施汇总表（参考样表1），既能够将化解措施落到实处，又能为后续的项目提供参考意见。

**样表1　不利条件的防范和化解措施汇总表**

|  | 发生阶段<br>（招标前后） | 不利条件 | 防范方法和<br>化解措施 | 实施时间和<br>要求 | 责任主体和<br>协助单位 | 具体工作<br>内容 |
|---|---|---|---|---|---|---|
| 1 |  |  |  |  |  |  |
| 2 |  |  |  |  |  |  |
| 3 |  |  |  |  |  |  |

### 六、关于落实措施后的预期可融资性

各责任主体和协助单位对不利条件的防范和化解措施实施后，再次对每一个主要不利条件的影响进行精细预测，主要包括变化趋势、与项目的关联程度和影响程度等，以此来综合判断 PPP 项目在落实不利条件防范、化解措施后的预期可融资性。

# 附录 2　PPP 项目可融资性评估报告编制指南

### 一、关于评估主体

评估主体包括地方政府、社会资本方（建设资本/金融资本）等项目其他关联机构及参与方。评估主体应在各自角度对 PPP 项目可融资性进行评估。根据实际情况，采取多种方式听取各方面意见，分析判断并确定该项目是否可作为 PPP 项目展开以及项目是否具有可融性，并提出可融资性评估报告。评估主体要按相应程序和要求严格进行评估，遵守保密规定，对评估报告负责。

### 二、关于评估程序

（一）制定评估工作方案。各方评估主体应首先制定评估工作方案，或委托专业第三方评估机构代理进行评估工作的制定和指导。评估工作方案应明确可融资性评估的组织机构、职责分工、工作进度、工作方法与要求、拟征询意见对象及方法、评估报告大纲等事项。

（二）收集和审阅相关资料。评估主体或评估代理机构应全面收集并认真审阅、汇总相关资料，主要包括但不限于以下文件：项目参与主体资信状况、可融资性论证专项说明篇章、项目申请报告及可行性研究报告；国家和地方相关法律、法规和政策；拟建项目前期审批相关文件，包括城乡规划、国土资源、环境保护等部门出具的规划选址、用地预审、环境影响评价文件等；相关规划与标准规范；同类或类似项目的评估资料等，形成能够反映 PPP 项目实际情况的信息资料。

（三）充分听取各方意见。根据对 PPP 项目可融资性论证专项篇章的审阅结

果，结合项目所在地的实际情况，根据需要开展专家智库意见调查，向 PPP 项目专业智库及专家说明项目情况，并征求相关专业意见。获取意见要注意智库及专家的广泛性和代表性确保收集到的专业意见的真实性和全面性；包括项目具备的地方性法律法规和政策依据、项目方案、项目建设和运行全过程可能产生的影响，以便专家了解真实情况、提供严谨意见。

（四）全面评估论证。分门别类梳理各方意见，参考早前各地相同或类似 PPP 项目的发展情况，重点围绕此次开展的项目建设实施的合法性、合理性、可行性、可控性进行客观、全面地评估论证；对项目所涉及的可融资性调查的评估、可融资性有利/不利条件识别和估计的评估、不利条件的防范和化解措施的评估、落实措施后的预期可融资性、可融资性论证结论等内容融逐项进行评估论证。

综合以上评估结果，确定项目落实防范、化解不利条件措施后的项目可融资性。

特别要对是对 PPP 项目的影响因素、因素发生概率、因素对项目的影响程度等各种可能产生的影度进行评估论证。

（五）确定项目是否具有可融性。在综合考虑各方意见和全面分析论证的基础上，根据项目招标前、招标后的可融资性评价因素进行打分，可对本书提供的打分方式进行参考，对 PPP 项目可融资性做出客观、公正的评判，确定项目是否可以有效执行。

（六）编制评估报告

拟建项目社会稳定风险评估报告应包括以下内容：

1. 基本情况。

2. 评估内容。

3. 评估结论。

### 三、关于评估要点

评估主体应在对项目可融资性论证专篇整体把握的基础上，根据项目的实际情况，重点围绕拟建项目建设实施的合法性、合理性、可行性、可控性进行评估论证。

（一）合法性。主要评估项目建设实施是否符合现行相关法律、法规、规范以及国家有关政策；是否符合国家与地区国民经济和社会发展规划、产业政策等；项目相关审批部门是否具有相应的项目审批权并在权限范围内进行审批；决策程序是否符合国家法律、法规、规章等有关规定。

（二）合理性。主要评估项目的实施是否科学，是否适合地方经济发展，是否属于地方长远发展规划的一部分，是否符合社会资本（金融资本）利益诉求、公众的接受程度。同时也要关注是项目发展过程可能产生的负面影响；依法给予相关参与方、利益方合理、公平、公正等。

（三）可行性。主要评估项目的建设时机和条件是否成熟，是否有具体、翔实的方案和完善的配套措施；拟建项目实施是否与本地区经济社会发展水平相适应，地方政府财政能力是否能承受，社会资本对项目运营周期及现金流是否满意，项目开展是否能得到双赢或者多赢。

（四）可控性。主要评估项目的建设实施是否可持续发展，是否能在下届政府任内继续稳定实施、社会资本方合理推出等问题；对 PPP 项目持续建设经营是否可控；对后期可能出现的不利条件防范、化解措施，措施是否可行、有效；宣传解释和舆论引导措施是否充分等。

**四、关于可融资性调查的评估**

（一）对可融资性调查的广泛性进行评估，包括可融资性调查参考的类似项目、专家意见、调查范围等是否具有广泛性。

（二）对可融资性调查的代表性进行评估，包括参与主体、项目类型、评价影响因素等是否具有代表性。

（三）对可融资性调查结果的真实性进行评估，包括是否广泛听取了各方面意见，是否全面、真实反映了相关利益相关者合理和不合理、现实和潜在的诉求。

（四）在对可融资性论证专篇评估的基础上，根据实际情况，可采取公式、问卷调查、实地走访和召开座谈会、听证会等方式进行补充调查，完善调查相关内容。

**五、关于可融资性有利/不利条件识别的评估**

（一）结合可融资性调查评估结果，对可融资性论证专篇章中各影响因素识别的全面性和准确性进行评估。

（二）对项目进行全面、动态、全程识别，识别如最近三年地方政府或下属平台公司出现过债务违约、投资环境、PPP 操作合规性差等前置否决事项、经济社会发展状况、所处行业发展状况等论证专篇大纲中提到的因素，并补充识别被遗漏的重要因素。

### 六、关于可融资性估计的评估

（一）对论证专篇中选用的项目估计方法、对每一个主要影响因素所进行的分析推理过程、对预测估计的主要影响因素的发生概率、影响程度进行评估。

（二）补充论证专篇可融资性有利/不利条件识别中遗漏的其他因素，对 PPP 项目可能存在的其他重要影响因素的性质特征、未来变化趋势及可能造成的影响后果进行分析评估。

### 七、关于不利条件的防范和化解措施的评估

（一）对论证专篇中提出的可融资性不利条件防范、化解措施是否与现行的相关政策和法规相符，进行合法性的评估。

（二）对论证专篇中提出的不利条件防范、化解措施是否有遗漏，进行系统性、完整性的评估。

（三）对论证专篇中提出的不利防范、化解措施是否具有明确的责任主体、职责分工以及时间进度安排，是否全面、合理、可行、有效进行评估。

（四）结合可融资性有利/不利条件识别和可融资性估计评估结论，补充、优化和完善风险防范、化解措施，进一步明确责任主体等内容，编制经评估的不利条件防范、化解措施汇总表（参考样表2），并提出综合评估意见。

**样表 2　经评估的不利条件的防范和化解措施汇总表**

| | 发生阶段（招标前后） | 不利条件 | 防范方法和化解措施 | 实施时间和要求 | 责任主体和协助单位 | 具体工作内容 |
|---|---|---|---|---|---|---|
| 1 | | | | | | |
| 2 | | | | | | |
| 3 | | | | | | |

### 八、关于落实措施后的可融资性确定

（一）在不利条件防范、化解措施评估的基础上，对论证专篇中采取措施后

可融资性的各主要影响素变化的分析是否得当进行评估，提出评估意见。

（二）对论证专篇中采用评判方法、评判标准的选择运用是否恰当，评判的结果是否合理提出评估意见。

（三）结合补充的主要可融资性影响因素和上述评估论证的结果，预测各主要因素可能变化的趋势和结果；通过分析变化情况，对落实措施后的项目可融资性进行评判结论。

**九、其他说明**

（一）可融资性研究报告应当在项目审批（核准）所需的各前置文件具备之后完成。该项目已完成可融资性评估的，在环境及各方主体未变化的前提下，其结论可以直接引用。

（二）本大纲适用的项目范围是地方开展公私合作关系（PPP 项目）类项目的可融资性评估。

（三）各地方政府及机构可根据大纲，结合各地特点制定相应的评估大纲，以指导本地方、本行业项目可融资性的评估工作。

# 附录 3　PPP 相关政策

## 国务院关于加强地方政府性债务管理的意见

### 国发〔2014〕43 号

各省、自治区、直辖市人民政府，国务院各部委、各直属机构：

为加强地方政府性债务管理，促进国民经济持续健康发展，根据党的十八大、十八届三中全会精神，现提出以下意见：

**一、总体要求**

（一）指导思想。以邓小平理论、"三个代表"重要思想、科学发展观为指导，全面贯彻落实党的十八大、十八届三中全会精神，按照党中央、国务院决策部署，建立"借、用、还"相统一的地方政府性债务管理机制，有效发挥地方政府规范举债的积极作用，切实防范化解财政金融风险，促进国民经济持续健康发展。

（二）基本原则

疏堵结合。修明渠、堵暗道，赋予地方政府依法适度举债融资权限，加快建立规范的地方政府举债融资机制。同时，坚决制止地方政府违法违规举债。分清责任。明确政府和企业的责任，政府债务不得通过企业举借，企业债务不得推给政府偿还，切实做到谁借谁还、风险自担。政府与社会资本合作的，按约定规则依法承担相关责任。

规范管理。对地方政府债务实行规模控制，严格限定政府举债程序和资金用途，把地方政府债务分门别类纳入全口径预算管理，实现"借、用、还"相统一。

防范风险。牢牢守住不发生区域性和系统性风险的底线，切实防范和化解财政金融风险。

稳步推进。加强债务管理，既要积极推进，又要谨慎稳健。在规范管理的同时，要妥善处理存量债务，确保在建项目有序推进。

**二、加快建立规范的地方政府举债融资机制**

（一）赋予地方政府依法适度举债权限。经国务院批准，省、自治区、直辖市政府可以适度举借债务，市县级政府确需举借债务的由省、自治区、直辖市政府代为举借。明确划清政府与企业界限，政府债务只能通过政府及其部门举借，不得通过企事业单位等举借。

（二）建立规范的地方政府举债融资机制。地方政府举债采取政府债券方式。没有收益的公益性事业发展确需政府举借一般债务的，由地方政府发行一般债券融资，主要以一般公共预算收入偿还。有一定收益的公益性事业发展确需政府举借专项债务的，由地方政府通过发行专项债券融资，以对应的政府性基金或专项收入偿还。

（三）推广使用政府与社会资本合作模式。鼓励社会资本通过特许经营等方式，参与城市基础设施等有一定收益的公益性事业投资和运营。政府通过特许经营权、合理定价、财政补贴等事先公开的收益约定规则，使投资者有长期稳定收益。投资者按照市场化原则出资，按约定规则独自或与政府共同成立特别目的公司建设和运营合作项目。投资者或特别目的公司可以通过银行贷款、企业债、项目收益债券、资产证券化等市场化方式举债并承担偿债责任。政府对投资者或特别目的公司按约定规则依法承担特许经营权、合理定价、财政补贴等相关责任，不承担投资者或特别目的公司的偿债责任。

（四）加强政府或有债务监管。剥离融资平台公司政府融资职能，融资平台公司不得新增政府债务。地方政府新发生或有债务，要严格限定在依法担保的范围内，并根据担保合同依法承担相关责任。地方政府要加强对或有债务的统计分析和风险防控，做好相关监管工作。

### 三、对地方政府债务实行规模控制和预算管理

（一）对地方政府债务实行规模控制。地方政府债务规模实行限额管理，地方政府举债不得突破批准的限额。地方政府一般债务和专项债务规模纳入限额管理，由国务院确定并报全国人大或其常委会批准，分地区限额由财政部在全国人大或其常委会批准的地方政府债务规模内根据各地区债务风险、财力状况等因素测算并报国务院批准。

（二）严格限定地方政府举债程序和资金用途。地方政府在国务院批准的分地区限额内举借债务，必须报本级人大或其常委会批准。地方政府不得通过企事业单位等举借债务。地方政府举借债务要遵循市场化原则。建立地方政府信用评级制度，逐步完善地方政府债券市场。地方政府举借的债务，只能用于公益性资本支出和适度归还存量债务，不得用于经常性支出。

（三）把地方政府债务分门别类纳入全口径预算管理。地方政府要将一般债务收支纳入一般公共预算管理，将专项债务收支纳入政府性基金预算管理，将政府与社会资本合作项目中的财政补贴等支出按性质纳入相应政府预算管理。地方政府各部门、各单位要将债务收支纳入部门和单位预算管理。或有债务确需地方政府或其部门、单位依法承担偿债责任的，偿债资金要纳入相应预算管理。

### 四、控制和化解地方政府性债务风险

（一）建立地方政府性债务风险预警机制。财政部根据各地区一般债务、专项债务、或有债务等情况，测算债务率、新增债务率、偿债率、逾期债务率等指标，评估各地区债务风险状况，对债务高风险地区进行风险预警。列入风险预警范围的债务高风险地区，要积极采取措施，逐步降低风险。债务风险相对较低的地区，要合理控制债务余额的规模和增长速度。

（二）建立债务风险应急处置机制。要硬化预算约束，防范道德风险，地方政府对其举借的债务负有偿还责任，中央政府实行不救助原则。各级政府要制定应急处置预案，建立责任追究机制。地方政府出现偿债困难时，要通过控制项目规模、压缩公用经费、处置存量资产等方式，多渠道筹集资金偿还债务。地方政府难以自行偿还债务时，要及时上报，本级和上级政府要启动债务风险应急处置预案和责任追究机制，切实化解债务风险，并追究相关人员责任。

（三）严肃财经纪律。建立对违法违规融资和违规使用政府性债务资金的惩罚机制，加大对地方政府性债务管理的监督检查力度。地方政府及其所属部门不得在预算之外违法违规举借债务，不得以支持公益性事业发展名义举借债务用于经常性支出或楼堂馆所建设，不得挪用债务资金或改变既定资金用途；对企业的注资、财政补贴等行为必须依法合规，不得违法为任何单位和个人的债务以任何方式提供担保；不得违规干预金融机构等正常经营活动，不得强制金融机构等提供政府性融资。地方政府要进一步规范土地出让管理，坚决制止违法违规出让土地及融资行为。

**五、完善配套制度**

（一）完善债务报告和公开制度。完善地方政府性债务统计报告制度，加快建立权责发生制的政府综合财务报告制度，全面反映政府的资产负债情况。对于中央出台的重大政策措施如棚户区改造等形成的政府性债务，应当单独统计、单独核算、单独检查、单独考核。建立地方政府性债务公开制度，加强政府信用体系建设。各地区要定期向社会公开政府性债务及其项目建设情况，自觉接受社会监督。

（二）建立考核问责机制。把政府性债务作为一个硬指标纳入政绩考核。明确责任落实，各省、自治区、直辖市政府要对本地区地方政府性债务负责任。强化教育和考核，纠正不正确的政绩导向。对脱离实际过度举债、违法违规举债或担保、违规使用债务资金、恶意逃废债务等行为，要追究相关责任人责任。

（三）强化债权人约束。金融机构等不得违法违规向地方政府提供融资，不得要求地方政府违法违规提供担保。金融机构等购买地方政府债券要符合监管规定，向属于政府或有债务举借主体的企业法人等提供融资要严格规范信贷管理，切实加强风险识别和风险管理。金融机构等违法违规提供政府性融资的，应自行承担相应损失，并按照商业银行法、银行业监督管理法等法律法规追究相关机构和人员的责任。

**六、妥善处理存量债务和在建项目后续融资**

（一）抓紧将存量债务纳入预算管理。以 2013 年政府性债务审计结果为基础，结合审计后债务增减变化情况，经债权人与债务人共同协商确认，对地方政府性债务存量进行甄别。对地方政府及其部门举借的债务，相应纳入一般债务和专项债务。对企事业单位举借的债务，凡属于政府应当偿还的债务，相应纳入一般债务和专项债务。地方政府将甄别后的政府存量债务逐级汇总上报国务院批准后，分类纳入预算管理。纳入预算管理的债务原有债权债务关系不变，偿债资金要按照预算管理要求规范管理。

（二）积极降低存量债务利息负担。对甄别后纳入预算管理的地方政府存量债务，各地区可申请发行地方政府债券置换，以降低利息负担，优化期限结构，腾出更多资金用于重点项目建设。

（三）妥善偿还存量债务。处置到期存量债务要遵循市场规则，减少行政干预。对项目自身运营收入能够按时还本付息的债务，应继续通过项目收入偿还。对项目自身运营收入不足以还本付息的债务，可以通过依法注入优质资产、加强经营管理、加大改革力度等措施，提高项目盈利能力，增强偿债能力。地方政府应指导和督促有关债务举借单位加强财务管理、拓宽偿债资金渠道、统筹安排偿债资金。对确需地方政府偿还的债务，地方政府要切实履行偿债责任，必要时可以处置政府资产偿还债务。对确需地方政府履行担保或救助责任的债务，地方政府要切实依法履行协议约定，做出妥善安排。有关债务举借单位和连带责任人要按照协议认真落实偿债责任，明确偿债时限，按时还本付息，不得单方面改变原有债权债务关系，不得转嫁偿债责任和逃废债务。对确已形成损失的存量债务，债权人应按照商业化原则承担相应责任和损失。

（四）确保在建项目后续融资。地方政府要统筹各类资金，优先保障在建项目续建和收尾。对使用债务资金的在建项目，原贷款银行等要重新进行审核，凡符合国家有关规定的项目，要继续按协议提供贷款，推进项目建设；对在建项目确实没有其他建设资金来源的，应主要通过政府与社会资本合作模式和地方政府债券解决后续融资。

**七、加强组织领导**

各地区、各部门要高度重视，把思想和行动统一到党中央、国务院决策部署上来。地方政府要切实担负起加强地方政府性债务管理、防范化解财政金融风险的责任，结合实际制定具体方案，政府主要负责人要作为第一责任人，认真抓好政策落实。要建立地方政府性债务协调机制，统筹加强地方政府性债务管理。财政部门作为地方政府性债务归口管理部门，要完善债务管理制度，充实债务管理力量，做好债务规模控制、债券发行、预算管理、统计分析和风险监控等工作；发展改革部门要加强政府投资计划管理和项目审批，从严审批债务风险较高地区的新开工项目；金融监管部门要加强监管、正确引导，制止金融机构等违法违规提供融资；审计部门要依法加强对地方政府性债务的审计监督，促进完善债务管理制度，防范风险，规范管理，提高资金使用效益。各地区、各部门要切实履行职责，加强协调配合，全面做好加强地方政府性债务管理各项工作，确保政策贯彻落实到位。

国务院

2014 年 9 月 21 日

## 关于在公共服务领域深入推进政府和社会资本合作工作的通知

财金〔2016〕90 号

各省、自治区、直辖市、计划单列市财政厅（局），新疆生产建设兵团财务局：

为进一步贯彻落实党中央、国务院工作部署，统筹推进公共服务领域深化政府和社会资本合作（PPP）改革工作，提升我国公共服务供给质量和效率，巩固和增强经济持续增长动力，现将有关事项通知如下：

一、大力践行公共服务领域供给侧结构性改革。各级财政部门要联合有关部门，继续坚持推广 PPP 模式"促改革、惠民生、稳增长"的定位，切实践行供给侧结构性改革的最新要求，进一步推动公共服务从政府供给向合作供给、从单一投入向多元投入、从短期平衡向中长期平衡转变。要以改革实现公共服务供给结构调整，扩大有效供给，提高公共服务的供给质量和效率。要以改革激发社会资本活力和创造力，形成经济增长的内生动力，推动经济社会持续健康发展。

二、进一步加大 PPP 模式推广应用力度。在中央财政给予支持的公共服务领域，可根据行业特点和成熟度，探索开展两个"强制"试点。在垃圾处理、污水处理等公共服务领域，项目一般有现金流，市场化程度较高，PPP 模式运用较为广泛，操作相对成熟，各地新建项目要"强制"应用 PPP 模式，中央财政将逐步减少并取消专项建设资金补助。在其他中央财政给予支持的公共服务领域，对于有现金流、具备运营条件的项目，要"强制"实施 PPP 模式识别论证，鼓励尝试运用 PPP 模式，注重项目运营，提高公共服务质量。

三、积极引导各类社会资本参与。各级财政部门要联合有关部门营造公平竞争环境，鼓励国有控股企业、民营企业、混合所有制企业、外商投资企业等各类型企业，按同等标准、同等待遇参与 PPP 项目。要会同有关行业部门合理设定采购标准和条件，确保采购过程公平、公正、公开，不得以不合理的采购条件（包括设置过高或无关的资格条件，过高的保证金等）对潜在合作方实行差别待遇或歧视性待遇，着力激发和促进民间投资。对民营资本设置差别条款和歧视性条款的 PPP 项目，各级财政部门将不再安排资金和政策支持。

四、扎实做好项目前期论证。在充分论证项目可行性的基础上，各级财政部门要及时会同行业主管部门开展物有所值评价和财政承受能力论证。各级财政部门要聚焦公共服务领域，根据《国务院办公厅转发财政部　发展改革委　人民银行关于在公共服务领域推广政府和社会资本合作模式指导意见的通知》（国办发〔2015〕42 号）规定，确保公共资金、资产和资源优先用于提升公共服务的质量和水平，按照政府采购法相关规定择优确定社会资本合作伙伴，切实防止无效投资和重复建设。要严格区分公共服务项目和产业发展项目，在能源、交通运输、市政工程、农业、林业、水利、环境保护、保障性安居工程、医疗卫生、养老、教育、科技、文化、体育、旅游等公共服务领域深化 PPP 改革工作，依托 PPP 综合信息平台，建立本地区 PPP 项目开发目录。

五、着力规范推进项目实施。各级财政部门要会同有关部门统筹论证项目合作周期、收费定价机制、投资收益水平、风险分配框架和政府补贴等因素，科学设计 PPP 项目实施方案，确保充分体现"风险分担、收益共享、激励相容"的内涵特征，防止政府以固定回报承诺、回购安排、明股实债等方式承担过度支出责任，避免将当期政府购买服务支出代替 PPP 项目中长期的支出责任，规避 PPP 相关评价论证程序，加剧地方政府财政债务风险隐患。要加强项目全生命周期的合同履约管理，确保政府和社会资本双方权利义务对等，政府支出责任与公共服务绩效挂钩。

六、充分发挥示范项目引领作用。各级财政部门要联合有关部门，按照"又快又实""能进能出"的原则，大力推动 PPP 示范项目规范实施。要积极为项目实施创造条件，加强示范项目定向辅导，指导项目单位科学编制实施方案，合理选择运作方式，择优选择社会资本，详细签订项目合同，加强项目实施监管，确保示范项目实施质量，充分发挥示范项目的引领性和带动性。要积极做好示范项目督导工作，推动项目加快实施，在一定期限内仍不具备签约条件的，将不再作为示范项目实施。

七、因地制宜完善管理制度机制。各级财政部门要根据财政部 PPP 相关制度政策，结合各地实际情况，进一步建立健全本地区推广实施 PPP 模式的制度政策体系，细化对地市及县域地区的政策指导。要结合内部职能调整，进一步整合和加强专门力量，健全机构建设，并研究建立部门间的 PPP 协同管理机制，进一步梳理 PPP 相关工作的流程环节，明确管理职责，强调按制度管理、按程序办事。

八、切实有效履行财政管理职能。各级财政部门要会同行业主管部门合理确定公共服务成本，统筹安排公共资金、资产和资源，平衡好公众负担和社会资本回报诉求，构建 PPP 项目合理回报机制。对于政府性基金预算，可在符合政策方向和相关规定的前提下，统筹用于支持 PPP 项目。对于使用者付费项目，涉及特许经营权的要依法定程序评估价值，合理折价入股或授予转让，切实防止国有资产流失。对于使用者付费完全覆盖成本和收益的项目，要依据合同将超额收益的政府方分成部分及时足额监缴入国库，并按照事先约定的价格调整机制，确保实现价格动态调整，切实减轻公众负担。

九、简政放权释放市场主体潜力。各级财政部门要联合有关部门，加强项目前期立项程序与 PPP 模式操作流程的优化与衔接，进一步减少行政审批环节。对于涉及工程建设、设备采购或服务外包的 PPP 项目，已经依据政府采购法选定社会资本合作方的，合作方依法能够自行建设、生产或者提供服务的，按照《招标投标法实施条例》第九条规定，合作方可以不再进行招标。

十、进一步加大财政扶持力度。各级财政部门要落实好国家支持公共服务领域 PPP 项目的财政税收优惠政策，加强政策解读和宣传，积极与中国政企合作投资基金做好项目对接，基金将优先支持符合条件的各级财政部门示范项目。鼓励各级财政部门因地制宜、主动作为，探索财政资金撬动社会资金和金融资本参与 PPP 项目的有效方式，通过前期费用补助、以奖代补等手段，为项目规范实施营造良好的政策环境。

十一、充分发挥 PPP 综合信息平台作用。各级财政部门要通过 PPP 综合信息平台加快项目库、专家库建设，增强监管能力和服务水平。要督促项目实施单位，依托 PPP 综合信息平台，及时向社会公开项目实施方案、合同、实施情况等信息。要加强信息共享，促进项目对接，确保项目实施公开透明、有序推进，保证项目实施质量。

各级财政部门要高度重视，切实发挥好统筹协调作用，主动与有关部门沟通合作，合力做好公共服务领域深化 PPP 改革工作，更好地汇聚社会力量增加公共服务供给。

财政部

2016 年 10 月 11 日

## 关于进一步规范地方政府举债融资行为的通知

财预〔2017〕50 号

各省、自治区、直辖市、计划单列市财政厅（局）、发展改革委、司法厅（局），中国人民银行上海总部、各分行、营业管理部、省会（首府）城市中心支行、副省级城市中心支行，各银监局、证监局：

2014 年修订的预算法和《国务院关于加强地方政府性债务管理的意见》（国发〔2014〕43 号）实施以来，地方各级政府加快建立规范的举债融资机制，积极发挥政府规范举债对经济社会发展的支持作用，防范化解财政金融风险，取得了阶段性成效。但个别地区违法违规举债担保时有发生，局部风险不容忽视。为贯彻落实党中央、国务院决策部署，牢牢守住不发生区域性系统性风险的底线，现就进一步规范地方政府举债融资行为有关事项通知如下：

### 一、全面组织开展地方政府融资担保清理整改工作

各省级政府要认真落实国务院办公厅印发的《地方政府性债务风险应急处置预案》（国办函〔2016〕88 号）要求，抓紧设立政府性债务管理领导小组，指导督促本级各部门和市县政府进一步完善风险防范机制，结合 2016 年开展的融资平台公司债务等统计情况，尽快组织一次地方政府及其部门融资担保行为摸底排查，督促相关部门、市县政府加强与社会资本方的平等协商，依法完善合同条

款，分类妥善处置，全面改正地方政府不规范的融资担保行为。上述工作应当于2017年7月31日前清理整改到位，对逾期不改正或改正不到位的相关部门、市县政府，省级政府性债务管理领导小组应当提请省级政府依法依规追究相关责任人的责任。财政部驻各地财政监察专员办事处要密切跟踪地方工作进展，发现问题及时报告。

### 二、切实加强融资平台公司融资管理

加快政府职能转变，处理好政府和市场的关系，进一步规范融资平台公司融资行为管理，推动融资平台公司尽快转型为市场化运营的国有企业、依法合规开展市场化融资，地方政府及其所属部门不得干预融资平台公司日常运营和市场化融资。地方政府不得将公益性资产、储备土地注入融资平台公司，不得承诺将储备土地预期出让收入作为融资平台公司偿债资金来源，不得利用政府性资源干预金融机构正常经营行为。金融机构应当依法合规支持融资平台公司市场化融资，服务实体经济发展。进一步健全信息披露机制，融资平台公司在境内外举债融资时，应当向债权人主动书面声明不承担政府融资职能，并明确自2015年1月1日起其新增债务依法不属于地方政府债务。金融机构应当严格规范融资管理，切实加强风险识别和防范，落实企业举债准入条件，按商业化原则履行相关程序，审慎评估举债人财务能力和还款来源。金融机构为融资平台公司等企业提供融资时，不得要求或接受地方政府及其所属部门以担保函、承诺函、安慰函等任何形式提供担保。对地方政府违法违规举债担保形成的债务，按照《国务院办公厅关于印发地方政府性债务风险应急处置预案的通知》（国办函〔2016〕88号）、《财政部关于印发〈地方政府性债务风险分类处置指南〉的通知》（财预〔2016〕152号）依法妥善处理。

### 三、规范政府与社会资本方的合作行为

地方政府应当规范政府和社会资本合作（PPP）。允许地方政府以单独出资或与社会资本共同出资方式设立各类投资基金，依法实行规范的市场化运作，按照利益共享、风险共担的原则，引导社会资本投资经济社会发展的重点领域和薄弱环节，政府可适当让利。地方政府不得以借贷资金出资设立各类投资基金，严禁地方政府利用PPP、政府出资的各类投资基金等方式违法违规变相举债，除国务院另有规定外，地方政府及其所属部门参与PPP项目、设立政府出

资的各类投资基金时，不得以任何方式承诺回购社会资本方的投资本金，不得以任何方式承担社会资本方的投资本金损失，不得以任何方式向社会资本方承诺最低收益，不得对有限合伙制基金等任何股权投资方式额外附加条款变相举债。

**四、进一步健全规范的地方政府举债融资机制**

全面贯彻落实依法治国战略，严格执行预算法和国发〔2014〕43 号文件规定，健全规范的地方政府举债融资机制，地方政府举债一律采取在国务院批准的限额内发行地方政府债券方式，除此以外，地方政府及其所属部门不得以任何方式举借债务。地方政府及其所属部门不得以文件、会议纪要、领导批示等任何形式，要求或决定企业为政府举债或变相为政府举债。允许地方政府结合财力可能设立或参股担保公司（含各类融资担保基金公司），构建市场化运作的融资担保体系，鼓励政府出资的担保公司依法依规提供融资担保服务，地方政府依法在出资范围内对担保公司承担责任。除外国政府和国际经济组织贷款转贷外，地方政府及其所属部门不得为任何单位和个人的债务以任何方式提供担保，不得承诺为其他任何单位和个人的融资承担偿债责任。地方政府应当科学制定债券发行计划，根据实际需求合理控制节奏和规模，提高债券透明度和资金使用效益，建立信息共享机制。

**五、建立跨部门联合监测和防控机制**

完善统计监测机制，由财政部门会同发展改革、人民银行、银监、证监等部门建设大数据监测平台，统计监测政府中长期支出事项以及融资平台公司举借或发行的银行贷款、资产管理产品、企业债券、公司债券、非金融企业债务融资工具等情况，加强部门信息共享和数据校验，定期通报监测结果。开展跨部门联合监管，建立财政、发展改革、司法行政机关、人民银行、银监、证监等部门以及注册会计师协会、资产评估协会、律师协会等行业自律组织参加的监管机制，对地方政府及其所属部门、融资平台公司、金融机构、中介机构、法律服务机构等的违法违规行为加强跨部门联合惩戒，形成监管合力。对地方政府及其所属部门违法违规举债或担保的，依法依规追究负有直接责任的主管人员和其他直接责任人员的责任；对融资平台公司从事或参与违法违规融资活动的，依法依规追究企业及其相关负责人责任；对金融机构违法违规向地方政府提供融资、要求或接受地方政府提供担保承诺的，依法依规追究金融机构及其相关负责人和授信审批人员责任；对中介机构、法律服务机构违法违规为融资平台公司出具审计报告、资产评估报告、信用评级报告、法律意见书等的，依法依规追究中介机构、法律服务机构及相关从业人员的责任。

### 六、大力推进信息公开

地方各级政府要贯彻落实中共中央办公厅、国务院办公厅《关于全面推进政务公开工作的意见》等规定和要求，全面推进地方政府及其所属部门举债融资行为的决策、执行、管理、结果等公开，严格公开责任追究，回应社会关切，主动接受社会监督。继续完善地方政府债务信息公开制度，县级以上地方各级政府应当重点公开本地区政府债务限额和余额，以及本级政府债务的规模、种类、利率、期限、还本付息、用途等内容。省级财政部门应当参考国债发行做法，提前公布地方政府债务发行计划。推进政府购买服务公开，地方政府及其所属部门应当重点公开政府购买服务决策主体、购买主体、承接主体、服务内容、合同资金规模、分年财政资金安排、合同期限、绩效评价等内容。推进政府和社会资本合作（PPP）项目信息公开，地方政府及其所属部门应当重点公开政府和社会资本合作（PPP）项目决策主体、政府方和社会资本方信息、合作项目内容和财政承受能力论证、社会资本方采购信息、项目回报机制、合同期限、绩效评价等内容。推进融资平台公司名录公开。

各地区要充分认识规范地方政府举债融资行为的重要性，把防范风险放在更加重要的位置，省级政府性债务管理领导小组要切实担负起地方政府债务管理责任，进一步健全制度和机制，自觉维护总体国家安全，牢牢守住不发生区域性系统性风险的底线。各省（自治区、直辖市、计划单列市）政府性债务管理领导小组办公室应当汇总本地区举债融资行为清理整改工作情况，报省级政府同意后，于 2017 年 8 月 31 日前反馈财政部，抄送发展改革委、人民银行、银监会、证监会。

特此通知。

## 国家发展改革委办公厅关于印发
## 《政府和社会资本合作（PPP）项目专项债券发行指引》
## 的通知

发改办财金〔2017〕730号

各省、自治区、直辖市及计划单列市、新疆生产建设兵团发展改革委：

　　为贯彻落实《中共中央　国务院关于深化投融资体制改革的意见》（中发〔2016〕18号）、《国务院关于创新重点领域投融资机制鼓励社会投资的指导意见》（国发〔2014〕60号）、《国务院办公厅转发财政部发展改革委人民银行关于在公共服务领域推广政府和社会资本合作模式指导意见的通知》（国办发〔2015〕42号）等文件精神，创新融资机制，拓宽政府和社会资本合作（PPP）项目融资渠道，引导社会资本投资于PPP项目建设，扩大公共产品和服务供给，积极发挥企业债券融资对PPP项目建设的支持作用，现将我委制定的《政府和社会资本合作（PPP）项目专项债券发行指引》印发你们，请认真贯彻执行。

　　附件：政府和社会资本合作（PPP）项目专项债券发行指引

国家发展改革委办公厅

2017年4月25日

## 附件

### 政府和社会资本合作（PPP）项目专项债券发行指引

　　为贯彻落实《中共中央　国务院关于深化投融资体制改革的意见》《国务院关于创新重点领域投融资机制鼓励社会投资的指导意见》《国务院办公厅转发财政部发展改革委人民银行关于在公共服务领域推广政府和社会资本合作模式指导意见的通知》等文件精神，创新投融资机制，拓宽政府和社会资本合作（PPP）项目融资渠道，扩大公共产品和服务供给，根据《公司法》《证券法》《企业债券管理条例》，制定本指引。

·237·

### 一、适用范围和支持重点

政府和社会资本合作（PPP）项目专项债券（以下简称"PPP 项目专项债券"）是指，由 PPP 项目公司或社会资本方发行，募集资金主要用于以特许经营、购买服务等 PPP 形式开展项目建设、运营的企业债券。现阶段支持重点为：能源、交通运输、水利、环境保护、农业、林业、科技、保障性安居工程、医疗、卫生、养老、教育、文化等传统基础设施和公共服务领域的项目。

### 二、发行条件

（一）发行 PPP 项目专项债券募集的资金，可用于 PPP 项目建设、运营，或偿还已直接用于项目建设的银行贷款。

（二）PPP 项目专项债券应符合《公司法》《证券法》《企业债券管理条例》和我委相关规范性文件的要求。其中，以项目收益债券形式发行 PPP 项目专项债券，原则上应符合我委印发的《项目收益债券管理暂行办法》的要求。

（三）PPP 项目运作应规范、透明，已履行审批、核准、备案手续和实施方案审查程序。鼓励聘请具有相应行业甲级资质的中介机构为项目编制可行性研究报告。

（四）应建立以 PPP 项目合同为核心的合同体系，相关合同文件应合法、规范、有效，包含股东持股比例、项目运营收益来源和标准（包括但不限于项目运营收入、运营成本、财政补贴、税收优惠、提前终止补偿等）、项目风险分担模式等内容。

（五）PPP 项目应能够产生持续稳定的收入和现金流，项目收益优先用于偿还债券本息。来源于政府付费和财政补贴的项目收益应按规定纳入中期财政规划和年度财政预算。

（六）传统基础设施领域的 PPP 项目应纳入传统基础设施领域政府和社会资本合作（PPP）项目库。

### 三、审核要求

（一）在相关手续齐备、偿债措施完善的基础上，PPP 项目专项债券比照我委"加快和简化审核类"债券审核程序，提高审核效率。

（二）在偿债保障措施完善的情况下，允许企业使用不超过 50% 的债券募集资金用于补充营运资金（以项目收益债券形式发行 PPP 项目专项债券除外）。

（三）主体信用等级达到 AA + 级及以上且运营情况较好的发行主体申请发行 PPP 项目专项债券，可适当调整企业债券现行审核政策要求：

1. 核定发债规模时不考察非金融企业债务融资工具的规模。

2. 发行人可根据实际情况自主选择是否设置市场化增信方式。

3. 以项目收益债券形式申请发行 PPP 项目专项债券，可不设置差额补偿机制，但应明确项目建设期利息偿付资金来源，并提供相应法律文件。

（四）鼓励上市公司及其子公司发行 PPP 项目专项债券。

（五）PPP 项目专项债券发行人可根据项目资金回流的具体情况科学设计债券发行方案，支持合理灵活设置债券期限、选择权及还本付息方式，债券存续期不得超过 PPP 项目合作期限。

（六）PPP 项目专项债券批复文件有效期不超过 2 年。债券发行时发行人自身条件和 PPP 项目基本情况应当未发生可能影响偿债能力的重大不利变化。

**四、信息披露和投资者保护**

（一）PPP 项目专项债券信息披露要求。

1. 发行人和主承销商应在债券发行前，按要求对项目实施方案、PPP 项目合同、项目入库情况、建设运营情况及本期债券可能存在的风险等事项进行充分披露。

2. 发行人和主承销商应在债券存续期内，定期（原则上每个计息年度不少于两次）在中国债券信息网等相关媒体上公告或向投资者通报项目建设进度、项目合同履约情况、运营服务绩效评价结果等信息。

3. 债券存续期内，项目建设、运营情况发生重大变化或发行人发生对投资者有重大影响的事项，应按照规定或约定履行程序，并及时公告或通报。

（二）完善 PPP 项目专项债券投资者保护机制。

1. 发行人应在募集说明书中约定投资者保护机制（例如交叉违约条款、事先约束条款等），明确发行人或 PPP 项目本身发生重大事项时的应对措施。

2. 发行人应在募集说明书中约定加速到期条款，出现严重违约、不可抗力或 PPP 项目提前终止等可能损害投资者权益的重大不利情形时，经债券持有人大会讨论通过后，可提前清偿部分或全部债券本金。

# 关于加快运用 PPP 模式盘活基础设施存量资产
# 有关工作的通知

发改投资〔2017〕1266 号

各省、自治区、直辖市及计划单列市发展改革委，新疆生产建设兵团发展改革委：

按照党中央、国务院工作部署，我委会同相关部门加快推广政府和社会资本合作（PPP）模式，取得了较好成效，在加强基础设施建设、促进民间投资等方面发挥了积极作用。但是，已实施 PPP 项目中新建项目多、存量项目少，不利于盘活存量资产、提高基础设施运营效率。根据《国务院关于创新重点领域投融资机制鼓励社会投资的指导意见》（国发〔2014〕60 号）等文件精神，为更好运用 PPP 模式盘活基础设施存量资产、形成良性投资循环，现就有关事项通知如下。

## 一、充分认识运用 PPP 模式盘活基础设施存量资产的重要意义

改革开放以来，经过长期投资建设，我国在能源、交通运输、水利、环境保护、农业、林业、重大市政工程等基础设施领域形成了大量优质存量资产。积极推广 PPP 模式，加大存量基础设施盘活力度、形成良性投资循环，有利于拓宽基础设施建设资金来源，减轻地方政府债务负担；有利于化解民营企业融资能力不足问题，更好地吸引民间资本进入基础设施领域，丰富民营企业投资方式；有利于吸引具有较强运营能力的社会资本，提高基础设施项目运营效率，降低运营成本；有利于推进国有企业混合所有制改革，促进各种所有制经济共同发展；有利于加快补齐基础设施短板，推进供给侧结构性改革。

## 二、分类实施，规范有序盘活基础设施存量资产

各地要根据当地实际情况和项目特点，积极探索、大胆创新，灵活运用 PPP 模式，规范有序盘活基础设施存量资产。要精心编制项目实施方案，做好项目联审，提高决策水平。涉及新增投资建设的，应依法依规履行投资管理程序。项目决策后，应通过公开招标等竞争性方式公平择优选择具有相应运营能力和管理经验的社会资本方作为合作伙伴。项目运营期间，实施机构要加强绩效评价，切实提升运营效率。

对拟采取 PPP 模式的存量基础设施项目，根据项目特点和具体情况，可通过转让—运营—移交（TOT）、改建—运营—移交（ROT）、转让—拥有—运营（TOO）、委托运营、股权合作等多种方式，将项目的资产所有权、股权、经营权、收费权等转让给社会资本。

对已经采取 PPP 模式且政府方在项目公司中占有股份的存量基础设施项目，可通过股权转让等方式，将政府方持有的股权部分或全部转让给项目的社会资本方或其他投资人。

对在建的基础设施项目，也可积极探索推进 PPP 模式，引入社会资本负责项目的投资、建设、运营和管理，减少项目前期推进困难等障碍，更好地吸引社会资本特别是民间资本进入。

运用 PPP 模式盘活基础设施存量资产，要在符合国有资产管理等相关法律法规制度的前提下，解放思想、勇于创新，优先推出边界条件明确、商业模式清晰、现金流稳定的优质存量资产，提升社会资本参与的积极性。支持社会资本方创新运营管理模式，充分挖掘项目的商业价值，在确保公共利益的前提下，提高合理投资回报水平。

### 三、规范管理，实现投资良性循环

运用 PPP 模式盘活基础设施存量资产回收的资金，除按规定用于必要的职工安置、债权债务处置等支出外，应主要用于新的基础设施和公用事业建设，重点支持补短板项目，形成新的优质资产。对再投资形成的新优质资产，条件成熟时可再次运用 PPP 模式盘活，引入社会资本方参与运营和管理。由此实现以 PPP 模式盘活优质存量资产，转让所得用于新建基础设施和公用事业项目，通过再投资形成新优质资产的良性循环。

运用 PPP 模式盘活基础设施存量资产时，要规范与社会资本方的合作行为，严禁利用 PPP 模式违法违规变相举债。

### 四、加强协同合作，保障基础设施存量资产盘活工作顺利实施

建立基础设施存量资产盘活协同工作机制，强化组织领导和统筹协调。各地发展改革部门要按照政府统一部署和职责分工，主动与行业管理、国有资产管理、财税、国土、环保、人力资源社会保障等部门加强衔接，形成合力，共同推进运用 PPP 模式盘活基础设施存量资产工作。

在运用 PPP 模式盘活基础设施存量资产时，要做好尽职调查、清产核资等前期工作，合理确定国有资产公允价值，既要防止国有资产流失，也要保障社会资本方合法权益。积极推动相关事业单位和国有企业改制工作，努力解决国有产权核实与界定、债权债务处理、人员分流安置等问题，保障基础设施存量资产盘活工作顺利开展。

对采用 PPP 模式盘活存量资产的基础设施项目，支持通过资产证券化、发行 PPP 项目专项债券等方式开展市场化融资，提高资产流动性，拓宽资金来源，吸引更多社会资本以不同方式参与。

### 五、总结经验，发挥示范项目的引领带动作用

各省级发展改革委要对本地区运用 PPP 模式盘活基础设施存量资产的工作情况进行全面梳理，及时总结经验，改进完善相关制度，推进工作顺利开展。要筛选出操作规范、成效明显、经验可复制可推广的项目，加大宣传力度，发挥示范作用。

请各省级发展改革委推荐本地区 3~5 个运用 PPP 模式盘活基础设施存量资产效果好的项目，于 2017 年 8 月 4 日前报我委（相关要求详见附件）。我委将从中遴选若干示范项目，组织推广。

附件：1. 项目单行材料要求（略）

2. 省（区、市）运用 PPP 模式盘活基础设施存量资产示范项目申报表（略）

国家发展改革委

2017 年 7 月 3 日

## 国务院办公厅关于进一步激发民间有效投资活力促进经济持续健康发展的指导意见

国办发〔2017〕79 号

各省、自治区、直辖市人民政府，国务院各部委、各直属机构：

党中央、国务院高度重视民间投资工作，近年来部署出台了一系列有针对性的政策措施并开展了专项督查，民间投资增速企稳回升。但是，当前民间投资增长仍面临着不少困难和障碍，部分鼓励民间投资的政策尚未落实到位，营商环境

有待进一步改善，一些垄断行业市场开放度不够，融资难、融资贵问题仍然存在，民间投资活力不强的局面尚未根本改观。为进一步激发民间有效投资活力，促进经济持续健康发展，经国务院同意，现提出以下意见。

### 一、深入推进"放管服"改革，不断优化营商环境

各地区、各部门要深入贯彻落实国务院关于深化"放管服"改革的各项要求，确保取消下放国务院部门行政许可事项、取消中央指定地方实施行政审批事项、清理规范国务院部门行政审批中介服务事项等重点任务落实到位。坚决落实清理规范投资项目报建审批事项有关要求，精简合并投资项目报建审批事项，不得擅自增加行政审批事项，不得擅自增加审批环节，切实防范权力复归和边减边增。充分发挥全国投资项目在线审批监管平台作用，实现项目网上申报、并联审批、信息公开、协同监管，不断提高审批效率和服务质量。

### 二、开展民间投资项目报建审批情况清理核查，提高审批服务水平

各地区、各部门要对民间投资项目报建审批情况开展一次全面细致的清理核查，逐项梳理已报审的民间投资项目，清查各类审批事项办理情况，明确办理时限。能够办理的，要尽快办理；暂不具备办理条件的，要帮助民营企业尽快落实有关条件；依法依规确实不能办理的，要主动做好解释工作。对无正当理由拖延不办的，要加大问责力度，通过约谈、通报、督办等方式督促限期整改，必要时对相关责任人给予处分。要针对清理核查中发现的问题，进一步改进工作，提高效率，优化民间投资项目报建审批服务。

### 三、推动产业转型升级，支持民间投资创新发展

鼓励民营企业进入轨道交通装备、"互联网＋"、大数据和工业机器人等产业链长、带动效应显著的行业领域，在创建"中国制造2025"国家级示范区时积极吸引民营企业参与。发挥财政性资金带动作用，通过投资补助、资本金注入、设立基金等多种方式，广泛吸纳各类社会资本，支持企业加大技术改造力度，加大对集成电路等关键领域和薄弱环节重点项目的投入。支持双创示范基地、产业园区公共服务平台建设，提高为民营企业投资新兴产业服务的能力和水平。推进创新技术市场交易，缩短科技成果转化周期，提高科技型企业投资回报水平。鼓励民间资本开展多元化农业投资，支持农村新产业新业态发展，推动民

间资本与农户建立股份合作等紧密利益联结机制，对带动农户较多的市场主体加大支持力度。

### 四、鼓励民间资本参与政府和社会资本合作（PPP）项目，促进基础设施和公用事业建设

加大基础设施和公用事业领域开放力度，禁止排斥、限制或歧视民间资本的行为，为民营企业创造平等竞争机会，支持民间资本股权占比高的社会资本方参与 PPP 项目，调动民间资本积极性。积极采取多种 PPP 运作方式，规范有序盘活存量资产，丰富民营企业投资机会，回收的资金主要用于补短板项目建设，形成新的优质资产，实现投资良性循环。合理确定基础设施和公用事业价格和收费标准，完善 PPP 项目价格和收费适时调整机制，通过适当延长合作期限、积极创新运营模式、充分挖掘项目商业价值等，建立 PPP 项目合理回报机制，吸引民间资本参与。努力提高民营企业融资能力，有效降低融资成本，推动 PPP 项目资产证券化，鼓励民间资本采取混合所有制、设立基金、组建联合体等多种方式，参与投资规模较大的 PPP 项目。

### 五、降低企业经营成本，增强民间投资动力

落实和完善全面推开营改增试点政策，落实好研发费用税前加计扣除政策，加强涉企经营服务性收费和中介服务收费监管。允许失业保险总费率为 1.5% 的地方将总费率阶段性降至 1%，落实适当降低企业住房公积金缴存比例政策，推动各地出台或完善户口迁移政策和配套措施。深化输配电价格改革，推进电力市场化交易等，实行工业用地弹性出让制度，用好用足标准厂房、科技孵化器用地支持政策，降低企业用能用地成本。科学合理确定车辆通行费标准，规范铁路港口收费，开展物流领域收费专项检查，着力解决"乱收费、乱罚款"等问题。督促银行业金融机构依法合规收费，降低贷款中间环节费用，严禁各种不规范收费和不合理的贷款附加条件。

### 六、努力破解融资难题，为民间资本提供多样化融资服务

发挥各类金融机构优势，优化授信管理和服务流程，完善特许经营权、收费权等权利的确权、登记、抵押、流转等配套制度，发展和丰富循环贷款等金融产品，加快建设普惠金融体系，实施小微企业应收账款融资专项行动，着力解决对

企业抽贷、压贷、断贷等融资难题。完善民营企业信用评级制度，客观评价民营企业实力，引导金融机构加大对民营企业的融资支持力度。充分发挥各级政府网站与全国信用信息共享平台作用，鼓励地方推进"银税互动"、银行业金融机构和全国信用信息共享平台之间的合作等，化解银企信息不对称问题，促进中小企业融资。发展政府支持的融资担保和再担保机构，鼓励各地设立信贷风险补偿基金、过桥转贷资金池等，加大对中小微企业、科技创新企业的支持。

### 七、加强政务诚信建设，确保政府诚信履约

地方各级政府向民营企业做出政策承诺要严格依法依规，并严格兑现合法合规的政策承诺，不得违法违规承诺优惠条件。要认真履行与民营企业签订的合法合规协议或合同，不得以政府换届、相关责任人更替等理由拒不执行，不得随意改变约定，不得出现"新官不理旧账"等情况。开展政务失信专项治理，对地方政府拒不履行政府所做的合法合规承诺，特别是严重损害民营企业合法权益、破坏民间投资良好环境等行为，加大查处力度。对造成政府严重失信违约行为的主要负责人和直接责任人要依法依规追究责任，惩戒到人。

### 八、加强政策统筹协调，稳定市场预期和投资信心

加强部门间协调配合，科学审慎研判拟出台政策的预期效果和市场反应，统筹把握好政策出台时机和力度。有关部门要在加强监管的同时，明确政策导向，提出符合法律法规和政策规定的具体要求，正确引导投资预期。围绕经济运行态势和宏观政策取向，加大政策解读力度，主动解疑释惑，帮助民营企业准确理解政策意图。建立健全政务舆情收集、研判、处置和回应机制，及时准确发布权威信息，切实做好民营企业关切事项的回应工作。完善公平、开放、透明的市场规则，稳定市场预期、增强市场活力，帮助民营企业充分利用好国内大市场，加大对适应国内消费升级和产业转型需要项目的投资力度，支持劳动密集型产业向内陆沿边地区梯度转移。

### 九、构建"亲""清"新型政商关系，增强政府服务意识和能力

建立健全政府与民营企业常态化沟通机制，进一步发挥工商联和协会商会在企业与政府沟通中的桥梁纽带作用，倾听民营企业呼声，帮助解决实际困难。因

地制宜明确政商交往"正面清单"和"负面清单"，着力破解"亲"而不"清""清"而不"亲"等问题。坚决贯彻落实《中共中央　国务院关于完善产权保护制度依法保护产权的意见》，尽快出台相关配套文件和实施方案，加强各种所有制经济产权保护，加大知识产权保护力度，激发和保护企业家精神。组织开展民营企业家专业化、精准化培训，提升民营企业经营管理水平。

**十、狠抓各项政策措施落地见效，增强民营企业获得感**

各地区、各部门要全面梳理党中央、国务院已出台的鼓励民间投资政策措施，逐项检查各项政策措施在本地区、本领域落实情况，对尚未有效落实的政策措施，要认真分析原因，抓紧研究解决办法，确保政策尽快落地。充分发挥中央和地方两个积极性，鼓励各地以改革的办法、创新的思维进一步实化、细化、深化鼓励民间投资的具体措施，努力解决制约民间投资增长的深层次问题，进一步激发民间有效投资活力。

各省（区、市）人民政府、各有关部门要按照本意见要求，切实抓好贯彻落实，进一步做好民间投资各项工作。国家发展改革委要加强统筹协调，会同有关部门对本意见落实情况进行督促检查和跟踪分析，重大事项及时向国务院报告。

国务院办公厅

2017 年 9 月 1 日

## 关于加强中央企业 PPP 业务风险管控的通知

国资发财管〔2017〕192 号

各中央企业：

PPP（政府与社会资本合作）模式是我国基础设施和公共服务供给机制的重大创新，对于推进供给侧结构性改革、创新投融资机制、提升公共服务的供给质量和效率具有重要意义。

近年来，中央企业主动适应改革要求，努力拓展市场，积极探索开展 PPP 业务，在推动自身业务快速发展的同时，有力支持了地方经济发展，取得了良好成效。

为贯彻新发展理念，提高中央企业境内 PPP 业务经营管理水平，有效防范经营风险，实现规范有序可持续发展，现将有关工作要求通知如下：

**一、坚持战略引领，强化集团管控**

各中央企业要紧密围绕企业发展战略和规划，建立健全本企业 PPP 业务管控体系，稳妥开展 PPP 业务。

一是加强战略引领。立足企业功能界定与分类定位，结合企业战略和发展方向，充分考虑企业财务资源和业务能力，规划本企业 PPP 业务发展。PPP 业务较为集中的企业应编制 PPP 业务专项规划，优化 PPP 业务布局和结构。

二是完善全过程管控体系。建立健全 PPP 项目管理制度，从预算约束、事前可研决策、事中项目实施管理、事后投资评价等方面细化管控流程，构建权责明晰的管理机制，加强企业投资、财务、法务、审计等部门的协同配合，形成管控合力。

三是加强集团管控。明确集团对 PPP 业务管控的主体责任和各级子企业的具体管理责任，由集团总部（含整体上市的上市公司总部）负责统一审批 PPP 业务。

四是依法依规操作。加强投标管理及合同谈判，严格执行合规审查程序，切实防范 PPP 业务中的违法违规风险，妥善处理并及时报备重大法律纠纷案件。

**二、严格准入条件，提高项目质量**

各中央企业要将源头管控作为加强 PPP 业务管理的重中之重，细化 PPP 项目选择标准，优中选优，规范有序参与市场竞争，有效应对项目占用资金规模大、回报周期长带来的潜在风险。

一是聚焦主业。根据项目投资、建设、运营等环节特征准确界定集团主业投资领域，认真筛选符合集团发展方向、具备竞争优势的项目。将 PPP 项目纳入企业年度投资计划管理，严控非主业领域 PPP 项目投资。

二是坚持"事前算赢"原则，在项目决策前充分开展可行性分析，参考本企业平均投资回报水平合理设定 PPP 投资财务管控指标，投资回报率原则上不应低于本企业相同或相近期限债务融资成本，严禁开展不具备经济性的项目，严厉杜绝盲目决策，坚决遏制短期行为。

三是认真评估 PPP 项目中合作各方的履约能力。在通过财政承受能力论证的项目中，优先选择发展改革、财政等部门入库项目，不得参与付费来源缺乏保障的项目。

### 三、严格规模控制，防止推高债务风险

各中央企业要高度关注 PPP 业务对企业财务结构平衡的影响，综合分析本企业长期盈利能力、偿债能力、现金流量和资产负债状况等，量力而行，对 PPP 业务实行总量管控，从严设定 PPP 业务规模上限，防止过度推高杠杆水平。

一是纳入中央企业债务风险管控范围的企业集团，累计对 PPP 项目的净投资（直接或间接投入的股权和债权资金、由企业提供担保或增信的其他资金之和，减去企业通过分红、转让等收回的资金）原则上不得超过上一年度集团合并净资产的 50%，不得因开展 PPP 业务推高资产负债率。

二是集团要做好内部风险隔离，明确相关子企业 PPP 业务规模上限；资产负债率高于 85% 或近 2 年连续亏损的子企业不得单独投资 PPP 项目。

三是集团应加强对非投资金融类子企业的管控，严格执行国家有关监管政策，不得参与仅为项目提供融资、不参与建设或运营的项目。

### 四、优化合作安排，实现风险共担

各中央企业在 PPP 项目中应充分发挥项目各合作方在融资、建设、运营等方面的比较优势，合理确定股权比例、融资比例，努力降低综合融资成本，切实做好项目运营合作安排，实现合作共赢。

一是落实股权投资资金来源。各企业要严格遵守国家重大项目资本金制度，合理控制杠杆比例，做好拟开展 PPP 项目的自有资金安排，根据项目需要积极引入优势互补、协同度高的其他非金融投资方，吸引各类股权类受托管理资金、保险资金、基本养老保险基金等参与投资，多措并举加大项目资本金投入，但不得通过引入"名股实债"类股权资金或购买劣后级份额等方式承担本应由其他方承担的风险。

二是优化债权资金安排。积极与各类金融机构建立 PPP 业务合作关系，争取长期低成本资金支持，匹配好债务融资与项目生命周期。

三是规范融资增信。在 PPP 项目股权合作中，不得为其他方股权出资提供担保、承诺收益等；项目债务融资需要增信的，原则上应由项目自身权益、资产或股权投资担保，确需股东担保的应由各方股东按照出资比例共同担保。

四是做好运营安排，探索多元化的项目回报机制。结合企业发展需要，不断提高 PPP 项目专业化运营管理能力，对于尚不具备专业化运营管理能力的项目，通过合资合作、引入专业化管理机构等措施，确保项目安全高效运营。

五是积极盘活存量投资，完善退出机制。根据自身和项目需要，持续优化资金安排，积极通过出让项目股份、增资扩股、上市融资、资产证券化等多渠道盘活资产、收回资金，实现 PPP 业务资金平衡和良性循环。

### 五、规范会计核算，准确反映 PPP 业务状况

各中央企业应当根据《企业会计准则》相关规定规范 PPP 业务会计核算。

一是规范界定合并范围。根据股权出资比例、合作方投资性质、与合作方关联关系（如合营、担保、提供劣后级出资等），对项目融资、建设和运营的参与程度，风险回报分担机制，合作协议或章程约定等，按照"实质重于形式"原则综合判断对 PPP 项目的控制程度，规范界定合并范围；对确属无控制权的 PPP 项目，应当建立单独台账，动态监控项目的经营和风险状况，严防表外业务风险。

二是足额计提资产减值准备。定期对 PPP 项目长期股权投资、取得的收费权、股东借款等资产进行减值测试，重点关注实际运营情况与项目可研预期差距较大、合作方付款逾期等减值迹象，及时足额计提减值准备，防范资产价值不实。

三是规范核算项目收益。同时参与 PPP 项目投资、建设或运营的企业，应当合理划分和规范核算各阶段收益。

### 六、严肃责任追究，防范违规经营投资行为

各中央企业要切实承担起对 PPP 业务管控的主体责任，加强对全集团 PPP 业务的审计与监督检查，不断提高 PPP 业务投资经营管理水平。要对 PPP 业务经营投资责任实施规范化、科学化、全周期管理，完善决策事项履职记录。

对违反本通知要求，未履行或未正确履行投资管理职责造成国有资产损失以及其他严重不良后果的各级经营管理人员，要严肃追究责任，同时对 PPP 业务重大决策实施终身责任追究制度。

各中央企业要对照本通知要求，全面梳理已签约 PPP 项目，根据发现的风险和问题，及时完善制度，加强管控，提出应对措施。

对存在瑕疵的项目，要积极与合作方协商完善；对不具备经济性或存在其他重大问题的项目，要逐一制定处置方案，风险化解前，该停坚决停止，未开工项目不得开工。

国务院国有资产监督管理委员会

2017 年 11 月 17 日

## 关于规范金融企业对地方政府和国有企业投融资行为有关问题的通知

财金〔2018〕23 号

各国有金融企业：

金融企业是支持地方经济社会发展的重要力量。当前，金融企业运营总体平稳良好，但在服务地方发展、支持地方基础设施和公共服务领域建设中仍然存在过于依靠政府信用背书，捆绑地方政府、捆绑国有企业、堆积地方债务风险等问题，加剧了财政金融风险隐患。为全面贯彻党的十九大精神，落实全国金融工作会议部署和要求，坚决打好防范化解重大风险攻坚战，促进金融企业稳健运行，进一步督促金融企业加强风险管控和财务管理，严格执行国有金融资本管理制度，现就有关事项通知如下：

一、总体要求。国有金融企业应严格落实《预算法》和《国务院关于加强地方政府性债务管理的意见》（国发〔2014〕43 号）等要求，除购买地方政府债券外，不得直接或通过地方国有企事业单位等间接渠道为地方政府及其部门提供任何形式的融资，不得违规新增地方政府融资平台公司贷款。不得要求地方政府违法违规提供担保或承担偿债责任。不得提供债务性资金作为地方建设项目、政府投资基金或政府和社会资本合作（PPP）项目资本金。

二、资本金审查。国有金融企业向参与地方建设的国有企业（含地方政府融资平台公司）或 PPP 项目提供融资，应按照"穿透原则"加强资本金审查，确保融资主体的资本金来源合法合规，融资项目满足规定的资本金比例要求。若发现存在以"名股实债"、股东借款、借贷资金等债务性资金和以公益性资产、储备土地等方式违规出资或出资不实的问题，国有金融企业不得向其提供融资。

三、还款能力评估。国有金融企业参与地方建设融资，应审慎评估融资主体的还款能力和还款来源，确保其自有经营性现金流能够覆盖应还债务本息，不得要求或接受地方政府及其部门以任何方式提供担保、承诺回购投资本金、保本保收益等兜底安排，或以其他方式违规承担偿债责任。项目现金流涉及可行性缺口补助、政府付费、财政补贴等财政资金安排的，国有金融企业应严格核实地方政府履行相关程序的合规性和完备性。严禁国有金融企业向地方政府虚构或超越权限、财力签订的应付（收）账款协议提供融资。

四、投资基金。国有金融企业与地方政府及其部门合作设立各类投资基金，应严格遵守有关监管规定，不得要求或接受地方政府及其部门做出承诺回购投资本金、保本保收益等兜底安排，不得通过结构化融资安排或采取多层嵌套等方式将投资基金异化为债务融资平台。

五、资产管理业务。国有金融企业发行银行理财、信托计划、证券期货经营机构资产管理计划、保险基础设施投资计划等资产管理产品参与地方建设项目，应按照"穿透原则"切实加强资金投向管理，全面掌握底层基础资产信息，强化期限匹配，不得以具有滚动发行、集合运作、分离定价特征的资金池产品对接，不得要求或接受地方政府以任何方式提供兜底安排或以其他方式违规承担偿债责任，不得变相为地方政府提供融资。国有金融企业在进行资产管理产品推介时，应充分说明投资风险，不得以地方政府承诺回购、保证最低收益等隐含无风险条件，作为营销手段。

六、政策性开发性金融。政策性、开发性金融机构服务国家重大战略、支持经济社会薄弱环节时，应严格遵守国家法律和相关规定，严格按照市场化原则审慎合规授信，严格按照项目实际而不是政府信用提供融资，严格遵守业务范围划分规定。严禁为地方政府和国有企业提供各类违规融资，不得要求或接受地方政府出具任何形式明示或暗示承担偿债责任的文件，不得通过任何形式违法违规增加地方政府债务负担。

七、合作方式。国有金融企业应将严格遵守国家地方政府债务管理法律法规和政策规定作为合规管理的重要内容，切实转变业务模式，依法规范对地方建设项目提供融资，原则上不得采取与地方政府及其部门签署一揽子协议、备忘录、会议纪要等方式开展业务，不得对地方政府及其部门统一授信。

八、金融中介业务。国有金融企业为地方政府融资平台公司等地方国有企业在境内外发行债券提供中介服务时，应审慎评估举债主体财务能力和还款来源。对于发债企业收入来源中涉及财政资金安排的，应当尽职调查，认真核实财政资金安排的合规性和真实性。在债券募集说明书等文件中，不得披露所在地区财政收支、政府债务数据等明示或暗示存在政府信用支持的信息，严禁与政府信用挂钩的误导性宣传，并应在相关发债说明书中明确，地方政府作为出资人仅以出资额为限承担有限责任，相关举借债务由地方国有企业作为独立法人负责偿还。

九、PPP。国有金融企业应以 PPP 项目规范运作为融资前提条件，对于未落实项目资本金来源、未按规定开展物有所值评价、财政承受能力论证的，物有所值评价、财政承受能力论证等相关信息没有充分披露的 PPP 项目，不得提供融资。

十、融资担保。政府性融资担保机构应按照市场化方式运作，依法依规开展融资担保服务，自主经营、自负盈亏，不得要求或接受地方政府以任何形式在出资范围之外承担责任。

十一、出资管理。国有金融企业应加强对股东资质的审查。国有金融企业股东应以自有资金入股国有金融企业，且确保资金来源合法，严禁虚假出资、出资不实或抽逃出资，严禁代持国有金融企业股权。除法律法规另有规定的以外，以非自有资金出资的股权不得享受股权增值收益，并按"实际出资与期末净资产孰低"原则予以清退。国有金融企业股东用金融企业股权质押融资，应遵守法律法规和相关监管规定，不得损害其他股东和金融企业的利益。

十二、财务约束。国有金融企业应按照"实质重于形式"的原则，充足提取资产减值准备，严格计算占用资本，不得以有无政府背景作为资产风险的判断标准。

十三、产权管理。国有金融企业应聚焦主业，严格遵守国有金融资产管理有关规定，做好与地方政府及其部门合作所形成股权资产的登记、评估、转让、清算、退出等工作。合理设置机构法人层级，压缩管理级次，降低组织结构复杂程度，原则上同类一级子公司只能限定为一家。

十四、配合整改。对存在地方政府违法违规举债担保、变相举债等问题的存量项目，开发性、政策性金融机构等国有金融企业应积极主动配合有关方面，依法依规开展整改，在有效保障各方合法权益的基础上，稳妥有序化解存量债务风险。在配合整改的同时，国有金融企业不得盲目抽贷、压贷和停贷，防范存量债务资金链断裂风险。

十五、绩效评价。财政部门对金融企业进行绩效评价时，如金融企业违法违规向地方政府、地方国有企业等提供融资，要求或接受地方政府及其部门以任何

おわり

方式提供担保或承担偿债责任，被相关部门依法依规追究责任的，根据相关部门提供的处理处罚情况，对该金融企业下调评价等级。

十六、监督检查。对财政部公开通报涉及地方政府违法违规举债担保行为的地方国有企业，国有金融企业应暂停或审慎提供融资和融资中介服务。财政部驻各地财政监察专员办事处根据本通知规定对国有金融企业及其分支机构进行监督检查，对相关违规行为及时予以制止和纠正，并依法进行处理。相关检查处理结果视情抄送有关金融监管部门。

十七、其他。本通知自印发之日起执行。其他金融企业参照执行。

财政部

2018 年 3 月 28 日

## 成都市人民政府关于进一步推进政府和社会资本合作（PPP）的实施意见

成府发〔2017〕25 号

各区（市）县政府，市政府各部门，有关单位：

为深化我市投融资体制改革，加快政府职能转变，提高公共产品服务供给效率，鼓励和引导社会投资，培育经济增长新动力，根据国务院办公厅《转发财政部国家发展改革委人民银行关于在公共服务领域推广政府和社会资本合作模式指导意见的通知》（国办发〔2015〕42 号）、国家发展改革委《关于印发〈传统基础设施领域实施政府和社会资本合作项目工作导则〉的通知》（发改投资〔2016〕2231 号）和财政厅、省发展改革委《关于规范政府与社会资本合作（PPP）项目实施有关问题的通知》（川财金〔2016〕77 号）等精神，现就我市进一步推进政府和社会资本合作（Public Private Partnership，PPP）提出以下实施意见。

### 一、总体要求

贯彻党的十九大精神，落实省、市党代会和国家中心城市产业发展大会工作部署，按照"依法合规、守信履约、风险共担、利益共享"原则，改革创新公共服务供给机制和投入方式，通过建立公平的市场运行环境和完善的项目运营体

· 253 ·

系，引导社会资本参与我市的基础设施和公共服务领域项目，为建设全面体现新发展理念的国家中心城市提供有力支撑。

## 二、准确把握 PPP 项目运作模式

（一）PPP 模式适用范围。PPP 模式适用于政府负有提供责任又适宜市场化运作的基础设施、公共服务类项目，主要涉及能源、交通运输、市政工程、农业、林业、水利、环境保护、保障性安居工程、医疗卫生、养老、教育、科技、文化、体育、旅游等基础设施及公共服务领域。

鼓励实施使用者付费、可行性缺口补助的 PPP 项目，原则上不再实施完全依赖财政支出的政府付费 PPP 项目。

对应当由政府直接提供、不适合社会力量承担的公共服务，以及不属于政府职责范围的服务项目，政府不得向社会力量购买。

（二）PPP 项目运作方式。PPP 模式可用于新建项目和存量项目。新建项目应优先采用建设—运营—移交（BOT）、建设—拥有—运营—移交（BOOT）、设计—建设—融资—运营—移交（DBFOT）、建设—拥有—运营（BOO）等方式。存量项目鼓励采用转让—运营—移交（TOT）、改建—运营—移交（ROT）等方式。各级各部门可根据实际情况及项目特点，在依法合规的前提下，积极探索、大胆创新，灵活运用多种模式。

（三）PPP 项目实施机构。经政府批准确定的行业主管部门或有关单位作为政府授权的项目实施机构，在授权范围内负责 PPP 项目的前期评估论证、实施方案编制、合作伙伴选择、项目合同签订、绩效评价、项目组织实施以及合作期满移交等工作。

## 三、积极推进 PPP 模式

（一）引导多元社会资本参与。鼓励国有企业、民营企业、混合所有制企业、外商投资企业等各类型企业，按同等标准、同等待遇参与 PPP 项目；鼓励"民企＋国企""民企＋外企""国企＋外企"等多种联合体形式参与 PPP 项目；鼓励通过引入中国 PPP 基金、四川 PPP 基金及其他产业基金，借助其增信作用和其股东单位的协同优势，降低项目融资综合成本，提升项目吸引力；符合条件的本地国有企业可作为社会资本参与本地 PPP 项目。

（二）强化营运体系建设。鼓励项目实施机构整合旅游、物业、广告、停车

场、加油加气站等经营性资源，提高 PPP 项目未来收益变现能力；鼓励社会资本通过提升内部管理效率、挖掘项目运营商业价值等方式实现合理利润；项目实施机构应及时披露项目运行中的成本变化，提高定价调价的透明度，建立健全合理合法的价格调整机制；政府可通过投资补助、贷款贴息、放弃项目公司中政府股东的分红权等方式，提高项目公司整体效益水平。政府或项目实施机构不得向社会资本承诺固定投资回报。

（三）创新综合金融支持。鼓励金融机构开展收费权质押、应收账款质押、特许经营权收益权质押等担保融资业务，为 PPP 项目提供融资支持；鼓励开发性金融机构发挥中长期贷款优势参与 PPP 项目；支持 PPP 项目社会资本、项目公司采用企业债券、公司债券、中期票据、项目收益债券等债务融资工具方式募集建设资金；鼓励保险资金按照市场化原则参与 PPP 项目；鼓励金融机构提供融资顾问、财务顾问等服务，提前介入并帮助各级政府做好 PPP 项目策划、融资方案设计、融资风险控制、项目可融资性评估等工作。

（四）提高 PPP 项目可融资性。为切实提高 PPP 项目可融资性，提高项目落地率和融资交割率，项目实施机构应在实施方案中编制可融资性专章，PPP 服务中心应对实施方案进行可融资性评审。鼓励 PPP 项目实施机构，在采购咨询机构时选择具备投融资专长的咨询机构；潜在社会资本应聘请专业 PPP 融资咨询机构，提供融资咨询、财务咨询服务，开展具体 PPP 项目的投融资分析，为 PPP 项目的签约落地和融资交割创造条件。

（五）深挖存量项目潜力。重点推进边界条件明确、商业模式清晰、现金流稳定的存量项目采用 PPP 模式，在依法合规前提下，将项目的资产所有权、股权、经营权、收费权等依法转让给社会资本。对已经采取 PPP 模式且政府方在项目公司中占有股份的存量项目，可将资产、股权、收益权等转让给社会资本。对在建存量项目，积极探索推进 PPP 模式，引入社会资本负责项目的投资、建设、运营和管理。支持社会资本创新运营管理模式，充分挖掘存量项目商业价值，在确保公共利益的前提下，提高合理投资回报水平。运用 PPP 模式盘活存量项目，要做好尽职调查、清产核资等前期工作，合理确定国有资产公允价值，既要防止国有资产流失，也要保障社会资本合法权益。推动存量 PPP 项目依托各类产权、股权交易市场，通过股权转让、资产证券化等方式，丰富 PPP 项目投资退出渠道。

（六）优化特许经营权授予流程。采用特许经营实施的项目应按照《基础设

施和公用事业特许经营管理办法》（国家发展改革委等 6 部委令第 25 号）和
《成都市政府特许经营权管理办法》（市政府令第 164 号）规定的程序开展特许
经营权出让和项目建设实施。涉及特许经营权出让的 PPP 项目，项目实施机构应
在 PPP 实施方案中编制特许经营权出让专章，明确特许经营权的执行机构、内容
范围、合作方式、期限、出让方式等重要内容，项目实施机构不再另行编制特许
经营权出让方案。涉及特许经营权出让的 PPP 项目实施方案，由项目实施机构委
托 PPP 服务中心评审，PPP 服务中心评审实施方案时应邀请特许经营权决策机构
成员单位共同评审。PPP 决策机构、特许经营权决策机构应对涉及特许经营权出
让的 PPP 项目实施方案进行联合审议，并授权项目实施机构为特许经营权执行机
构。签订的 PPP 项目合同应包含特许经营权出让内容，并报特许经营权决策机构
办公室备案。

（七）完善项目绩效考核。项目实施机构要建立健全"事前设定绩效目标、
事中开展绩效跟踪、事后实施绩效评价"的全生命周期绩效管理机制，合理设置
建设期、运营期绩效考核权重，政府支出责任要与公共服务绩效考核挂钩。财政
支出要以项目绩效评价结果为依据，综合考虑项目产出质量、可用性指标、产品
或服务价格、建造成本、运营费用、实际收益率等因素合理确定。项目实施机构
应每 3 年至 5 年对项目进行中期评估。

（八）加强项目预算管理。PPP 项目财政支出责任应纳入财政预算管理。根
据预算管理要求，行业主管部门应当将 PPP 项目政府付费部分纳入中期财政规划
和预算管理。财政部门可将政府性基金预算，在符合政策方向和相关规定的前提
下，统筹用于支持 PPP 项目。

### 四、规范 PPP 项目实施流程

（一）项目识别。

1. 项目发起。行业主管部门可根据经济社会发展要求、社会公众对公共服
务的需求，向政府提出拟采用 PPP 模式实施的基础设施和公共服务项目。社会资
本可以以项目建议书形式就项目采用 PPP 模式向行业主管部门提出建议，经行业
主管部门审核同意后，由行业主管部门报告政府。

社会资本所提出的技术方案内容最终被全部或部分采纳，但经采购程序，未
能中选为项目社会资本的，行业主管部门可对其前期投入成本予以合理补偿。

经政府批准确定的行业主管部门或有关单位作为政府授权的项目实施机构，

开展项目前期工作。

2. 项目立项。拟采用 PPP 模式实施的新建、改建或扩建项目，项目实施机构应按照政府投资项目管理相关规定，履行项目立项审批手续。

3. 项目入库。项目实施机构按照相关规定将项目信息报入国家发展改革委重大建设项目库（http：//kpp. ndrc. gov. cn）、财政部 PPP 综合信息平台（ht-tp：//www. cpppc. org）、成都市 PPP 项目库（http：//ppp. xmchengdu. gov. cn）。

（二）项目准备。

1. "两评一案"编制。项目实施机构应当依据项目建议书、项目可行性研究报告等前期论证文件编制 PPP 项目物有所值评价报告、财政承受能力论证报告和实施方案（以下简称"两评一案"）。存量项目、在建项目应依据存量公共资产建设、运营维护的历史资料、第三方出具的资产评估报告或资产移交确认机制等编制"两评一案"。项目实施机构编制实施方案时，可征询潜在社会资本的意见建议。

2. 评审论证。项目实施机构应将"两评一案"委托本级 PPP 服务中心组织评审。PPP 服务中心按照相关规定开展"两评一案"评审工作，并出具评审意见。财政部门根据评审意见，出具物有所值和财政承受能力验证意见。

3. PPP 项目审议。项目实施机构将修改完善的"两评一案"及其评审意见、验证意见等上报 PPP 决策机构审议，经审议通过，项目实施机构负责推进 PPP 项目实施。

（三）项目采购。

1. 社会资本选择。项目实施方案经 PPP 决策机构审定后，项目实施机构应按照国家相关法律法规，通过公开招标、邀请招标、竞争性谈判、竞争性磋商和单一来源采购等方式依法择优选择社会资本。

2. PPP 合同签订。项目实施机构应成立采购结果确认谈判工作组，对合同可谈判条款与社会资本进行商议，并签署谈判备忘录。项目实施机构按照采购文件以及谈判备忘录等与社会资本签署 PPP 项目合同。

项目公司成立后，由项目公司与项目实施机构、社会资本共同签署补充协议。项目合作期限原则上不少于 10 年，不高于 30 年。

3. PPP 合同备案。PPP 项目合同签署后，项目实施机构应将合同、补充协议以及项目采购文件等材料报送 PPP 决策机构办公室备案。

（四）项目实施。

1. 项目公司组建。政府可指定相关机构作为政府出资方代表，依法参股项目公司。项目实施机构负责监督社会资本按照合同约定，按时足额出资设立项目公司。除规定的行业和领域外，项目公司原则上由社会资本控股。项目公司原则上应在我市注册登记。

2. 项目执行。项目公司或社会资本应按照 PPP 项目合同约定推进项目实施工作。

3. 绩效评价。项目实施机构或其委托的第三方机构应按照合同约定，定期对项目的绩效目标实现程度、运营管理、资金使用、服务质量、公众满意度等进行绩效评价。项目实施机构应根据绩效评价结果履行支付责任。

（五）项目移交。

项目合作期满，项目移交可以采取资产移交或股权移交的方式。项目实施机构应与项目公司或社会资本按合同约定共同做好移交工作，确保移交过渡期内公共服务的持续稳定供给。

因不可抗力、合同一方发生严重违约、社会资本破产清算等因素，导致项目合同无法继续履行的，可依法解除合同，并按合同约定分担损益或承担违约责任。

### 五、建立推进 PPP 模式保障机制

（一）加强组织领导。市政府和社会资本合作（PPP）部门联席会议（以下简称联席会议）作为全市 PPP 工作决策机构，由常务副市长召集，负责制定全市 PPP 相关政策，审定市本级 PPP 项目实施方案等事项。联席会议办公室设在市发改委，承担联席会议的筹备及会议议定事项的组织落实、综合协调、督办检查，指导区（市）县 PPP 相关工作等。市财政局、市审计局、市国资委、市政府法制办及市金融工作局作为联席会议成员单位，根据本部门职责及联席会议规定做好相关工作。

（二）明确职责分工。建立分工协作、上下联动、齐抓共管的 PPP 模式推进管理体系。市本级 PPP 推进工作由市发改委和市财政局共同牵头，市政府有关部门配合共同推进。市发改委履行联席会议办公室职责，牵头全市 PPP 政策研究，指导全市 PPP 项目的征集、储备、推介以及协调推进。市财政局负责对市本级项目实施方案进行物有所值和财政承受能力验证。市国土局、市环保局、市建委、

市规划局、市城管委、市交委、市水务局等行业主管部门依法依规履行市本级PPP项目发起、实施、保障、监管等职责。

市政府与社会资本合作（PPP）服务中心负责市本级PPP项目物有所值评价、财政承受能力论证和实施方案评审，协助做好市本级PPP项目合同备案工作；负责全市PPP项目的征集、储备、推介，做好全市PPP项目咨询机构库、专家库及信息发布平台的建设、管理和维护等工作，组织PPP业务培训，指导区（市）县PPP服务中心开展业务工作。

各区（市）县政府（含成都高新区、成都天府新区管委会）对本地PPP工作负总责，负责审定本地PPP项目实施方案，组织领导、协调推进PPP工作。各区（市）县应设立PPP决策机构和PPP服务中心，加强对本地PPP推进工作的统筹管理和业务指导。

（三）健全政策体系。构建PPP模式推进"1＋N"政策体系，市发改委、市财政局、市国土局、市金融工作局应按照《成都市推进政府和社会资本合作配套制度任务分工》（详见附件2）要求，加快政策研究，按照时限要求出台配套政策，形成政策合力指导全市工作推进。

（四）强化过程监管。建立PPP项目履约管理、行政监管、社会监督"三位一体"全过程监管体系。行政监管部门应从项目识别、准备、采购、实施、移交等全生命周期参与项目实施的监督管理。项目实施机构应当依法公开项目发起、社会资本选择、合同签订、绩效评价、中期评估、重大变更或者终止情况等信息，主动接受社会和公众监督。

（五）提升业务水平。项目实施机构应委派专人负责PPP项目的推进，提高对PPP项目的组织协调能力；有政府出资方代表参与的项目，政府出资方代表应组织专门力量协助PPP项目推进；发挥第三方专业机构作用，积极推广PPP项目全过程咨询模式，切实提高PPP项目推进效率。

（六）加强信用建设。各级各部门必须牢固树立契约精神和信用意识，保持政策的连续性和稳定性，在PPP项目实施过程中坚持平等协商、互利互惠、诚实守信、严格履约。项目实施机构应将社会资本在PPP项目建设、运营等过程中的信用行为纳入成都市公共信用信息系统，并按照本市公共信用信息管理有关规定向社会公示。

本实施意见由市发改委会同相关部门负责解释，自公布之日起30日后施行，有效期5年。市政府《关于印发〈成都市规范有序推行政府与社会资本合作模式实施细则（试行）〉的通知》（成府发〔2015〕34 号）同时废止。

　　附件：1. 成都市政府和社会资本合作实施流程图（略）

　　2. 成都市推进政府和社会资本合作配套制度任务分工（略）


成都市人民政府

2017 年 11 月 29 日

# 后 记

自 2014 年国家推行 PPP 模式以来，大量 PPP 项目落地，对我国经济体制改革和经济社会发展起到了巨大作用。然而，由于我国规范的 PPP 实践发展时间较短，PPP 项目的商业模式还不成熟，导致项目长期合作过程中的风险难以把控、项目公司独立融资能力有限，很难满足金融机构相关融资要求，使得项目融资工具参与 PPP 的步伐缓慢。同时，在 PPP 项目爆发式增长的背后，PPP 泛化、异化问题随之产生。针对此类问题，财政部、发改委等相关部门相继出台了一系列规范 PPP 融资、促进其健康发展的文件，"国发〔2014〕60 号"文、"财金〔2015〕167 号"文、"财预〔2017〕50 号"文、"财预〔2017〕87 号"文、"财办金〔2017〕92 号"文等搭建了 PPP 融资模式的覆盖防范体系。

本书基于上述背景，力争全面分析我国 PPP 融资模式的现状，通过构建一个较为完整的 PPP 项目可融资性评价体系，对地方政府 PPP 项目的历史数据进行量化分析，为今后 PPP 项目成功落地提供理论支持，切实解决目前 PPP 项目融资难、融资贵的问题。

全书具体写作分工如下：第一章由胡朝凤执笔；第二章由陈德华、李静、荣帅执笔；第三章由王宪明、魏洪福、王一多执笔；第四章由韩瑞姣执笔；第五章由胡恒松、秦鹏、胡继成执笔；第六章由董琦、赵晓明、王晴晴执笔；第七章由张建红、鲍静海、黄茗仪执笔。

本书的完成，要感谢问卷调查过程中各位专家给予的建议，使得评价指标体系的架构更为科学、合理化。感谢河北金融学院陈尊厚、杨兆廷、韩景旺等校领导以及财达证券翟建强、张明等领导的支持。感谢各位执笔者的辛苦付出。最后感谢经济管理出版社的大力支持，因为有她们的辛勤付出，才使得本书顺利出版。

由于笔者学术水平有限，书中难免存在疏漏或不尽如人意之处，欢迎各界和广大读者提出宝贵意见。今后我们将再接再厉，不断完善。

胡恒松

2018 年 8 月